KB096502

하버드대 인생학 명강의
어떻게 인생을 살 것인가

하버드대 인생학 명강의

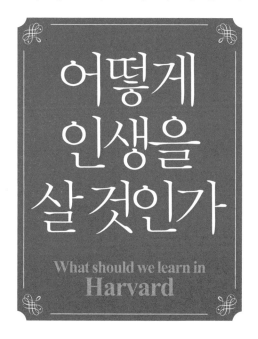

어떻게 인생을 살 것인가

What should we learn in
Harvard

· 쑤린 지음 | 원녕경 옮김 ·

다연
DAYEONBOOK

서문 : 하버드 정신

　우리는 흔히 '자아실현'을 통해 삶의 의미를 찾고, 또 이를 인생의 궁극적인 목적으로 삼는다. 자아실현이란 자신의 재능과 잠재력을 찾아내 이를 십분 발휘함으로써 자신의 가치를 실현하고 그 속에서 만족감을 얻는 것을 말한다. 그런데 자아를 실현해 스스로 만족감을 느끼는 삶을 살기란 결코 쉽지 않다. 자신이 할 수 있는 거의 모든 노력을 다해야 비로소 자아실현이라는 목적을 달성해 진정한 마음의 안녕과 삶의 행복을 얻을 수 있기 때문이다.

　누구나 자아실현을 통해 더 나은 나로 거듭나길 갈망하지만 모두가 그런 삶을 살지는 못하는 것이 바로 그 방증이다. 그러나 이렇게 어려운 자아실현도 척척 해내는 이들이 있다. 바로 하버드대 출신의 사람들이다. 수백 년의 역사와 전통을 자랑하는 명문대학 하버드는 미국의 재계를 비롯해 정계, 학술계 등 각계각층에 무수히 많은 성공인사와 시대의 거물들을 배출해냈다. 빛나는 성공을 거머쥔 채, 흥미롭고 의미 있는 삶을 살아가는 그들을 들여다보고 있노라면 '완벽한 인생'이란 저런 모습이 아닐까 하는 생각마저 든다.

그렇다면 그들을 성공의 길, 자아실현의 길로 인도한 하버드대의 힘은 무엇일까? 하버드대가 명실상부한 '인재 양성소'로 거듭날 수 있었던 이유는 무엇일까? 이는 하버드대에 진학하는 학생들의 지능이 월등히 높아서, 혹은 운이 좋아서라기보다 하버드대 특유의 '하버드 정신'이 학생들을 무장시켰기 때문이라고 할 수 있다. 즉, 하버드대 재학생들은 하버드 정신의 영향을 받아 독립적인 사고로 내가 누구인지를 들여다보고, 자아를 계발한다. 또한 그들은 어려움에 쉽게 굴복하지 않고, 자기 자신을 통제해 온전한 '나'로 거듭날 수 있도록 온 마음을 다해 노력함으로써 자아를 완성해 나아가려고 한다.

그렇다면 대체 '하버드 정신'이란 무엇일까?

이 책에는 바로 이 질문에 대한 답이 담겨 있다. 많은 독자가 성공인사의 반열에 오르고 자신만의 멋진 인생을 만들어가길 바라는 마음을 담아, 눈에 쏙쏙 들어오는 내용들로 엮어낸 이 책은 하버드대 교수들의 수업 내용과 하버드대 출신 엘리트들의 성공 사례를 총망라했다. 하버드대 출신들이 어떻게 자신감을 쌓고, 어떻게 실패를 이겨냈는지, 또 그들을 자아실현의 길로 이끈 하버드 정신은 무엇인지를 소개한다.

'도전에 직면했을 때, 주도적 위치에 서서 성공을 이끌어낼 방법은 무엇일까?'

'역경에 처했을 때, 어떻게 해야 상황을 반전시킬 수 있을까?'

'인간관계에서 자신의 매력지수를 높여 좀 더 폭넓은 인맥을 쌓는 방법은 무엇일까?'

'학업과 업무에서 어떻게 하면 자신의 능력과 잠재력을 충분히 발휘해 자랑스러운 성과를 얻을 수 있을까?'

이러한 고민을 하고 있는 청춘들에게 이 책은 만족할 만한 해답을 제시한다.

다만 한 가지! 하버드대 출신들의 성공 스토리가 반드시 '정답'은 아니라는 점은 기억해야 한다. 인간은 모두가 유일무이한 존재이고, 우리는 각자의 개성을 가진 존재인 만큼 그들의 성공 사례를 무작정 따라 하기보다는 그들의 성공 이면에 숨어 있는 하버드 정신을 깨달아 나만의 가치를 실현해야 한다. 그러면 분명 당신도 성공을 거머쥘 수 있을 것이다.

이제 막 사회에 발을 들인 사회 초년생이든, 인생의 쓴맛을 경험한 중년층이든, 이 책을 읽고 난 후 삶에 크고 작은 변화가 일어날 것이라 믿어 의심치 않는다. 가령 예전보다 더욱 적극적인 내가 된다든지, 인생의 목표를 분명히 하고 현재에 충실한 삶을 살게 된다든지, 감정을 다스리려는 노력으로 좀 더 이성적인 사고력을 키운다든지, 말보다는 실천으로 자신의 목표에 한 걸음 다가간다든지, 융통성을 발휘해 원만한 인간관계를 맺게 된다든지 등등……

그렇다. 이 책을 읽고 이해한다면 하버드대에 다니지 않더라도 평범함을 비범함으로, 실패를 성공으로 바꿀 수 있으며, 더 나은 나로 거듭날 수 있다.

자, 그럼 이제 책장을 넘겨 하버드대에서 말하는 하버드 정신에 대해 알아보자!

존 하버드 동상. 하버드대 하버드 야드 내에 있으며, 조각가 대니얼 체스터 프렌치의 작품이다.
죽기 전 하버드대에 재산과 장서를 기증한 존 하버드를 기념하는 동상인데,
발끝을 만지면 하버드대학교에 입학한다는 말이 있어 관광객들이 만지곤 한다.
그 때문에 동상의 발 부분이 많이 닳아 있다.

Contents

제4강 : 감정을 다스리는 법을 배워라

제5강 : 잠자고 있는 잠재력을 끌어내라

Contents

제6강 : 열정 가득한 삶을 살아라

제7강 : 나만의 커뮤니티를 만들어라

제8강 : 행동하라, 바로 지금!

제9강 : 자제력을 키워 삶의 주도권을 되찾아라

제10강 : 일은 자아를 실현할 최고의 무대다

How
should
We Live?

: 제1강 :
성격은 자아실현의 기반

어떠한 성격을 지녔는지가 인생을 좌우한다고 할 만큼 좋은 성격은 자아실현에 매우 중요한 요소이다. 이는 성공을 거머쥔 하버드대 출신의 엘리트들만 보더라도 알 수 있는 사실이다. 그들은 하나같이 치밀하고 학구적이며 겸손하고 온화하다. 하버드대생의 이러한 성격적 특징을 알아보고 그들과 자신의 차이점을 발견해 의식적으로 변화하고자 노력을 기울인다면 분명 180도 달라진 미래를 맞이할 것이다.

자신의 성격을
파악하라

"어떻게 해야 성공할 수 있을까요?"

하버드대 출신의 미국 유명 인력자원 전문가 로저 앤더슨은 이 질문에 이렇게 대답했다.

"사람이 저마다 다른 성격을 지녔듯이 각 성격에 맞는 직업이 따로 있습니다. 어떤 사람은 이 분야에, 또 어떤 사람은 저 분야에 특화되어 있다는 뜻이지요. 성격에 맞는 직업만 제대로 선택한다면 어떤 사람에게든 성공의 가능성은 열려 있습니다. 실제로 성공한 사람들 중 98퍼센트가 바로 이러한 이유로 성공을 거머쥐었지요."

즉, 성공으로 향하는 첫걸음은 내가 어떤 성격을 지닌 사람인지를 깨닫고 나 자신을 정확하게 파악하는 데에서부터 시작된다는 뜻이다.

사람은 저마다 다양한 성격을 지니고 있다. 불같은 성격을 지닌 사람이 있는가 하면 온화한 성격을 지닌 사람도 있고, 친절하고 솔직한 사람이 있는 반면 가식적인 사람도 있다. 또 어떤 사람은 남을 돕는 일을 기쁨으로 여기지만 어떤 사람은 옹졸하고 이기적이다.

사실 '성격'이란 뭐라 분명하게 단정 짓기 어려운 매우 복잡한 심리적 체계이다. 다만 모든 사물에 나름의 규칙이 존재하듯 성격도 크게 '사교형', '신중형', '주도형', '안정형'의 네 가지로 나눠볼 수 있다. 각각 뚜렷한 특징을 지닌 이 네 가지 성격 유형은 특히 개인적 기호나 행동 스타일, 생존방식 등에서 그 차이가 드러난다.

하버드대는 일찍이 사람의 성격과 직업 적성에 관심을 가지고, 세계보건기구가 관찰 연구 방법으로 3년에 걸쳐 진행한 인간 성격 분석 프로젝트에 적극 참여한 바 있다. 이 프로젝트를 통해 학생들에게 적성교육을 실시하기 위함이었다.

그럼, 지금부터 나는 어떤 유형인지 낱낱이 파헤쳐보자.

• 사교형

매우 명랑하고 밝은 성격으로 매사에 적극적이다. 새로운 것을 좋아해 취미가 다양하며 관심이 생기면 금세 몰두하는 편이다. 긍정적이고 적극적인 마인드로 인생의 행복과 즐거움을 목표로 삼는다. 말이 많고 웃음도 많아 항상 주변에 즐거움이 가득하고, 활동적이어서 쉽게 친구를 사귀는 것도 사교형의 특징이다. 실패하더라도 마음에 담아두기보다는 일상의 소소한 행복을 찾는 데 능하다. 하지만 사물이나 상황에 세세하게 주의를 기울이지 못하는 편이고 끊임없는 변화를 추구하기에, 침착하고 차분하게 처리해야 하는 일에는 취약하다.

하버드대 출신 중 사교형에 속하는 인물을 꼽자면 버락 오바마가 있다. 물론 그가 대통령이 된 데는 뛰어난 능력이 바탕이 되었겠지만, 따지고 보면 그의 성공에는 그의 적극적이고 긍정적인 성격이 한몫했다고 볼 수 있다. 선거 기간 동안 언제 어디서든 미소를 잃지 않던 모습과 미국의 사회 문제를 대하는 적극적이고도 낙관적인 태도가 유권자들의 마음을 움직였고, 결국 끊임없이 아름다운 미래를 제시하는 그에게 한 표를 행사하게 한 것이다.

• 신중형

매사에 완벽을 추구하는 성격이다. 일을 처리할 때나 사람과의 교류에서나 항상 신중한 태도를 보이며 까다로운 안목을 지니고 있다. 단, 매사에 기준이 너무 높아서 타인에게 부담감을 안겨주는 일이 잦으며, 자신 역시 피곤함에 자주 울화가 치민다. 비관적이고 소극적이며 의기소침한 유형이지만, 특유의 꼼꼼함과 주도면밀함으로 무슨 일이든 심사숙고 후 계획대로 착실히 처리한다. 조직적이고 논리적이어서 처음부터 끝까지 완벽을 추구하는 것도 신중형의 특징이다. 이러한 성격의 소유자는 적당한 자기계발로도 쉽게 두각을 나타낸다.

• 주도형

언제나 자신감이 넘치고 저돌적인 성격으로 1등을 목표로 하는 타고난 지도자형이다. 무엇보다 일을 중시하고 독립적이며 항상 제때 목표를 실현하고 임무를 완수해야 직성이 풀리는 전형적인 워커홀릭이기도 하다. 일반적으로 주관이 뚜렷해 중요한 순간에 빠른 의사결정을 내릴 줄 알며, 행동으로 옮길 때에도 주저하는 법이 없다. 그리고 오히려 좌절을 겪을수록 더 용감해지는 편이다. 직설적이고 비판적이며 논쟁을 통해 끊임없이 자신이 옳다는 것을 증명하려고 한다.

• 안정형

얼굴에 항상 미소를 띠고 있다. 무리하게 일을 처리하지도 않지만 그렇다고 대충대충 넘어가지도 않는 성격이다. 한마디로 자신을 과시하지 않는 유형으로 다른 사람이 뭐라 하든 "네"라고 말하는 인내심과 겸손함, 예의를 갖췄다. 남에게 무엇을 요구하지도 않고, 그렇다고 자신에게 가혹하게 굴지도 않는다. 쉽사리 감정을 표현하지 않아 사람들에게 비교적 편안한 인상을 준다. 그러나 변화를 거부하고 하지 않아도 되는 일은 굳이 찾아 하지 않으며, 다른 사람의 부탁을 잘 거절하지 못한다. 또 앞뒤를 모두 살피느라 빨리 결단을 내리지 못하고 우유부단하다는 단점이 있다.

여기 네 가지 성격 유형의 특징을 여실히 보여주는 이야기가 있다.

한날한시에 사형 집행이 예정된 네 명의 사형수가 있었다. 그런데 우연찮게도 형 집행을 앞두고 갑자기 단두대가 망가져버렸다! 그러자 첫 번째 사형수(사교형)는 감격에 겨워 소리쳤다.

"휴, 다행이다. 오늘은 안 죽겠군요. 함께 축배라도 듭시다!"

그러자 두 번째 사형수(신중형)가 말했다.

"잠깐만요. 단두대의 어디가 망가졌는지 알아봐야겠어요."

한편 세 번째 사형수(주도형)는 씩씩거리며 불만을 토로했다.

"이게 다 하늘의 뜻이지. 난 죄가 없다고 진즉부터 말했잖아!"

마지막으로 네 번째 사형수(안정형)는 이렇게 말했다.

"모두 무사하겠군요."

이제 자신이 어느 유형에 속하는지 알겠는가?

'강산은 쉽게 변해도 사람의 본성은 쉬이 변하지 않는다'라는 옛말처럼 성격이란 일상적인 행동에서 자주 드러나는 쉽게 변하지 않는 특징으로, 한두 번의 행동만으로 한 사람의 성격을 결론지을 수는 없다. 예컨대 평소 신중하고 보수적인 '안정형'의 인물이 특정한 상황에서 모험적이고 신중하지 못한 모습을 보였다고 해서 그를 '주도형'으로 분류할 수는 없다는 얘기다. 마찬가지로 평소 활발하던 사람이 불행한 일을 겪거나 큰 변고를 당해 그 충격으로 과묵하게 변했다고 해서 그가 활발한 성격이 아니라고 부정할 수는 없다.

직업은 개인의 독립과 가정의 안녕을 실현하고 더 나아가 자아를 실현하는 중요한 수단 중 하나다. 그렇다면 성격과 직업을 어떻게 결합시켜야 자아실현을 앞당길 수 있을까?

일반적으로 활발하고 외향적이며 새로운 사물을 쉽게 받아들이는 '사교형'은 직업 선택의 폭이 비교적 넓은 편인데, 그중에서도 세일즈맨, 여행가이드, MC, 강사, 배우 등의 직업에 적합하다. 한편, '신중형'은 성실함과 치밀한 사고력이 요구되는 재무관리사, 의사, 변호사 등이 잘 맞고, '주도형'은 선천적으로 타고난 업무 능력을 펼칠 고급엔지니어, 프로덕트 매니저, 기업 간부 등 지도자 역할 수행에 적합하다. 그리고 타고난 '무골호인(無骨好人)'인 '안정형'은 사무직이나 비서, 번역가, 상담원, 중재인 등 어울림이 중요한 서비스 직종에 적합하다.

자신의 성격을 알아보라. '나'를 제대로 파악하면 앞으로 나아갈 방향을 알 수 있고, 이렇게 방향을 잡아야 성공한 인생으로 향하는 지름길이 열린다.

인성의 씨앗을 심어
운명을 수확하라

한 기자가 투자계의 대부 모건과의 인터뷰에서 이렇게 물었다.

"당신이 생각하는 성공의 조건은 무엇인가요?"

"인성입니다."

조금의 망설임도 없는 대답에 기자는 다시 물었다.

"그럼 자본과 자금 중에서는 어느 것이 더 중요하죠?"

그러자 모건은 생각할 것도 없다는 듯 바로 대답했다.

"자금보다는 자본이 더 중요하지요. 하지만 무엇보다 중요한 것은
바로 인성입니다."

하버드의 내로라하는 인사들의 성공 궤적을 짚어가다 보면 그들의
성공이 지극히 필연적 결과였음을 알 수 있다. 그들은 모두 '인성'이라

는 무적의 무기를 지니고 있기 때문이다.

인성이란 사람과 일을 대하는 태도 및 행동양식에서 드러나는 개개인의 특징을 말하는데, 이는 한 사람의 자아실현 여부를 결정짓는 요소이기도 하다. 즉, 어떠한 인성을 지녔느냐가 그 사람의 행동을 좌우하고, 습관을 만들며 운명을 결정짓는다는 뜻이다. 이에 대해 하버드대 교수이자 유명한 교육가인 윌리엄 제임스는 "'인성'이라는 씨앗을 심으면 '운명'을 수확하게 될 것이다"라고 말한 바 있다.

1998년 5월, 워싱턴대학교에서 세계적인 부호 워런 버핏과 빌 게이츠의 초청 강연이 이뤄졌다. 350명의 학생이 세계적 명사의 강연을 듣는 행운을 누린 가운데, 강연이 끝나고 질의응답 시간이 이어졌다. 이때 한 학생이 물었다.

"신보다 더 부자가 된 비결을 알고 싶습니다."

사실 성공이란 여러 요소가 복합적으로 작용한 결과이기에 학생이 던진 질문은 받아들이기에 따라 꽤나 대답하기 까다로울 법한 문제였다. 그러나 버핏의 대답은 간명했다.

"아주 간단합니다. 비결은 좋은 머리가 아니라 인성입니다."

그러자 빌 게이츠가 그의 말을 거들었다.

"저도 버핏의 말에 100퍼센트 동의합니다."

이 세상에 똑같은 사람은 존재하지 않지만 성공인사들의 면면을 살펴보면 놀랍도록 닮아 있다. 그중에서도 특히 인성이 그러하다. 하버드대에서는 '하버드 인성'이라는 고유명사가 있을 정도로 훌륭한 인성을 강조하는데, 여기에는 용감함, 강인함, 독립적 사고력, 겸손함, 부지런함, 배움을 향한 열정과 노력 등이 포함되어 있다. 이렇듯 좋은 인성을 지닌 사람은 자연스럽게 건강한 정신과 바른 행동 자세로 일상생활은 물론 학업이나 일에서도 좀 더 수월하게 많은 성과를 거둘 수 있고, 나아가 더 나은 자아를 만들 수 있다.

태어난 지 19개월 되던 때 열병을 앓아 시력과 청력을 잃은 헬렌 켈러는 그렇게 일생을 소리 없는 어둠 속에서 지냈다. 어둠과 적막은 사람의 성격마저도 바꿔놓을 만큼 미칠 듯한 고통을 선사한다. 더군다나 그녀는 어린아이였으니 더욱 견디기 힘들었을 것이다. 그러나 헬렌은 쉽게 포기하는 사람이 아니었다. 그녀는 삶을 사랑했고 빛을 갈망했다. 그렇기에 얼마 후, 그녀는 다른 감각기관을 이용해 세상을 알아가기 시작했다. 손에 닿는 물건을 닥치는 대로 만지고 냄새도 맡아보면서 조금씩 상대를 식별하고 식물을 구분하는 한편, 지면의 촉감으로 정원의 위치까지 분별해내기에 이르렀다. 이에 그치지 않고 그녀는 다른 사람의 움직임을 흉내 내 우유 짜기, 밀가루 반죽하기 등도 스스로 해낼 수 있게 되었다.

시청각장애인이 어둠을 벗어나 진정한 빛을 보기 위해 가장 필요한 글공부도 시작했다. 물론 보지도 듣지도 못하는 그녀가 글을 깨우치고 익히려면 일반인에 비해 몇 배 이상의 인내심이 필요했다. 촉각으로 가정교사 설리번의 목 떨림은 물론 입과 안면의 움직임까지 읽어야 했기에 정확한 발음을 구사하기까지 시행착오도 여러 번 겪었다. 하지만 그녀는 자신이 배운 글자나 문장을 정확하게 읽을 수 있을 때까지 연습에 연습을 거듭했다. 이렇게 일반인을 뛰어넘는 의지와 지칠 줄 모르는 노력으로 결국 그녀는 책을 읽고 말하는 법을 깨우쳤고 우수한 성적으로 당당히 래드클리프대에 입학했다.

재학 시절에도 그녀의 노력과 인내심은 빛을 발했다. 당시에는 점자로 된 교재가 거의 없었기에 다른 사람이 학습 내용을 그녀의 손바닥에 일일이 적어주어야 했고, 이 때문에 같은 내용을 배우더라도 다른 학생들보다 훨씬 많은 시간이 들 수밖에 없었다. 그래서 그녀는 다른 학생들이 밖에서 대학생활의 낭만을 즐길 때에도 열심히 수업을 준비하는 데 시간을 쏟았고, 우수한 성적으로 대학을 졸업하였다. 영어에 프랑스어, 독일어, 라틴어, 그리스어까지 섭렵하며 박식한 여성으로 거듭난 그녀는 훗날 저명한 작가이자 교육자가 되어 세계 각지를 돌며 시각장애인의 복지와 교육 사업에 힘썼다.

이렇듯 좋은 인성을 두루 갖추면, 세상의 그 어떤 시련과 고난, 장애도 성공의 걸림돌이 될 수 없다. 그러니 인생과 운명을 바꾸는 원동력으로써 더 나은 나를 만들어주고 더 나아가 나의 평생을 빛나게 할 '인성'의 힘을 믿어라.

자아를 실현하고 인생을 성공으로 이끄는 첫걸음은 바른 인성을 기르는 것이다.

하버드대 교수이자 심리학자인 제롬 케이건이 아동 연구를 통해 얻은 결과에 따르면, 사람의 기질이란 선천적으로 타고나는 것이지만 후천적 훈련으로 만들어질 수도 있는 것으로 드러났다. 사람이라면 누구나 크고 작은 성격적 결함을 가지고 있고, 또 아무리 사람의 본성은 쉽게 변하지 않는다고 하지만 우리의 노력으로 얼마든지 고칠 수 있고 또 극복할 수 있다는 뜻이다.

빌 게이츠를 보라! 어려서부터 명석한 두뇌를 뽐내며 유복한 가정에서 양질의 교육을 받은 그는 한때 고집스러울뿐더러 우월감 또한 대단했다. 항상 자기중심적으로 생각했고, 문제가 생겼을 때마다 다른 사람 탓부터 하기 일쑤였다. 그러나 훗날 그는 숱한 담금질을 통해 조금씩 자신의 인성을 가다듬었고, 결국 수많은 우수 인재를 끌어모아 '마이크로소프트'라는 제국을 건설하며 세계적 부호의 왕좌에 올랐다.

천재가 되고 싶다면
배움을 즐겨라

천재는 대개 학구적이다.

하버드대에 전해 내려오는 격언들이 그 방증이다.

'가을걷이가 끝나면 가을파종을 시작하듯 배우고, 배우고 또 배워라!'

'지금 자면 꿈을 꿀 수 있지만, 공부를 하면 꿈을 이룰 수 있다.'

'배움의 고통은 잠깐이지만 배우지 못한 고통은 평생이다.'

어느 학교, 어느 반이든 공부를 잘하는 학생이 있는가 하면 공부를 못하는 학생이 있고, 어느 직장이든 특히 일을 더 잘하는 직원이 있는가 하면 그렇지 못한 직원이 있다. 처한 환경은 같은데 왜 이처럼 차이가 나는 걸까? 이에 대해 하버드대에서 내놓은 답은 다음과 같다.

'천재가 되고 싶다면 반드시 배움을 즐겨야 하고, 그 누구에게도 뒤지지 않을 만큼의 노력을 쏟아야 한다.'

이제, 최고의 지성인들이 모인다는 하버드대 1학년 학생들의 전형적인 커리큘럼을 살펴보자.

하버드대는 1학년 학생이 받아야 할 수업을 대충 나열해도 30여 개될 정도로 학습 강도가 높다. 학생들은 보통 매주 80분짜리 오전 강의 3개를 들어야 하고, 매 강의마다 과제로 리포트를 제출해야 한다. 그런데 아직 대학교 수업방식에 익숙하지 않은 신입생들의 경우 몇십 페이지의 리포트를 준비하는 데만도 서너 시간이 걸린다. 거기에 수업, 과외, 스터디 그룹 활동까지 소화하려면 하루에 기본적으로 13~18시간을 공부에 할애하는 셈이다. 그래서 하버드대의 학생들은 거의 매일 새벽 한두 시까지 공부를 하다 느지막이 잠자리에 든다.

'가을걷이가 끝나면 가을파종을 시작하듯 배우고, 배우고 또 배워라!'

'지금 자면 꿈을 꿀 수 있지만, 공부를 하면 꿈을 이룰 수 있다.'

하버드대에 전해 내려오는 이 같은 격언들은 모두 배움에 대한 열정이 성공과 떼려야 뗄 수 없는 관계임을 강조하고 있다. 그리고 보면 우리가 부러워해 마지않는 하버드대 출신 엘리트들 중에서 학구파가 아닌 사람은 아무도 없다.

타이완대학교를 졸업하고 미국 유학을 결심한, 타이완 고고학의 권위자 장광즈는 자신이 바라던 대로 하버드대학원에 진학해 인류학을 공부했다. 하지만 박사 학위를 받기란 생각만큼 쉽지 않았다. 하버드대의 박사 배출 비율이 높다고는 하나, 그에게는 그야말로 멀고도 험난한 배움의 길이었다. 대학원생 시절, 그는 대다수의 하버드 재학생이 그러하듯 세상과 단절된 치열한 삶을 살았다. 일주일 안에 읽어야 할 책과 작성해야 할 리포트며 논문이 줄지어 있었기에 하루 평균 수면 시간이 다섯 시간도 채 되지 않을 정도였다. 그의 시간표에 먹고, 마시고, 놀고, 즐기는 여유 시간은 없었다. 오죽하면 하버드대에서 다리 하나만 건너면 있는 보스턴을 그는 졸업하기 전까지 단 한 번도 가본 적이 없었다.

박사 학위 취득을 위한 구술시험이 있던 날, 그는 그동안 쌓은 풍부한 지식을 무기로 교수들의 질문 공세를 훌륭히 막아냈다. 막힘없이 구체적인 논거를 대며 정확하고 깊이 있는 답을 내는 그를 보고 더 이상 추가 질문을 할 필요가 없다고 판단한 교수들은 자리에서 일어나 시험에 통과했음을 알리며 축하의 악수를 건넸다. 30분이 채 되기도 전에 시험을 통과한 그는 그 자리에서 인류학 조교수로 채용되는 쾌거까지 이루었다. 그 후 그는 무수히 많은 강연, 원탁회의, 세미나, 연회 등을 통해 중국 고고학의 성과를 서양에 소개하는 한편, 서양의 고고학 이론과 방법을 다시 중국에 전파해 고고학 분야 발전에 크게 이바지하며 명성을 떨쳤다.

이렇듯 꾸준하고 부지런한 배움은 천재를 만들고, 더 나아가 독보적인 자아를 만든다. 그러니 성공한 사람들을 부러워만 하지 말고 성실히 배움에 임하라. 노력할 준비가 되어 있다면 '천재'라는 타이틀의 새 주인은 바로 내가 될 것이요, 열성적으로 배움에 임하지 않는다면 아무리 천부적인 재능을 지녔어도 성공에서 멀어질 것이다. 송 대의 정치가이자 이름난 개혁가 왕안석이 글 속에서 언급한 방중영처럼 말이다.

방중영은 다섯 살 때부터 시를 지어 마을에서 신동으로 소문이 자자했다. 그래서 사람들이 일부러 찾아와 시를 지어달라고 청하는 일이 잦아지자 그의 아버지는 그날로 아들의 학업을 중단시켰다. 아들을 데리고 돈을 벌 수 있겠다는 생각에서였다. 이로써 방중영은 아버지의 손에 이끌려 이곳저곳을 돌아다니며 시를 써주고 돈벌이를 했다. 물론 어린 나이였던 그도 이처럼 자유로운 생활이 싫지 않았다. 그렇게 점점 공부를 소홀히 하며 배움에서 멀어진 방중영은 급기야 10대가 될 무렵에는 원래 지니고 있던 재능마저 잃고 평범한 사람이 되었다.

그렇다. 한 사람이 성공을 거두기까지는 그 사람이 처한 환경, 기회, 천부적 재능 등 외재적 요소가 큰 역할을 한다. 그러나 이보다 더 중요한 것은 배움을 향한 열정과 스스로의 노력이다. 배움을 통해 얻은 지식이 곧 힘이 되기 때문이다.

그리스의 대과학자 아르키메데스가 일흔 넘은 고령의 나이로 로마군의 침략에 맞서 그리스를 구해낸 것도 모두 그의 빛나는 지식 덕분이었다. 당시 그는 직접 발명한 거대한 포물면거울로 빛을 모아 로마군 진영을 불바다로 만드는가 하면, 큰 돌을 빠른 속도로 투척할 수 있는 투석기를 고안해 로마군의 성벽 접근을 차단했다. 그의 활약에 로마군의 지휘관은 아르키메데스를 헤카톤케이르(그리스 신화에 나오는 팔이 100개 달린 거인 3형제)에 비유하며 혀를 내둘렀다.

지식은 곧 힘이요, 운명을 바꾸는 황금 열쇠다. 이것이 바로 우리가 배움을 즐기고, 풍부한 지식을 활용하는 법을 배워야 하는 이유요, 더 나아가 자아를 실현하고 빛나는 업적을 세우는 길이다. 하버드대 학생들의 사랑을 한 몸에 받고 있는 미국의 자동차왕 헨리 포드가 바로 그 산증인이다.

어렸을 때부터 기계에 남다른 관심을 보였던 포드는 한때 기계공장에서 주급 2달러를 받으며 일했다. 학력이라고 해봐야 초등학교와 디트로이트의 야간 직업학교를 다닌 것이 전부였던 그는 설계도를 작성할 줄도, 로드맵을 볼 줄도 몰랐지만 배움을 향한 열정만큼은 누구에게도 뒤지지 않았다. 그는 밤낮없이 책에서 손을 떼지 않았는데 그중에서도 특히 기계에 관한 책은 한번 펼쳤다 하면 덮을 줄을 몰랐다. 시간이 날 때마다 수시로 서점에 들러 기계 관련 책을 구입해 읽는 것이 그의 낙이기도 했다. 그는 책 속의 지식을 습득하는 데 그치지 않고, 좀 더 많은 실전 지식을 얻고자 했다. 에디슨이 운영하는 회사에 들어가 아르바이트를 시작한 것도 바로 이 때문이었다. 입사 후, 참새가 방앗간을 드나들듯 수시로 기계실을 들락거리며 선배들에게 지식을 배우던 그는 훗날 그 능력을 인정받아 기계공으로 승진했다.

'물은 낮은 곳으로 흐르고 사람은 높은 곳으로 향한다'고 했던가? 풍부한 지식과 원대한 포부를 지녔던 포드 역시 한 단계 도약을 꿈꾸며 새로운 도전을 선택했다. 누군가 동력으로 움직이는 교통수단을 만들었다는 이야기를 듣고 그 발전 잠재력을 직감한 것이다. 그는 그 길로 에디슨이 운영하는 회사를 그만두고 신형 교통수단 개발을 위한 실험에 전력을 다했다. 관련 분야의 부족한 지식과 경험은 배움을 통해 메워 나갔다. 휘발유를 연료로 하는 엔진을 만들면서 그는 여러 차례 에디슨의 도움을 받기도 했다. 이 밖에도 일류 작가, 교육가, 과학자, 정치가와의 폭넓은 교류로 많은 배움을 얻었다. 그리고 드디어 1892년, 자동차 테스트와 조립에 성공해 세계 최초의 T형 자동차를 세상에 선보였다.

성공하여 이름을 날린 후, 한 기자가 인터뷰 중 그에게 돈 버는 비결을 물었고 포드는 이렇게 대답했다.

"저축을 하는 것도 물론 좋은 방법이겠지요. 그러나 젊은이들에게는 저축보다 앞으로의 삶을 살아가는 데 반드시 필요한 지식과 기술을 익히는 일이 훨씬 더 중요합니다. 저는 청년들에게 일단 유익한 책을 사서 읽는 데 돈을 투자하라는 말을 해주고 싶군요. 책을 통해 더 큰 능력을 키울 수 있으니까요. 저축은 부를 축적할 수 있을 만큼 충분한 능력을 가진 후에 해도 늦지 않습니다."

포드는 세계 최초의 T형 자동차 개발에 성공하여 자신의 운명을 바꾸고, 자동차업계의 발전을 이끌었다. 만약 그가 기계 분야의 책을 탐독하지 않았더라면, 그리고 주변 사람들에게 배움을 구하지 않았더라면 그는 그저 평범한 인간으로 평생을 보냈을지도 모른다. 포드와 같은 인생 역전을 꿈꾸는가? 그렇다면 주저하지 말고 열심히 배워라.

배움의 길에는 왕도가 없다. 그러니 기억하라! 배움을 즐기는 사람은 반드시 성공한다는 사실을 말이다.

완벽을 기하는
치밀함을 지녀라

철학자, 물리학자, 수학자가 빅토리아에서 휴가를 보내던 중, 들판을 노닐던 검은 양 한 마리를 발견했다.

"세상에!"

짧은 감탄사와 함께 철학자가 말했다.

"빅토리아의 양들은 모두 검은색이군요!"

"아니죠."

물리학자가 즉시 반박하며 말했다.

"전부가 아니라 빅토리아 일부 지역의 양들만 검은색인 거죠."

그러자 수학자가 철학자와 물리학자를 나무라며 말했다.

"두 분은 너무 치밀하지 못하시군요! 빅토리아에는 적어도 하나의 들판과 최소 한 마리의 양이 존재하는데, 이 양은 적어도 한 면이 검은색이라고 말해야 정확하죠."

어쩌면 혹자는 수학자의 '집요함'을 비웃을지도 모르겠다. 그러나 우리가 절대 잊지 말아야 할 것이 있다. 바로 세상에서 가장 세심하고 이성적인 사람이란 곧 치밀한 성격의 소유자를 말하며, 이러한 성격의 소유자는 대개 성공으로 향하는 직행열차에 탑승하고 쉽사리 하차하지 않는다는 사실이다. 치밀한 성격의 사람들은 일단 한 번 일을 시작하면 꼼꼼하고 신중한 태도로 조금의 빈틈도 허용하지 않는다. 한마디로 그들의 사전에 '무턱대고'란 없다. 주도면밀한 사고로 좀처럼 실수를 저지르지 않는 것도 그들의 특징인데, 이러한 '치밀함'은 신중형 인간의 최대 성공 밑천이기도 하다.

그래서일까? 하버드대 교수들은 학생들에게 사회에 진출해 언제 어디서든 맡은 바를 척척 해내는 능력자가 되고 싶다면 치밀함을 키우라고 충고한다. 실제로 학생들의 치밀함을 키우기 위한 교수들의 노력은 엄격한 평가 기준에서도 고스란히 드러난다. 일례로, 하버드대 재학생 중에는 '올 A'를 받는 이가 극히 드물다. 듣기로는 10퍼센트 정도라고 한다. 논문을 쓸 때도 마찬가지다. 교수가 학생들의 연구 주제에 제한을 두지는 않지만, 참고 자료의 출처를 명확히 밝히도록 하는 등, 학술 연구 관련 규칙만큼은 엄격히 준수하도록 하고 있다. 만에 하나 표절한 사실이 드러나면 즉시 학적에서 제명된다. 하버드대의 이토록 엄격한 교수법은 학생들의 창의성과 논리력을 키우는 동시에 사소한 것도 허투루 하지 않는 치밀함을 길러주는 데 톡톡히 한몫하고 있다.

그 수혜자 중 한 명이 바로 저명한 지리학자이자 기상학자 겸 교육가인 주커전이다.

주커전은 1913년부터 1918년까지 하버드대에서 기상학 석·박사 과정을 밟았다. 그는 학교의 엄격한 학술 연구 환경 속에서 자연스럽게 치밀한 성격을 기르게 되었다고 말한 바 있다. 실제로 그날의 기상 연구 관련 내용을 매일 일기로 기록하던 당시의 습관은 그와 평생을 함께했다. 항일전쟁 중에 소실된 1936년 이전의 일기를 제외하고, 1936년부터 1974년 그가 세상을 떠날 때까지 장장 38년하고도 37일 동안 그는 단 하루도 일기를 거른 날이 없었다. 그가 일기장 가득 깨알같이 적은 800여 만 자의 기록에는 그날의 날씨와 기후 관측에 대한 내용이 고스란히 담겨 있다. 그는 세상을 떠나기 바로 전날까지도 떨리는 손으로 펜을 쥐고서 그날의 기온과 풍력 등의 데이터를 기록했다.

치밀함은 성공인사들이 갖추고 있는 가장 기본적 덕목 중 하나이다. 그러나 우리 주변을 살펴보면 치밀함의 중요성을 제대로 깨닫지 못하고 대충대충 적당히 일을 처리하려는 사람들이 허다하다. 그들은 '아마도', '거의', '그런 듯', '대충', '대체로', '그러겠지' 등등의 불확실한 말들을 입버릇처럼 달고 다니면서 무슨 일이든 100퍼센트의 정확성을 기하지 않으면 단 1퍼센트의 실수만으로도 100퍼센트의 실패를 불러올 수 있다는 중요한 사실을 간과하고 있다.

그럼 1퍼센트의 부주의가 미국이라는 한 나라에 불러올 놀랄 만한 결과를 살펴보자. 매년 약 11만 4,500켤레의 짝짝이 양말이 유통되고, 세무당국에서 잘못 처리되거나 분실되는 문건이 연간 25,077건에 달할 것이며, 기사 내용이 누락된 〈월스트리트저널〉의 신문이 약 3,056부에 이르게 된다. 이뿐만 아니라 매일 12명의 신생아가 다른 부모에게 잘못 인계되고, 매일 시카고오헤어국제공항에 착륙하는 비행기 중 두 대가 안전사고에 노출되게 된다.

이렇듯 '대충대충, 되는 대로'식의 치밀하지 못한 행동은 수많은 노력을 수포로 만들고 상상할 수 없을 만큼 끔찍한 결과를 불러온다. 다시 말해서 성격이 치밀하지 못하고 일 처리가 세심하지 않은 사람은 완벽하게 일 처리를 할 수도, 큰 성과를 낼 수도 없어 임금 인상이나 승진 기회와 멀어질 수밖에 없고, 심지어 타인의 인정과 신임을 얻기도 어렵다.

한 철학자는 치밀함이 지능의 부족함을 채워줄 수 있다며, 치밀함이 곧 성공한 사람과 실패한 사람을 가르는 분수령이라고 지적했다. 즉, 성공한 사람은 무슨 일에서든 최고의 경지에 이르기 위해 노력하고 아무리 사소한 일에도 소홀함이 없지만, 실패한 사람은 그와 정반대라는 것이다.

제2차 세계대전 중반에 미국 공군은 공수부대가 사용하는 낙하산의 안전성을 높이기 위해 낙하산 제조업체에 철저한 품질보증을 부탁했다. 이에 제조업체는 부단한 노력 끝에 낙하산의 불량률을 1퍼센트까지 낮춘 후, 기적이 일어나지 않는 한 그 어떤 제품도 불량률 0퍼센트를 달성하기란 불가능한 일임을 거듭 강조했다. 물론 불량률 1퍼센트는 언뜻 보기에 꽤 괜찮은 수치였다. 하지만 군대 입장에서는 백 명의 공수부대 중 한 명이 낙하산 불량 문제로 낙하 도중 목숨을 잃을 수도 있음을 뜻했다. 그래서 공군 측은 불량률 0퍼센트가 아니면 안 된다며 품질 개선을 강력히 요구했다.

양측의 의견이 좀처럼 좁혀지지 않자, 미군은 특단의 조치로 제품의 품질 검사 방법을 바꾸겠다고 통보했다. 제조업체가 매주 군에 납품하는 낙하산 중에서 몇 개를 임의로 고르면 업체 담당자와 직원들이 직접 그 낙하산을 메고 고공낙하를 하는 방법으로 품질을 점검하겠다고 한 것이다. 낙하산 제조업체는 그제야 불량률 0퍼센트의 중요성을 인식하고 서둘러 고급인력을 채용해 신기술을 개발하는 한편, 기존 설비 개선 등 불량률 0퍼센트 달성을 위한 일련의 조치를 취했다. 그리고 머지않아 기적이 일어났다. 낙하산에 대한 엄격한 기준 공정을 토대로 불량률 0퍼센트를 실현하고 드디어 공군을 만족시킨 것이다.

"쉬운 일을 신중하게 처리하면 어려운 일을 피할 수 있고, 작은 구멍을 열심히 메우면 큰 화를 피할 수 있다"라고 했다. 치밀함은 오류를 줄이는 최고의 방법이자 성공을 향한 탄탄한 기반이며 자아를 실현하는 지름길이다. 치밀함을 길러라. 그 치밀한 성격이 당신의 일생에 도움을 줄 것이다.

남다른 개성을
잃지 마라

어떤 이가 하버드대 심리학 교수 윌리엄 제임스에게 물었다.

"하버드대의 교육방식 중에 가장 성공적이라고 생각하는 부분은 무엇입니까?"

윌리엄 제임스는 대답했다.

"학생들이 독자적인 의견을 가지고 그 속에서 자신만의 즐거움을 찾을 수 있도록 독려하는 분위기를 조성한 것입니다. 만약 언젠가 학교가 학생들을 단조롭고 획일적인 틀에 가두려고 한다면, 하버드대의 명성이 다할 날도 머지않았다는 뜻이겠지요."

사람을 모두 똑같이 정의할 수는 없지만 하버드대의 대다수 학생에게는 공통점이 있다. 바로 남다른 개성을 지니고 있다는 점이다.

개성이란 무엇일까? 사전에서는 '주도형' 성격의 지표이기도 한 개성을 '일정한 사회 환경과 교육의 영향을 받아 형성된 한 사람의 고유 특성'이라고 정의하고 있다. 간단히 말해서 타인과는 다른 특징, 즉 독특한 성격적 매력이 곧 개성이며, 개성은 한 사람의 언행이나 말투, 사람과 사물 그리고 사건을 대하는 모습 등에서 표출된다.

　개성은 하버드대가 가장 중시하는 요소이기도 하다. 학과 성적이 그리 높지 않더라도 뚜렷한 개성을 지니고 있다면 얼마든지 합격할 수 있을 정도로 하버드대에서는 개성을 사람의 가치판단 기준으로 삼는다. 한마디로 그들이 원하는 인재상은 개성 있는 학생이다.

　그렇다면 하버드대는 왜 이처럼 개성을 중시할까? '자아(Ego)'가 태어나는 토대가 바로 '자기(Self)'이기 때문이다. '자기'는 '자아'가 의식하지 못하는 자신의 잠재성으로, 자아가 의식적으로 가능성의 영역을 탐색할 때만 '자기'가 발견되고 실현된다. 따라서 갇혀 있던 나(자아)를 넘어 진정한 나(자기)로 사는 사람이야말로 끊임없이 자기를 가다듬고 만들어가는 과정에서 만족감과 성취감을 얻고 진정한 성장의 기쁨을 누릴 수 있다.

　개성 있는 자아를 실현하는 것! 이는 하버드대 출신들이 추구하는 바이자, 우리가 마땅히 추구해야 할 목표이다.

　문제는 노력한다고 해서 모두 평범함을 벗어던질 수 있지는 않다는 점이다. 왜일까? 차별화된 사고력의 부재 때문일 수도 있지만, 이보다 더 큰 이유는 아마도 남들이 하는 대로 따라가려는 마음 때문일 것이다. 그렇지 않은가? 생존을 위해 또는 경쟁의 치열함 때문에 조금씩 자신을 바꿔 일반화된 패턴에 구속하고 있지는 않은지 가슴에 손을 얹고 생각해볼 필요가 있다.

　개성을 잃어간다는 것은 매우 슬픈 일이다. 개성을 잃으면 자아를 잃는 것과 마찬가지고, 자아를 잃으면 아무것도 이룰 수 없다.

어려서부터 서예를 좋아하던 한 소년이 있었다. 이 소년은 9세 때 일본청소년서예전에 작품을 출품했는데, 이때 출품한 4점의 작품이 개인소장용으로 총 1,400만 엔에 판매되며 화제를 모았다. 당시 일본의 유명 서예가 오다 손부는 이 소년이 장차 일본의 서예계를 빛낼 신성이 될 것이라고 예언했다. 그러나 20년이 지난 후, 서예계에서 두각을 나타내며 활발히 활동하는 서예가 중 소년의 이름은 없었다. 도대체 소년에게 무슨 일이 있었던 걸까? 알고 보니 신동 소리를 듣던 이 소년은 왕희지의 서법에 심취해 열심히 이를 연습했다고 한다. 그 결과 진짜 왕희지의 작품으로 보일 정도로 유사하게 필체를 구사할 수 있게 되었지만 정작 그의 개성은 온데간데없이 사라지게 되었고, 아무런 특색도 창의성도 찾아볼 수 없는 그의 작품은 자연스레 다른 사람의 작품에 묻혔던 것이다.

남다른 개성은 곧 자신 특유의 상징이 되어 완전한 자아를 실현하고, 더 나아가 많은 사람 속에서 빛을 낼 수 있도록 도와준다. 고금을 막론하고 큰 업적을 남긴 사람들을 한번 생각해보라. 자신만의 개성을 고수하며 관행이나 풍습에 과감히 도전하지 않았던가?

많은 하버드대 학생이 존경할 만한 성공인사로 손꼽는 스티브 잡스만 해도 그렇다. 잡스는 누가 봐도 개성이 강했고, 그의 뚜렷한 개성은 그가 자아를 실현하고 성공을 거머쥘 수 있었던 원동력이었다.

유년 시절 스티브 잡스는 사고뭉치였다. 똑똑한 머리로 공부보다는 장난을 치는 데 더 관심이 많아 선생님은 물론 그의 부모까지도 격정할 정도였다. 고등학교 졸업을 앞두고도 그는 대학에 진학할 생각이 없었다. 그의 부모가 그런 그를 설득해 결국 대학에 진학은 했지만 그가 선택한 곳은 버클리처럼 학비가 비교적 싼 공립대학도, 장학금을 받을 수 있는 스탠퍼드대학교도 아닌 사립대학교 리드칼리지였다.

이유는 간단했다. 버클리나 스탠퍼드에 진학하는 학생들이 자기가 그곳에서 무엇을 원하는지 분명히 알고 있었던 것처럼, 그도 자신이 원하는 바가 그곳에 없다는 것을 확신했기 때문이다. 그는 대학에 진학한다면 스탠퍼드보다는 더 예술적이고 재미있는 학교에 다니길 원했다. 그런 의미에서 리드칼리지는 개방적인 학풍으로 이름난 곳으로, 각종 유행과 반항사상의 발원지이자 집산지였다. 비록 짧은 시간이었지만 그는 이곳에서의 배움을 통해 틀에 박힌 컴퓨터 디자인에 예술적 감각을 불어넣을 힘을 키웠고, 그 결과 아이콘의 색깔부터 라디안의 설정, 폰트의 경사각 등까지 디테일 하나하나가 모두 획기적인 제품을 선보일 수 있었다.

스티브 잡스의 또 다른 성격적 특징을 꼽자면 독단과 독선이다. '내일을 내가 알아서 한다'라는 주의였던 그는 무리와 어울리기보다는 자기만의 방식대로 행동하고, 타인을 통제하길 좋아했다. 그 탓에 그는 사람들과 치열하게 언쟁을 벌이는 일이 잦았고, 직원들에게도 독설을 서슴지 않았다. 이러한 독단적이고 독선적인 경영 스타일로 직원들과 이사회의 강력한 불만을 산 그는 결국 1985년 애플에서 쫓겨났다. 훗날 그는 당시의 사건이 자신에게도 꽤나 충격이었다며 이렇게 말한 바 있다.

"강력한 어퍼컷을 맞고 저 멀리 나가떨어진 느낌이었다고 할까요!"

뛰어난 능력 덕분에 1997년 다시 애플로 복귀했지만, 그는 여전히 타인에게 구애받지 않고 자신만의 판단을 믿었다. 독특한 개성을 지녀야만 혁신을 이끌 수 있다는 생각에는 변함이 없었기 때문이다. 직원들이 시간이 있든 없든 그는 머릿속에 새로운 아이디어가 떠오를 때마다 개발팀 직원을 불러모아 자신의 생각을 전달해야 직성이 풀렸다.

직원들의 원성이 자자한 중에도 그는 자신이 마땅히 해야 할 일이라고 여기는 일들을 뚝심 있게 해나가며 애플의 비약적 발전을 이끌었다.

"성공은 소수의 게임입니다."

2005년 스탠퍼드대학교 졸업식 특별 강연에서 스티브 잡스는 이렇게 말했다.

"통속적인 견해나 도그마(독단적인 신념이나 학설)에 빠지지 마십시오. 타인의 견해가 여러분의 내면의 목소리를 삼키도록 두어서는 안 됩니다. 무엇보다 중요한 것은 가슴이 시키는 일을 할 수 있는 용기, 영감을 따르는 용기를 내는 일임을 명심하십시오."

남다른 개성을 지녀야 독보적인 자아를 만들 수 있다.

'당신의 개성은 무엇인가?'라는 질문에 우리는 과연 분명하게 대답할 수 있을까? 종이 한 장을 꺼내 자신의 답을 적어보자. 자신의 답이 만족스럽지 못하다거나 아예 답을 쓰지 못했다면 이는 어떻게 자신의 개성을 만들지를 진지하게 고민해야 할 때라는 뜻이다.

남다른 사람이 되고 싶다면 잊지 말아야 할 한 가지가 있다. 남과 다른 생각을 가지고 다른 행동을 하는 사람은 성공을 거두기 전까지 무수히 많은 의혹에 시달린다는 점이다. 그러니 행여 누군가 당신에게 의혹의 눈초리를 보내더라도 겁내지 마라. 주변 사람들의 배척은 당신이 곧 성공을 거둘지도 모른다는 지표이니까 말이다. 기억하라! 진짜 개성을 지닌 사람은 절대 타인의 의혹과 비웃음에 의기소침해지거나 자기 자신을 의심하지 않는다.

겸손이
최고의 미덕이다

"겸손함을 갖춘 인재 양성은 하버드 경영대학원에서 중점을 두고 있는 교육 목표 중 하나입니다."

하버드 경영대학원 학장 니틴 노리아는 '겸손'의 중요성을 언급하며 이렇게 말했다.

"학장을 지내면서 겸손의 중요성에 대해 느낀 바가 참 많습니다. 한 가지 분명한 점은 인품의 형성이 전 생애에 걸쳐 이뤄지며, 겸손을 유지하는 법을 배우는 일이 어렸을 때 부모님께 배운 여러 덕목만큼이나 중요하다는 사실입니다."

하버드대 출신들처럼 우수한 인재로 거듭나 성공을 거머쥐고 싶은가?

이 질문에 대답하기에 앞서 먼저 자기 자신에게 물어야 할 한 가지가 있다. 바로 '나는 겸손한가?'이다.

겸손은 안정형 성격을 지닌 사람들의 중요한 특징이기도 한데, 그렇다면 겸손이란 무엇일까? 바로 공손하고 예의바르게 사람을 대하는 태도이자, 타인과 쉽게 어울리는 곰살가움, 자만하지 않고 다른 사람에게 배움을 구하는 겸허함을 의미한다. 어떤 이들은 선천적으로 타고난 재능과 똑똑한 머리를 믿고 당연한 듯 남을 깔보기도 하는데, 사실 이는 자기 자신을 갉아먹는 행동이다. 하버드대의 역대 총장 중 한 인물이 말했던 것처럼 절대 자만하지 말고, 타인을 업신여기지 마라. 당신이 꼭 마지막에 웃음 짓는 그 주인공이 될 것이라고는 아무도 장담할 수 없으니 말이다.

아주 오래전, 어린 나이에 성공을 거뒀지만 더 큰 포부를 지니고 있던 젊은이가 산속에 은거하는 현자를 만나러 갔다. 그런데 여러 분야에 두루 조예가 깊다는 자신감에 가득 차 있던 이 젊은이는 현자와의 대화에서 은연중 무례를 범하고 말았다. 현자의 이야기가 끝나지 않았음에도 수시로 말을 끊고 끼어드는가 하면, 심지어 무시하듯 "에이, 그건 진즉 알고 있지요"라고 말한 것이다.

그러나 현자는 젊은이의 불손한 언사를 지적하지 않았다. 그저 대화를 멈추고 찻주전자를 들어 젊은이에게 차를 따라줄 뿐이었다. 그렇게 찻잔에 차가 80퍼센트 정도 찼지만 현자는 계속해서 차를 따랐다.

"어르신, 잔에 이미 차가 가득한데 왜 계속 차를 따르십니까?"

그러나 현자는 그의 말에 대꾸하지 않고 차가 넘쳐 탁자가 흥건해질 때까지 계속해서 차를 따랐다.

"그만 따르시죠. 잔이 가득 차서 더 이상 차를 담아낼 수 없습니다."

젊은이는 살짝 조급해하며 말했다.

그제야 현자는 찻주전자를 내려놓으며 미소 띤 얼굴로 말했다.

"그렇습니다. 이미 찻잔에 담겨 있는 차를 쏟아버리지 않고서야 지금 제가 대접하는 차를 맛볼 수는 없겠지요."

현자의 말에 젊은이는 큰 깨달음을 얻었다.

그렇다. 산 넘어 산이 있고, 뛰는 놈 위에 나는 놈이 있다. 세상에 그 누구도 전지전능한 '만물박사'가 될 수는 없으며, 자신이 배운 지식을 평생 동안 활용할 수 있으리라는 보장도 없다. 그렇기에 우리는 겸손함을 길러 나보다 더 나은 사람을 본받으려 노력하고, 모르는 것이 있으면 기꺼이 다른 사람에게 배움을 청할 줄 알아야 한다. 실제로 하버드대에서는 아무리 유명한 교수라도 또 아무리 뛰어난 학생이라도 모두 겸손한 태도로 상대를 대하는 모습을 쉽게 볼 수 있다. 그들은 알고 있다. 세상에 재능 있는 사람은 많고, 자신은 아직 배울 것이 많은 사람에 불과하다는 사실을 말이다.

빌 게이츠는 자신의 연구팀을 이끌어 IT업계에서 수많은 신화를 창조하며 여러 차례 세계 최고의 부호 자리에 올랐지만 자신의 성과에 취해 자만하는 법이 없었다. 그는 항상 자신의 몸을 낮춰 타인에게 가르침을 구했고, 아랫사람에게 질문하는 것을 전혀 부끄럽게 생각하지 않았다. 그의 겸손함을 보여주는 유명한 일화가 있다.

대부분의 CEO는 비서가 준비한 원고대로 강연이나 연설을 하는 경우가 많다. 그러나 빌 게이츠는 강연 때면 항상 원고에 꼼꼼히 메모를 하고, 이를 잘 숙지하기 위한 연습을 게을리하지 않았다. 강연 후에도 비서와 이야기를 나누며 그날 자신이 어느 부분을 잘 이야기했는지, 어느 부분의 전달력이 부족했는지를 확인했고 잘못한 부분을 노트에 적어 다음번에는 좀 더 나은 모습을 보일 수 있도록 했다.

어느 날 빌 게이츠는 강연을 마치고 많은 사람의 갈채 속에서 퇴장

했다. 그는 우연히 강연에 대해 부정적으로 평가하는 한 관계자의 말을 듣게 되었다. 언짢아할 수도, 모른 척 넘어갈 수도 있었지만 빌 게이츠는 그러지 않았다. 그는 그 직원에게 공손하게 물었다.

"아까 부정적인 평가를 하시는 걸 들었습니다. 남다른 견해를 가지신 것 같은데 가르침을 청해도 될까요? 소는 잃었지만 외양간이라도 고치고 싶거든요."

사업적으로 큰 성공을 거둔 사람이 이처럼 겸손하고 예의 바르게 몸을 낮춰 가르침을 구하는 것은 매우 흔치 않은 일이다. 빌 게이츠처럼 성공한 사람도 겸손함을 아는데 우리는 뭘 믿고 자만할 수 있겠는가? 자기 자신을 더욱 빛나는 존재로 만들어 어디를 가든 성공이 뒤따르는 사람이 되고 싶다면 마음의 그릇을 비우고 배움의 자세를 잃지 않도록 노력하라!

겸손한 사람이 되는 데에는 다른 특별한 무엇이 아닌, 남을 존중하는 말 한마디 행동 하나면 충분하다. 자신의 자랑을 늘어놓거나 상대와 첨예하게 대립하려 하지 말고, 부드러운 말투를 사용해보자. "저도 같은 생각이지만……", "논점이 좋군요. 괜찮으시다면 제가 질문을 하나 해도 될까요?"와 같이 말하는 방식을 조금만 바꾼다면 겸손을 드러냄과 동시에 적잖은 이익을 얻게 될 것이다.

'겸손'을 평생 실천해야 할 13가지 덕목 중 하나로 정하고 매일같이 이를 실천하기 위해 노력했던 벤저민 프랭클린은 이런 말을 했다.

"저는 다른 사람의 생각을 대놓고 반대하거나 독단적으로 행동하지 않겠다는 나름의 원칙을 세웠습니다. '단언컨대', '의심할 나위 없이'처럼 극단적인 표현 대신 되도록 '제가 느끼기에는', '제가 이해한 바로는', '제 생각에는' 등의 표현을 사용하려고 노력하고 있지요. 상대의 말이 잘못되었다고 생각될 때에도 그 즉시 반박에 나서기보다는 '특정

상황이나 환경에서는 네 말이 옳을지도 모르지만 지금은 상황이 그렇지 않다'고 말합니다. 이런 화법을 사용한 결과는 꽤 좋은 편입니다. 제가 이야기에 참여한 자리가 화기애애해지고, 여러 의견을 나누기에도 훨씬 수월한 분위기가 되었으니까요."

결론적으로 겸손한 사람은 일의 핵심을 꿰뚫어볼 수 있기에 조급해하지 않고, 미래를 생각하기에 경솔하게 행동하지 않으며, 높은 곳에 있기에 자만하지 않는다. 겸손은 성공의 길에 발판을 마련하고 당신을 돋보이게 해줄 것이다.

: 제2강 :
성공을 부르는 자신감

'자아의식'으로 자기 자신을 헤아려 자신의 힘을 깨닫는 것! 이것이 바로 자아
실현의 열쇠다. 자신감을 가지고 자기 자신을 믿어라. 이 믿음에 노력이라는 날
개를 달면 분명 더 높이 더 멀리 비상할 수 있다. 자신에 대한 믿음으로 자아를
일깨워 무궁무진한 힘을 폭발시킨다면 당신 앞에 불가능이란 없을 것이다.

언제나
앞자리를 사수하라

"저 정도면 능력 있는 인재 아닌가요? 그런데 왜 사람들은 제 능력을 알아봐주질 않을까요? 전 정말 운이 지지리도 없나 봐요……."

"능력이 있다면 분명 기회가 생길 겁니다. 다만 가만히 앉아 누군가 나를 알아봐주길 바랄 것이 아니라 조금 더 능동적으로 자신을 어필해보는 건 어떨까요? 용감하게 자신을 드러내 타인의 시선을 사로잡으십시오."

수업 시간이나 회의 시간에 앉을 자리를 자유롭게 선택할 수 있다면 당신은 어느 자리를 택하겠는가? 구석자리 또는 뒷자리? 앞자리? 상석의 양 옆자리?

대수롭지 않은 문제라고 생각할 수도 있겠지만 이는 한 사람의 자신감과 직결되어 있다.

알다시피 앞자리에 앉으면 많은 이점이 있다. 먼저 선생님 또는 상사와 1:1로 대화를 할 때처럼 분명하게 이야기를 들을 수 있고, 판서 내용이나 선생님 또는 상사의 표정까지 정확하게 확인할 수 있다. 물론 다른 사람에게 방해를 받을 일도 적다. 하지만 사람들은 대개 습관적으로 뒷줄로 향한다. 그래서 뒷자리는 만석인데, 앞자리는 듬성듬성 자리가 비어 있는 광경이 심심치 않게 연출된다.

자, 그렇다면 우리는 어떨까? 앞자리처럼 눈에 띄는 자리에 앉았다가 행여 선생님이나 상사에게 질문을 받을까 전전긍긍하지는 않는가? 괜히 지목을 당해 난처한 상황에 처할 바에야 눈에 잘 띄지 않고 질문을 받을 가능성도 낮은 뒷자리에 앉는 것이 더 안전하고 편하다고 생각하지는 않는가?

만약 위의 질문에 대한 대답이 '그렇다'라면 이는 자신감이 부족하다는 명백한 증거요, '능력자'가 될 수 없는 근본적 원인이다. 이해를 돕기 위해 질문을 하나 해볼까 한다.

'세상에서 가장 높은 산봉우리는 어디인가?'

물론 대부분이 아주 쉽게 에베레스트라는 정답을 내놓을 것이다. 하지만 세계에서 두 번째로 높은 봉우리를 물었을 때 과연 정답을 말하는 사람은 몇이나 될까? 이렇듯 2등은 때론 무관의 무엇과 다를 바가 없다.

하버드대 출신들이 성공의 최정상에 설 수 있었던 이유 중 하나가 바로 항상 앞자리를 고수하는 '하버드 정신' 때문이라면 믿겠는가?

한 저명한 하버드대 교수가 모 대학에 초청 강연을 간 적이 있었다. 당시 강당은 그의 강연을 듣고자 모인 학생들로 북새통을 이뤘다. 앉을 자리를 찾지 못한 학생들은 복도에까지 자리를 잡을 정도였다. 그런데 그 와중에도 맨 앞줄은 텅텅 비어 있는 것 아닌가? 이를 본 교수가 의아해하며 물었다.

"왜 맨 앞자리에는 아무도 앉지 않죠? 서 있는 게 앉는 것보다 나은가요?"

순간 강당에는 적막이 흘렀다.

교수는 주위를 돌아보더니 웃으며 다시 물었다.

"내가 질문을 할까 봐 무서워서 첫 번째 줄에 못 앉는 거죠?"

"네."

누군가 쭈뼛쭈뼛 대답하자 교수가 미소를 띠며 말했다.

"무서울 게 뭐 있나요? 내가 여러분을 잡아먹을 것도 아닌데!"

그러자 학생들의 입에서 저도 모르게 웃음이 흘러나왔다. 교수는 말을 이어갔다.

"우리 학교 학생들은 다들 맨 앞자리에 앉는 걸 좋아해요. 맨 앞줄에 앉아야 자신을 드러내 주목받을 수 있다고 생각하기 때문이죠. 주목을 받아야 다른 사람에게 높이 평가받을 기회가 생기고 또 다른 사람의 눈에 들 수도 있으니까요. 첫째 줄에 앉는다는 것은 곧 '1등'을 차지하겠다는 의지이자, 자신에 대한 믿음입니다. '어디서든 맨 앞줄을 사수하라!' 이는 제 스승님의 가르침이기도 한데, 제가 오늘날 이 자리에 서게 된 것은 그 가르침 덕분이라고 해도 과언이 아닙니다!"

앞자리에 앉고 못 앉고는 아주 사소한 일처럼 보이지만, 사실은 한 사람이 지닌 내면의 힘의 크기를 반영한다. 다른 사람은 멋쩍어하며 앉을 용기를 내지 못하는 자리에 앉았다는 것은, 그 사람이 비교적 단단한 심리적 소인을 지녔음을 보여줄 뿐만 아니라 매우 강한 자신감을 가지고 있다는 방증이다. 아마 조금만 주의를 기울여도 회의 때마다 매번 앞자리에 앉는 사람들이 얼마나 적극적이고, 열성적이며, 능력 있는지를 금방 알 수 있을 것이다. 생각해보라. 그들의 언행에는 충만한 자신감과 대담함, 도전을 즐길 줄 아는 패기가 묻어나지 않는가?

타인에게 좋은 인상을 심어주고, 신뢰를 얻는 데에는 이처럼 적극적인 어필이 꼭 필요하다. 만약 한 강연에서 강연자가 명함을 건넨다면 그 명함을 받을 확률이 가장 높은 사람이 누구일지 생각해보라. 분명 맨 앞줄에 앉아 적극적으로 강연에 호응했던 사람일 것이다. 이는 단체 면접에서도 마찬가지다. 맨 앞줄에 앉아 해보고자 하는 의지를 온몸으로 표현한 사람에게 가장 먼저 면접의 기회가 돌아가게 마련이다.

적극적으로 자신을 드러내는 일은 일종의 자기 PR이다. '인재라면 언젠가 출세한다'고는 하지만 여러 사람 앞에 자신을 드러낼 용기가 결여되어 있다면, 그래서 항상 사람들 앞에 나서길 두려워한다면 제아무리 뛰어난 재주를 지니고 있어도 그 재주를 알아봐줄 사람이나 기회를 만나기는 어려울 것이다. 숨어 있는 누군가를 주목하고, 그 사람에 대해 더 알고 싶어 하는 사람은 그리 많지 않기 때문이다.

자신감을 가지고 끊임없이 자아를 실현하는 사람은 용감하게 자신을 드러낼 줄 안다. 그러니 오늘날처럼 인재가 넘쳐나는 치열한 경쟁 사회에서 하버드대 출신들처럼 성공하길 꿈꾼다면, 먼저 자신을 드러내는 법부터 배워라. 세계적으로 가장 위대한 세일즈맨이라 불리는 조 지라드처럼 말이다.

35세 이전의 조 지라드는 40여 개의 직업을 전전하고도 아무것도 이루지 못한 별볼일없는 청년이었다. 한때는 소매치기였고, 도박장까지 열어 친구들마저 그를 멀리했다. 그랬던 그가 생존을 위해 찾은 일이 바로 자동차 판매였다. 그는 이 일자리를 구하며 철저하게 변하겠노라고 다짐했다. 회사에서 회의가 있는 날, 그는 더 이상 옛날처럼 구석에 웅크리고 앉아 꾸벅꾸벅 졸지 않았다. 그 대신 눈에 띄는 곳에 자리를 잡고 앉아 상사에게도 담대히 이런저런 질문을 던졌다. 업무를 처리할 때에도 항상 최선을 다하며 어떤 일에서든 최고가 되고자 노력했다.

하지만 세일즈는 생각만큼 쉽지 않았다.

'어떻게 고객을 확보하지?'

고심 끝에 그가 택한 방법은 적극적으로 사람들 앞에 나서는 것이었다. 어디를 가든 누구를 만나든 그는 항상 가장 먼저 명함을 건넸다. 식당에서 식사를 하고 계산을 할 때에도 계산서에 명함을 끼워넣었고, 쇼핑을 갈 때도 매장을 떠날 때면 명함 건네기를 잊지 않았다. 굉장한 농구팬이었던 그는 농구 경기를 관람하러 갈 때조차도 꼭 명함을 챙겨가 경기가 무르익어 관중이 환호를 보내는 순간을 놓치지 않고 공중에 명함을 뿌렸다.

조금은 이상해 보이는 방법이었지만, 그는 세일즈맨이라면 마땅히 자신을 선전해 좀 더 많은 사람에게 내가 어떤 일을 하는 사람인지, 어떤 상품을 판매하는지 알려야 할 필요가 있다고 생각했다. 그래야 그가 판매하는 상품이 필요해졌을 때 사람들이 그를 떠올리게 된다는 것이 그의 지론이었다. 그의 방법은 확실히 효과가 있었다. 사람들은 자동차를 사려고 할 때 자신이 받았던 명함의 주인을 떠올렸고, 그 결과 그는 단 3년 만에 세계 최고의 세일즈맨에 등극했다. 12년 연속 하루 평균 여섯 대의 자동차를 판매한 그의 세계적인 자동차 판매 기록은 지금까지도 깨지지 않고 있다.

맨 앞자리에 앉으면 확실히 눈에 띄기 쉽다. 하지만 성공 자체가 눈에 띄는 것이라는 사실을 잊지 마라. 물고기는 용문(중국 황허강 중류에 있는 여울목. 잉어가 이곳을 뛰어오르면 용이 된다고 전해진다)을 넘어야 하고, 매는 광활한 하늘을 누벼야 하며, 천리마는 거침없이 앞을 향해 달려가야 한다. 조 지라드가 지질함을 벗고 세계 최고의 세일즈맨이 될 수 있었던 열쇠는 바로 자신을 용감하게 드러낸 자신감과 끊임없는 노력이었다.

물론 '1등'은 단 한 명뿐이다. 맨 앞자리를 사수하라는 것은 1등을 해야 한다는 의미가 아니라 1등을 차지하려는 경쟁의식이 필요하다는 뜻이다. 인생의 목표를 향해 끊임없이 노력할 수 있도록 자기 자신을 다독여 전에 없던 용기와 최고를 향한 정신을 북돋아라. 용감하게 앞자리를 찾아 앉는 사람은 비록 그 시작이 남들만 못할지라도 한 걸음 한 걸음 성장해 끝내는 두각을 나타낸다. 많은 이의 인생 좌표가 된 하버드 출신들처럼 말이다.

자신감은
인생의 가장 큰 자산이다

하버드대의 한 교육 전문가가 다음과 같은 실험을 한 적이 있다. 그는 학교에서 평범한 교사 3명과 평범한 학생 100명을 무작위로 선발해 그들을 세 개 반으로 나눈 다음 그들에게 말했다.

"여러분은 전교에서 선발된 가장 우수한 교사와 학생들입니다. 즉, 전교에서 가장 좋은 성적을 낼 수 있는 최상의 조합이죠."

1년 후, 이 세 개 반은 전교에서 가장 좋은 시험 성적을 거뒀다. 자신감을 가지면 내가 바라는 사람이 될 수 있음을 보여준 실험이었다.

누군가 당신에게 '당신 주변에서 혹은 당신이 그동안 만났던 사람 중에서 가장 우수한 사람은 누구인가?'라는 질문을 던진다면 당신은 어떻게 답하겠는가? 대답을 하기 전에 먼저 이야기 하나를 살펴보자.

명망 있는 한 대가가 노년에 접어들어 가장 뛰어난 제자를 찾고자 했다. 그는 평소 눈여겨보았던 제자를 불러 말했다.

"내 초가 다 타고 얼마 남지 않아 다른 초를 찾아 불씨를 옮겨야 할 것 같구나. 내 말 뜻을 이해하겠느냐?"

제자가 말했다.

"네. 스승님의 빛나는 사상을 잘 이어나갈 훌륭한 전수자가 필요하시다는 말씀 아니십니까?"

"다만……"

대가는 느릿느릿 말을 이었다.

"지혜뿐만 아니라 확실한 신념과 남다른 용기를 지닌 사람이어야 할 텐데…… 여태껏 이런 적임자는 본 적이 없구나."

"걱정 마십시오."

제자는 재빨리 스승을 안심시키며 최선을 다해 적임자를 찾아오겠노라고 말했다.

반년의 시간이 흐르고 대가는 병으로 몸져눕게 되었다. 세상과 이별할 날이 머지않은 상태였지만 그의 뒤를 이를 최고의 적임자는 아직 찾지 못한 상태였다. 제자는 매우 송구스러워하며 스승에게 말했다.

"실망시켜드려 죄송합니다."

그러자 대가는 초연히 눈을 감으며 말했다.

"휴, 내가 실망한 것은 사실이지만 정작 네가 미안해야 할 사람은 내가 아니라 너 자신이다."

그는 한참 동안 말을 멈췄다가 겨우 말을 이었다.

"원래 가장 훌륭한 적임자는 바로 너였다. 네가 너 자신을 믿으려 하지 않았을 뿐……"

말을 채 끝마치지 못한 대가는 그렇게 영원히 세상을 떠났고, 제자는 이를 뼈저리게 후회하며 이후의 반평생을 자책 속에 보냈다.

그렇다. 많은 사람이 아무것도 이루지 못한 채 평범한 삶을 살아가는 것은 자신의 능력을 저평가하고, 아무런 포부 없이 필요 이상으로 자신을 비하하기 때문이다. 이야기 속 제자의 전철을 밟지 않고 성공을 향해 나아가려는 사람이라면 하버드대 출신의 미국 작가 에머슨의 명언을 기억하라.

'자신감은 최고의 성공 비결이다!'

자신감은 곧 자신이 가장 뛰어나다고 믿는, 자신에 대한 믿음이자 확신이다.

사실 사람은 모두 뛰어난 존재다. 다만 자신을 어떻게 인식하고, 어떻게 능력을 발굴하여 자신을 쓰임새 있게 만드느냐의 차이가 있을 뿐이다. 자신을 보석이라 생각하면 정말 보석이 된다.

하버드대가 많은 성공인사를 배출해낼 수 있었던 이유는 세계 일류를 자랑하는 수준 높은 교육 외에도 학생들 한 명 한 명에게 영향을 준 '하버드 정신'이 있었기 때문이다. 하버드대에서는 비범함과 평범함의 차이가 학업 성과가 아닌 사람이 지닌 의식과 정신 즉, 성품에 있다고 강조한다. 여기서 성품이란 한 사람의 자신감을 말한다. 정신이 굳건해야 진짜 강한 사람이고, 자신감이 있어야 진짜 뛰어난 사람이 될 수 있다는 것이다. 신기하게도 하버드대는 이러한 이념이 모든 학생의 마음속에 뿌리 깊게 자리할 수 있도록 교육한다.

그래서인지 하버드대 출신들에게서는 사람을 사로잡는 남다른 기질, 바로 비범한 자신감을 발견할 수 있다. 하지만 우리라고 못할 게 뭐 있겠는가! 우리도 얼마든지 자신감 있는 삶의 태도로 야심가 빱칠 진취성을 발휘하여 주어지는 모든 기회에 담대하게 도전할 수 있다. 장차 어떤 사람이 될 것인지를 믿고 그 믿음대로 행동하라. 그러면 자연스럽게 내가 바라는 모습의 사람이 되어 있을 것이다.

물론 흔들리지 않는 믿음만으로는 부족하다. 자신감은 행동력과 유기적으로 결합했을 때 비로소 그 빛을 발하기 때문이다. 노력이 전제되지 않은 자신감은 자만에 불과하며, 이렇게 맹목적인 자신감은 공중누각과 같아 일격에도 쉽게 무너져 내린다. 자신감에 기대면 모두가 성공할 가능성을 갖게 되지만, 자신감을 가지고 기꺼이 노력하는 사람만이 한 걸음 한 걸음 앞으로 나아가 결국 성공을 거머쥘 수 있다.

미국의 정치가 콘돌리자 라이스가 바로 그 좋은 예다.

미국에 인종차별정책이 성행하던 1970년대, 버밍햄에 살던 흑인 소녀는 부모님을 따라 워싱턴으로 백악관 견학을 갔다가 피부색 때문에 문전박대를 당한다. 이 일은 그녀에게 마음의 상처를 안김과 동시에 그녀가 흑인의 사회적 위치를 깨닫는 계기가 되었다. 일부 사람의 눈에 흑인은 열등하고 보잘것없는 존재였고, 흑인으로서의 삶이란 불평등과 굴욕과 공포의 연속임을 알게 된 것이다. 하지만 그녀는 현실에 무릎 꿇지 않았다. 그녀는 차분히 아버지에게 말했다.

"지금은 피부색 때문에 백악관에 들어갈 수 없지만, 언젠가는 저곳에 제가 있을 거예요. 저는 제가 그만큼 뛰어나다고 믿으니까요."

지혜롭고 진보적이며 용감한 부모는 딸아이의 원대한 포부를 응원했다. 그녀는 부모의 교육을 통해 모든 사람은 평등하며, 그 누구도 인종이 다르다는 이유로 멸시나 편애를 당해서는 안 된다는 사실, 자기 자신을 규정하는 것은 피부색이나 성별이 아닌 자신의 노력이라는 점, 그리고 행복은 스스로 만들어가는 것임을 깨달았다.

'백인을 뛰어넘겠다'는 목표를 실현하기 위해 그녀는 수십 년을 하루처럼 보냈고, 그렇게 다른 사람보다 몇 배의 노력을 쏟아부어 열심히 지식을 쌓은 결과 남부럽지 않은 인재로 성장하였다. 26세 때 그녀는 이미 스탠퍼드대학의 강사로 교단에 섰고, 1993년 스탠퍼드대학 역사상 최연소이자 최초의 흑인 교무주임이 되었다. 물론 그녀는 여기서 멈추지 않았다. 2000년 미국 대선 때 부시의 책사로서 그를 도왔고, 결국 미국 국무부장관에 임명되어 백악관 입성에 성공했다. 미국 역사상 두 번째 여성 국무부장관이자 해당 직위를 담당한 첫 흑인 여성으로서 말이다.

콘돌리자 라이스는 인종차별에 굴하지 않고 용감하게 자신을 시험했고, 넘치는 투지로 결국 훌륭한 자아를 실현했다. 만약 그녀가 자신의 출신을 짐으로 여기고 자신을 그저 평범한 사람으로 치부했다면, 그래서 자신의 다재다능함이 제대로 빛을 보지 못했다면 과연 그녀가 권력의 최고봉에 설 수 있었을까? 그 답은 모두가 알고 있으리라.

"지금은 피부색 때문에 백악관에 들어갈 수 없지만, 언젠가는 저곳에 제가 있을 거예요. 저는 제가 그만큼 뛰어나다고 믿으니까요."

라이스가 인종차별에 굴하지 않고 이런 말을 할 수 있었던 것은 그녀가 자신감을 가진 사람이었기 때문이다. 또한 훗날 미국 국무부장관으로 백악관에 입성해 전 세계가 주목하는 유능한 여성이 될 수 있었던 이유는 자신감을 기반으로 끊임없이 노력해 자신감이 가진 힘에 생명을 불어넣었기 때문이다.

자신을 믿어라. 그리고 아낌없이 노력하라. 그러면 아무리 보잘것없는 존재도 위대해질 수 있다.

다른 사람의 의견에 자신의 마음을 묻지 마라

하버드대에 갓 입학한 학생이 수심 가득한 얼굴로 지도교수에게 가르침을 구했다.

"교수님, 요즘 제 마음이 좀 시끌시끌해요. 누구는 저더러 앞으로 큰일을 해낼 천재라고 말하고, 또 누구는 평생 제대로 된 출세도 못할 바보라고 하고……. 교수님 보시기에 제가 어떤가요? 전 천재일까요, 바보일까요?"

"자네 생각에는 자네가 어떤 것 같은가?"

교수는 되물었다.

"저요?"

학생은 멍한 표정을 지어보였다. 그러자 교수가 말했다.

"남들이 자네를 치켜세우든 얕잡아보든 자네는 자네일 뿐이네. 자네가 도대체 어떤 사람인지는 자네가 자네 자신을 어떻게 바라보느냐에 달려 있음을 잊지 말게."

당신은 다른 사람의 의견에 신경을 쓰는 편인가? 남들이 나를 평가할 때, 당신은 이를 어떻게 받아들이는가? 흔들림 없이 자기가 할 일을 해내는 편인가? 아니면 어떻게든 다른 사람들의 인정을 받기 위해 노력하는가?

사실 대부분의 사람은 나를 바라보는 타인의 시선에 신경을 쓴다. 그리고 남들에게 인정받기 위해 그럭저럭 타협하고, 조심조심 행동하는가 하면 다른 사람의 마음에 들려고 온갖 애를 쓰기도 한다. 주관이 있는 상태라고 해도 다수가 의문을 제기하면 마음이 흔들리고 자신을 의심하다 포기하게 되는 게 사실이다.

인간이란 소속감과 자존심이 필요한 존재로, 타인에게 긍정적 평가와 인정을 받고자 하는 동물이기 때문이다. 즉, 남들의 시선을 의식하고 나에 대한 타인의 평가에 관심을 두는 것은 지극히 정상적이라는 뜻이다. 하지만 우리가 알아야 할 사실이 하나 있다. 매사 타인의 평가에 신경을 곤두세우며 살아가다가는 타인의 목소리에 휘둘리게 되고, 결국 나 자신을 잃어버릴 수도 있다는 점이다.

장교가 된 지 얼마 안 된 다빈. 그는 자신이 장교라는 사실에 매우 감격하며 매사 적극적으로 임했다. 행군할 때도 그는 항상 맨 앞에서 대오를 이끌었고, 무슨 일이 생기면 제일 먼저 달려갔다. 그러나 언젠가부터 그에 대한 말들이 나오기 시작했다.

"다빈 좀 봐. 아직 한 번도 승전한 적 없는 애송이가 저렇게 거만하게 대오의 가장 앞자리를 차지하다니 말이야. 정말 낯도 두껍지."

그는 이 말을 듣고 몹시 무안해져 다음에는 대오의 중간으로 자리를 옮겼다. 그러자 또 누군가가 그를 비꼬며 말했다.

"봐봐, 다빈이 대오 중간으로 숨었어. 저렇게 군사를 이끄는 일에 나서질 않는데 장교는 무슨 장교야. 몸이나 사리는 겁쟁이라면 모를까."

생각해보니 꽤 일리가 있었다. 그래서 그는 다시 대오의 맨 끝자리로 갔다. 하지만 또 한 번의 행군 중에 그를 비웃는 소리가 들려왔다.

"다빈은 항상 대오 뒤에 서더라. 장교답지 못하게. 꼭 수행원 같지 않아?"

'도대체 어디에 서야 맞는 걸까?'

순간, 그는 걸음조차 제대로 걷지 못했다.

우스운 이야기지만 다른 사람의 말에 행동이 좌지우지되는 경우는 꽤 많다. 생각해보라. 사소하게는 유행을 따르는 일부터 크게는 신앙이나 이상을 좇는 일까지 타인의 말에 신경 쓰느라 자신의 판단을 믿지 못하고, 생각한 바를 굳건히 지켜내지 못해 줏대 없는 사람이 되고 있지는 않은가? 행여 자신을 낡은 틀에 가두고 발전할 기회를 억누르고 있는 것은 아닌지 생각해볼 필요가 있다.

그렇다면 왜 이 같은 상황이 생기는 걸까? 원인은 간단하다. 모든 사람의 이익이 서로 다르고, 각자의 입장과 생각, 느낌이 모두 다르기 때문이다. 장씨는 이렇게 해야 한다고 말하고, 이씨는 저렇게 해야 맞는 거라고 한다. 옆집 왕씨 아줌마, 수위 아저씨까지 모두 한마디씩 하는 이때, 모두의 의견을 고려한다는 것은 절대 불가능하다. 당신이 아무리 빈틈없이 일을 처리해도 불만을 갖는 사람은 나오게 마련이다.

그러니 사람들의 의견에 자신의 생각을 묻어버리지 마라. 마음속의 신념을 지킨다면 그것으로 충분하다.

이에 대해 하버드대 심리학과의 조교수는 이렇게 지적한다.

"자신의 인생을 주재하고 싶다면 반드시 자기 신념을 지켜야 한다. 자신이 가치 있다고 생각하는 일을 하고, 자신의 생각과 행동을 믿으며 용감하게 앞으로 나아가야 한다. 자신이 틀린 생각을 하고 있다는 확실한 근거가 없는 한 자신의 생각이 옳다고 가정해도 좋다. 온 마음을 다해 자신이 하는 일의 가치를 믿어라. 방해를 받거나 비난을 들어도 신념을 저버리지 않는 뚝심이 있어야 위대한 업적을 달성할 수 있다."

때로는 다른 사람의 '충고'도 귀넘어들을 줄 알아야 함을 꼬집은 것이다.

옛말에 '여럿이 하는 입방아는 쇠도 녹일 수 있고, 뭇사람의 훼방도 쌓이면 뼈를 녹일 수 있다'라고 했다. 무수히 많은 타인의 의문에도 아랑곳하지 않고 자신을 인정할 수 있는 이는 대단한 자신감을 가진 사람이요, 지혜로운 사람이자, 성공을 향해 나아갈 수 있는 사람이다. 많은 사람의 공격에도 여전히 가슴을 펴고 바로설 수 있다면, 그리고 흔들림 없이 자신의 판단에 충실할 수 있다면 어떻게 성공하지 않을 수 있겠는가?

빌 게이츠는 이런 말을 했다.

"영웅이 되겠습니까, 겁쟁이가 되겠습니까? 당신은 의지가 강한 사람입니까, 아니면 약한 사람입니까? 적극적인 마인드를 가진 사람은 절대 겁쟁이가 아닙니다. 이런 사람은 자기 자신을 믿고 또 자신의 능력을 잘 알기 때문에 무언가를 맹종하지도 않습니다. 그저 나답게 용감하게 전진하는 것이 그들이 견지하는 원칙이지요."

믿어라. 빌 게이츠 역시 이러한 믿음으로 성공을 거머쥐었다.

여기 시사하는 바가 큰 이야기 하나가 있다.

영국에 한 젊은 건축가가 있었다. 가진 것이라고는 젊음뿐인 그는 운 좋게도 윈저시청 설계 프로젝트에 참여하게 되었다. 그는 이 일에 몰두했고 가장 완벽한 설계를 기대하며 여러 디자인을 내놓았다. 숱한 노력 끝에 마침내 그는 역학 및 공학 지식에 자신의 실무 경험을 녹여 내 하나의 기둥으로 시청의 천장을 받치는 디자인을 완성했다. 1년이 넘는 시공을 거쳐 드디어 완공된 시청의 모습은 매우 아름다웠다.

그런데 시청의 전문가들이 감사를 진행하면서 천장을 지탱하고 있는 하나의 기둥을 문제 삼았다. 그들은 기둥 하나로 천장을 지탱하는 것은 너무 위험하다며 기둥을 더 추가하라고 지시했다. 이에 젊은 건축가는 전문가들의 지시를 거절하며 기둥 하나만으로도 얼마든지 건물을 안정적으로 지탱할 수 있다고 자신만만하게 말했다. 관련 데이터와 구체적 실례를 들어가며 설명했지만 그의 고집스러움은 전문가들의 노여움을 샀을 뿐이다. 이 일로 고소 당할 위기에 처하자 그는 어쩔 수 없이 시청 둘레에 네 개의 기둥을 추가했다.

그로부터 세월은 흐르고 흘러 어느덧 300여 년이 지났다. 시청에서 근무하는 직원들이 바뀌고 또 바뀌는 동안에도 시청은 여전히 견고하게 그 모습을 유지했다. 이 시청 건물의 기둥에 관한 비밀이 밝혀진 건 20세기 후반 시정부가 시청의 천장 보수 작업에 나서면서였다. 시청 네 귀퉁이의 기둥들은 육안으로는 보이지 않게 천장과 2밀리미터 떨어져 있었던 것이다. 이 이야기 속 젊은 건축가는 바로 크리스토퍼 렌이다. 나중에 그의 일기에서 이러한 구절이 발견되었다.

'나는 내 설계의 합리성에 대해 자신한다. 적어도 100년 후, 이 기둥의 비밀이 밝혀졌을 때 사람들은 놀라움에 할 말을 잃겠지! 그럼 나는 이렇게 말하고 싶다. 여러분이 보고 있는 것은 기적이 아니라 나의 자신감을 지킨 결과라고……'

크리스토퍼 렌은 성공했다. 그는 가장 힘들던 시기에도 다른 사람의 시선에 아랑곳하지 않고 자신을 믿고 인정하자며 스스로를 다독였다. 이처럼 주관을 가지고 자신의 의견을 견지해야 마음속에 흔들리지 않는 신념의 힘이 싹트고, 이러한 힘을 지녀야 아무리 어려운 일이 닥쳐도 우왕좌왕하거나 위축되지 않고 발군의 실력을 발휘할 수 있다.

사람이 가장 이기기 어려운 상대는 바로 자기 자신이고, 가장 강력한 힘을 지닌 것 또한 자신의 마음이다!

인생의 갈림길에서 우리에게 필요한 건 자신에 대한 믿음이다. '나는 어떻게 생각하고 있지?', '내가 이렇게 하는 게 맞는 걸까?'를 수시로 자문하고, 자기 마음의 소리에 귀를 기울여라. 다른 사람의 인정이나 긍정, 동의 여부에 상관없이 자신의 선택을 믿고 주저 없이 행동한다면 머지않아 성공의 빛을 볼 수 있을 것이다.

나는
할 수 있다

"나폴레옹, 저는 당신처럼 성공하고 싶습니다. 그런데 과연 제가 그럴 수 있을까요? 부디 제게 힘과 희망을 주세요."

"당신은 성공하지 못할 겁니다. 자신에 대한 믿음이 그리 부족해서야 어떻게 성공할 수 있겠습니까?"

"아, 옳은 말씀입니다. 그럼 제가 어떻게 해야 할까요?"

"절대 불가능하다고 말하지 마십시오. 내 사전에 '불가능'은 없습니다. '불가능'은 바보들의 단어일 뿐입니다. 포기하지 않는 한, 끊임없이 도전하는 한 상황은 얼마든지 바꿀 수 있습니다."

"스타도, 명망가도, 성공인사도 아닌 지극히 평범한 당신! 하지만 사람은 누구나 하버드대 출신의 엘리트들처럼 반짝반짝 빛나며 다른 사람의 이목을 집중시킬 능력과 기회를 지니고 있다. 물론 당신도 예외는 아니다."

이 말을 듣고 당신은 본능적으로 이렇게 반문할지도 모르겠다.

"말도 안 돼. 난 못해요. 난 가방끈도 짧고 능력도 없는걸요……. 그렇게 자신감 넘치고 능력도 있고 그야말로 못하는 게 없는 사람들이랑 제가 어떻게 같을 수 있겠어요!"

하지만 명심하라! '난 못해'라는 말을 입 밖으로 내뱉는 순간, 당신은 정말로 아무것도 할 수 없게 된다는 사실을……

왜냐? 잠재의식의 힘이 작용하기 때문이다. 자신이 할 수 있다고 생각하면 적극성이 생겨 어떠한 일을 성공적으로 이끌 가능성이 커지지만, 못한다고 미리 단정하면 소극적이 되어 좋은 결과를 낼 수 없다. 자신의 지난날을 되돌아보라. 잘해낼 수 있다고 자신했던 일들은 대체로 좋은 결과를 낸 반면, 못할 거라고 생각했던 일들은 정말 자신의 생각대로 되지 않았는가?

하버드대 교수들은 학생들이 입학한 첫날부터 '자신감은 일종의 삶의 태도로 불가능을 없애준다'는 믿음을 심어주기 위해 노력한다. 확실히 자신감은 우리에게 필요한 물건을 가져다주지는 않지만 어떻게 얻을지는 알려준다. 할 수 있다고 믿으면 반드시 해낼 수 있다. 끊임없는 자기암시는 설령 그 암시가 사실이 아니라고 해도 이를 믿게 만들어 자신 안에 숨어 있는 힘을 이끌어낸다. 하버드대 MBA 석사 스티븐 코비가 지적한 것처럼 말이다.

"사람들은 성공하길 바라며 저마다 성공의 비결을 찾아 헤맨다. 하지만 그 비결이란 어쩌면 우리가 생각하는 것보다 훨씬 간단할지도 모른다. 올림픽 챔피언, 기업 CEO, 우주비행사, 정부 지도자 같은 성공 인사와 다른 사람들 사이에는 명확한 경계선이 있기 때문이다. 나는 이를 '성공의 언저리'라고 부른다. 이는 특수한 환경이나 높은 지능을 지닌 결과도, 우수교육이나 월등한 재능의 산물도 아니다. 물론 시기 탓은 더더욱 아니다. 성공인사가 되는 열쇠는 바로 '나는 나를 믿어', '나는 내가 좋아', '내가 제일 능력 있어'라고 생각하는 태도다."

존 커티스는 오스트레일리아의 장애인이다. 콜라 캔만 한 몸집에 선천적으로 심각한 장애를 안고 태어난 그는 척추 아랫부분의 발육 불가로 24시간을 넘기지 못할 거라는 진단을 받았다. 의사는 그의 아버지에게 마음의 준비를 하라고 했지만, 그는 예상 외로 일주일을 버텼고, 한 달, 1년을 넘기더니 10년을 넘게 살았다. 그리고 17세 때, 그는 어쩔 수 없이 다리 제거 수술을 받고 두 손에 기대 보행하는 '반쪽' 인간이 되었다. 존의 인생은 고통과 치욕으로 가득했다. 학창 시절 주변의 많은 아이가 그를 '괴물'이라며 손가락질했고, 심지어 어떤 아이는 그의 책상 주변에 압정을 잔뜩 뿌려놓기도 했다. 고등학교를 졸업하고 사회에 진출하고자 일자리를 찾아 나섰을 때에도 그는 수차례 거절을 당했다.

사람들의 눈에 존은 혼자서는 아무것도 할 수 없는 불쌍한 사람이었지만 그는 자신을 그렇게 생각하지 않았다. 그는 '나는 할 수 있어'라는 믿음으로 휠체어를 타는 대신 손으로 걷기를 고집했다. 한 걸음 이동할 때마다 뼈에 사무치는 아픔이 느껴졌고, 그의 손은 항상 찔리고 긁힌 상처로 피가 마를 날이 없었다. 훗날 그는 먼 길을 이동할 수 있도록 스케이트보드 타는 법을 배웠고, 운전면허도 땄다. 체력 단련도 게을리하지 않았다. 그러한 장기간의 단련으로 그의 팔뚝은 놀라운 힘을 지니게 되었고, 그는 1994년 오스트레일리아 장애인 테니스 대회 우승, 2000년 전국 역도 대회 준우승 등 비장애인도 쉽게 해낼 수 없는 일들을 해냈다. 그 후, 그는 100여 개 국가에 초청 강연을 다니며 전 세계적으로 유명한 '희망전도사'가 되었다.

심각한 장애를 타고났지만 그는 죽음에 도전했고, 어려서부터 갖은 무시와 괴롭힘을 당했지만 여전히 웃는 얼굴로 삶을 대했다. 또한 두 팔에 기대야 걸을 수 있었지만 만능 스포츠맨이 되었다. 존 커티스가 이처럼 수많은 불가능을 가능하게 할 수 있었던 이유는 무엇일까? 그는 이렇게 말했다.

"이 세상은 고난과 아픔으로 가득합니다. 그래서 누구는 머리를 싸매고 고민하고, 누구는 울부짖지요. 그렇지만 운명과 직면했다면 그 어떤 고난에도 용감하게 맞서십시오. 이기면 이기는 거고, 지면 지는 겁니다. 모든 가능성이 열려 있습니다. 그러니 절대 자신에게 '안 된다'는 말은 하지 마십시오."

사람이라면 새로운 임무나 도전 과제가 눈앞에 있을 때, 마음속으로는 자신이 잘할 수 있을 거라고 믿으면서도 약간의 걱정과 두려움이 앞서게 마련이다.

사실 자신을 의심하는 것은 매우 자연스러운 일이다. 다만 자신의 생각을 제어할 줄 알아야 한다. 절대, 잘 못할까 봐 두렵다고 시작조차 포기하지 말고 반복해서 자신에게 '내가 될까?'라고 묻지도 마라. 나 자신도 나를 믿지 못하는데 누가 나를 믿을 수 있겠는가? 게다가 아직 시작도 하지 않았는데 미리 못할 것을 걱정한다면 어떻게 시작할 용기를 낼 수 있겠는가?

마지막에 성공을 거둘 수 있고 없고는 오로지 나 자신에게 달려 있다. 하버드 교육대학원의 교수 클러리는 믿음의 위력이 발휘되는 과정이 특별히 거창한 것은 아니라며, '나는 할 수 있다'라고 믿는 태도만으로도 능력과 기교와 에너지 등 성공을 위한 필수조건이 만들어진다고 말했다. 즉, '나는 할 수 있다'라고 믿을 때 스스로 길을 찾아낸다는 뜻이다.

캐나다에 사는 라이언 헐 잭. 그는 초등학교 1학년 수업 시간에 우연히 아프리카 사람들의 이야기를 듣고는 큰 충격에 휩싸였다. 아프리카에 사는 많은 아이가 기아에 시달리고 있는데, 그들은 장난감은 고사하고 병을 치료할 약과 깨끗한 식수조차 얻지 못해 목숨을 잃기도 한다는 내용이었다. 그날 그는 집으로 돌아가 어머니에게 말했다.

"70달러면 아프리카에 우물 하나를 만들 수 있고, 그럼 그들이 깨끗한 물을 마실 수 있대요. 엄마 저에게 70달러만 주시면 안 될까요?"

아들의 착한 마음은 매우 가상했지만 70달러는 결코 적은 액수의 돈이 아니었기에 어머니는 그에게 에두르지 않고 말했다.

"우린 그런 형편이 안 된단다."

그의 어머니는 시간이 지나면 이 일도 조금씩 잊힐 거라 생각했지만, 그는 매일 잠들기 전 아프리카 사람들이 깨끗한 물을 마실 수 있게 해달라고 기도했다.

"전 꼭 그들에게 우물을 파줄 거예요."

아들의 진지함을 본 어머니는 심사숙고 끝에 집안일을 도울 때마다 돈을 주겠다고 말했다. 그는 카펫 청소 두 시간에 2달러, 유리창 닦기에 1달러 등등 차곡차곡 돈을 모았고, 3개월 만에 70달러를 모았다. 그러나 70달러로는 펌프 한 개밖에 살 수 없다는 걸 누가 알았겠는가? 한 비영리단체를 통해 우물 하나를 파려면 2천 달러 가까이 필요하다는 사실을 들은 어머니는 아들에게 말했다.

"애야, 넌 이미 최선을 다했어. 하지만 이건 네가 할 수 있는 일이 아닌 것 같구나."

그러나 그는 결연하게 말했다.

"Yes, I can(할 수 있어요). 제가 노력하면 세상을 바꿀 수 있어요."

그는 사람들의 도움을 받기로 했다. 교실에 모금함을 두고 조금만 돈을 아껴 모금에 동참해달라고 친구들에게 부탁하는 한편, 어머니의 도움을 받아 친척들과 친구들에게 메일을 보냈다.

'감동했어. 라이언을 도와 돈을 기부할까 해.'

금세 회신이 날아들었고, 이 소식을 접한 한 기자가 켐트빌의 한 신문에 '라이언의 우물'이라는 제목으로 이야기를 소개하면서 모금운동은 급물살을 탔다. 캐나다 전역으로 라이언의 이야기가 퍼져나가면서 이에 깊이 감동받은 사람들이 '아프리카 아이들을 위한 우물 파기'운동에 적극 가담하기 시작한 것이다. 아프리카에 사는 아이들에게 우물을 파주겠다던 라이언의 꿈은 수백 수천 명이 동참하는 공익사업이 되었고 5년 후, 식수 부족 문제가 가장 심각했던 아프리카 우간다 지역의 인구 56퍼센트에게 깨끗한 우물물을 선물할 수 있게 되었다. 이 일로 평범한 소년이었던 라이언은 '캐나다의 영혼'이라고 불리게 되었다.

세상은 용감한 자의 것이다. "난 못해"를 외치는 사람은 절대 "나는 할 수 있어"라고 말하는 사람을 이기지 못한다.

자, 이제 묻겠다.

'당신은 당신의 운명을 바꿀 용기가 있는가?'

세상에는 완전히 가능한 일도 완전히 불가능한 일도 없다. 처음부터 그 결과는 아무도 모른다. 하버드대 출신들처럼 우수해지고 싶다면, 그리고 빛나는 성과를 거두고 싶다면 마음속으로 '나는 할 수 있다!'를 여러 번 되뇌라. 할 수 있다는 이러한 믿음으로 모든 일을 대한다면 성공도 불가능한 일이 아님을 발견할 것이다! 이것이 바로 자신감의 힘이다!

완벽하지 않은 자신을 받아들여라

하버드대 출신의 심리학자가 자신의 못생긴 외모가 콤플렉스인 한 여성을 상대로 다음과 같은 실험을 한 적이 있다.

자신을 꾸미지 않아 항상 단정치 않은 모습을 하고 있고, 매사 심드 렁하기만 했던 그녀에게 심리학자는 매일 "당신은 정말 예뻐요", "당신은 정말 유능합니다", "오늘 참 잘하셨어요" 등의 칭찬을 해주었다. 그렇게 얼마의 시간이 흐른 뒤, 사람들은 놀라운 사실을 발견했다. 못생겼던 그녀가 예뻐진 것이다. 그녀는 과거의 구질구질함을 벗고 치장을 즐기게 되었으며, 어느새 당당하게 자신을 드러내고 있었다.

어떻게 이런 큰 변화가 일어난 걸까? 사실 그녀의 외모는 조금도 변하지 않았다. 변화의 근원은 바로 한층 강해진 그녀의 자신감이었다.

살면서 이것만은 꼭 고쳤으면 좋겠다는 부분이 있는가? 좀 더 날씬한 몸매를 갖고 싶고, 좀 더 성숙한 내가 되길 바라는가? 평소 이것저것 다 마음에 들지 않는다며 '나는 코도 낮고, 눈도 작은 편이야', '나는 너무 신중한 성격이라 평소에도 걱정이 많아. 매사에 전전긍긍하는 나를 어쩌면 좋지?'라고 생각하지는 않는가?

자신의 부족함을 알고 이를 고치려고 하는 것은 좋은 시도다. 이 시도가 성공한다면 좀 더 완벽한 사람으로 거듭날 수 있다. 하지만 문제는 시도의 결과가 항상 이상적이지는 않다는 점이다. 시간과 에너지를 적잖이 쏟아부었는데 그 결과는? 개선은커녕 오히려 걱정의 늪에 빠져 점점 더 자신감을 잃는가 하면 아예 자포자기하기도 한다.

도대체 왜 일이 뜻대로 되지 않는 걸까?

한 가난한 어부가 바다에서 아주 크고 아름다운 진주를 건졌다. 어부는 매우 기뻤다. 다만 아쉬운 점이 있다면 진주에 작은 흠집이 있는 정도랄까? 어부는 이 흠집만 없앤다면 그 값을 매길 수 없을 만큼 완벽한 진주가 될 것이라는 생각에 진주 표면을 한 꺼풀 벗겨냈다. 하지만 흠집은 여전히 남아 있었다. 그는 다시 한 꺼풀을 벗겨냈고 그래도 흠집은 좀처럼 사라지지 않았다. 그렇게 결국 어부는 진주를 깎고 또 깎아 흠집을 없애는 데 성공했다. 하지만 진주 역시 사라지고 난 후였다.

짧지만 시사하는 바가 큰 이야기다. 어떤가? 당신은 이 이야기의 숨은 뜻을 이해했는가?

이 이야기가 말하고자 하는 바는 간단하다. 바로 '세상에 100퍼센트 완벽한 것은 없다'라는 사실이다. 그렇다. 이 세상을 통틀어 털어서 먼지 안 나는 사람은 없다. 사람은 저마다 부족한 부분이나 단점을 가지고 있다. 즉, 당신은 영원히 완벽한 사람이 될 수 없고, 완벽하고자 하는 바람 역시 이뤄질 수 없다. 이루지 못할 바람을 좇다니 얼마나 사서 고생이란 말인가!

그러니 자신의 부족함과 마주하라. 부족함을 꽁꽁 숨기려 애쓸 필요도, 자기 자신을 미워하거나 불쌍히 여길 필요도 없다. 있는 그대로를 담담하게 받아들이는 법을 배워라. 하버드대가 배출해낸 무수히 많은 성공 모델이 우리에게 주는 공통된 이미지는 무엇인지 곰곰이 생각해보라. 하나같이 자신감 넘치고 긍정적이며 열정적이지 않은가! 물론 이들 중 어떤 사람은 말을 더듬는 버릇이 있고, 또 어떤 사람은 대중 앞에 나서길 두려워하기도 한다. 그러나 이러한 단점들에도 그들은 여전히 자신감을 잃지 않으며 이렇게 말한다.

"자신의 완벽하지 않은 부분을 용감하게 드러낼 줄 아는 것은 하나의 큰 지혜다."

"사람은 자신에게 만족할 줄 알아야 한다. 특히 완벽하지 않은 자신에게……."

"사람의 일생에 완벽이란 없다. 한평생을 추구하고 분투하는 것이 곧 완벽이다."

"자신을 인정하고 받아들였을 때 자신의 가치를 높이고, 모든 도전을 이겨낼 수 있다."

하버드대 교수 탈 벤 샤하르는 자부심을 가질 만한 이력을 지니고 있다. 순조롭게 하버드대에 진학해 학부 과정부터 박사 과정까지 마치며 소위 엘리트코스를 밟았고, 재학 중 우수학생 Top 3에 들어 교환학생으로 케임브리지대에서 수학한 바 있다. 졸업 후에는 하버드대에 남아 교수가 되었고, 그의 수업은 학생들에게 가장 인기 있는 수업으로 손꼽힌다. 이뿐만 아니라 그는 현재 세계 500대 기업에서 교육 프로그램을 진행하며 미국 전체에서 가장 비싼 몸값을 자랑하는 '희망전도사'로 이름을 날리고 있다.

그의 인생은 다른 사람이 보기에 꽤나 성공적이고 완벽한 인생이다. 하지만 그는 자신의 부족함을 잘 알고 있다. 그는 내성적이고 말수가 적으며 낯가림이 있는 편이다. 그는 이렇게 말했다.

"적어도 백 번이 넘는 강의를 했지만 솔직히 지금도 많은 사람 앞에서 강의나 강연을 할 때면 여전히 긴장이 돼요……."

성공한 희망전도사라면 당연히 언변도 좋고 열정적이어야 하는 것 아닌가? 적어도 긴장은 하지 말아야지? 어쩌면 이런 의문도 들 것이다. 그는 어떻게 성공을 한 걸까?

'있는 그대로의 자신을 받아들인 것', 이것이 바로 그의 성공 비결이다. 그는 사람들에게 자신의 부족함을 솔직히 밝힌다. 대가라는 칭호를 의식해 자신을 반드시 '대가'다운 모습으로 보이려 애쓰지 않는다. 낯가림이 있다고 자신을 자책하지도, 사람들 앞에서 긴장하는 자신 때문에 마음을 졸이지도 않는다. 그는 자신의 부족함과 마주했을 때, 스스로 이렇게 말한다.

"나의 장단점을 받아들이고 나의 불완전함을 허락하자. OK, Go ahead(좋아, 해보자)!"

기꺼이 있는 그대로의 자신을 받아들이는 것. 이는 그의 수업의 핵심 포인트이기도 하다.

심리학에서는 자신의 불완전함을 인정하는 것이 자기 자신을 존중하고 직시하는 일종의 심리적 에너지를 만든다고 말한다. 생각해보라. 너무 뚱뚱한 몸매나 마른 몸매, 큰 코와 작은 눈을 사람들이 콤플렉스라고 느끼는 이유는 뭘까? 이는 완벽하지 않아서가 아니라 자신감이 없어서이다. 완벽하지 않으면 가치가 없다고 착각하는 것이다. 자신의 불완전함을 인정하는 연습을 하라. 이것이 바로 진짜 내면에서 우러나오는 자신감이다.

타이완의 유명 화가 황메이리엔은 출생 당시 의사의 실수로 대뇌신경을 다쳐 뇌성마비를 앓았다. 그녀는 안면과 사지 근육을 정상적으로 움직이지 못하게 되었다. 물론 말도 제대로 하지 못했고, 팔다리는 말을 잘 듣지 않았으며, 한쪽으로 비뚤어진 입에서는 자꾸만 침이 흘러나왔다. 하지만 그녀는 자신의 손을 붓 삼아 캘리포니아대의 예술학 박사 학위를 취득하고, 찬란한 자신의 삶을 그려냈다. 그 비결은 무엇일까?

한 강연에서 어떤 학생이 그녀에게 솔직하게 물었다.

"박사님은 뭐가 그렇게 즐거우신가요? 어려서부터 장애를 안고 사셨는데, 박사님은 자기 자신을 어떻게 보시는지 궁금합니다. 뭔가 특별한 생각이라도 가지고 계신 건가요?"

장애를 가진 그녀에게 이 질문은 참으로 날카롭지만 잔인했다. 하지만 그녀는 질문을 던진 학생을 향해 미소를 짓더니 이내 몸을 돌려 분필을 잡고는 칠판에 이렇게 썼다.

'저는 이미 충분히 괜찮은 사람입니다!'

그러고는 그 이유를 힘차게 써내려갔다.

첫째, 나는 사랑스럽다!

둘째, 나는 그림을 그릴 수 있고, 글도 쓸 수 있다!

셋째, 내 다리는 길고 날씬하다!

......

사람들은 말도 제대로 못하고 몸도 가누기 어려운 그녀에게 행복이 올 거라고 생각하지 않았다. 하지만 그녀는 달랐다. 불편한 몸은 그녀에게 삶을 포기할 이유도, 하늘을 원망하거나 남을 탓할 이유도 아니었다. 그녀는 자기가 가진 것만으로도 자신이 이미 충분히 괜찮은 사람이라고 생각했기 때문이다. 이 자신감은 그녀에게 믿음을 가지고 열심히 앞으로 나아갈 길을 열어주었고, 삶을 대하는 열정을 불어넣어주었으며, 결국 실의의 굴레에서 벗어나게 하고, 삶의 에너지를 발산할 수 있도록 해주었다.

사실 할리우드의 유명 영화배우 오드리 헵번도 그리 완벽한 몸매의 소유자는 아니었다. 그러나 깡마른 몸매에 가는 팔다리, 빈약한 가슴에도 불구하고 그녀는 완벽한 미인의 아우라를 발산했는데, 이는 헵번 스스로 자연스러운 자신의 모습을 사랑했기 때문이다. 그녀는 말했다.

"사람은 누구나 장점과 단점을 모두 가지고 있죠. 이 중 장점을 극대화하면 그 외의 것들은 신경 쓸 필요가 없어요."

본보기로 삼을 만한 멋진 견해다.

물론 자기 자신을 받아들이기만 하면 무조건 성공할 수 있다는 말은 아니다. 하지만 단언컨대 자신을 받아들일 용기가 없다면 절대 성공할 수 없다. 자신을 받아들일 용기를 내지 못해 자신을 바로볼 수 없는 사람은 마음속에 열등감이 가득하다는 뜻이고, 열등감에 사로잡힌 사람은 살면서 많은 기회를 만나도 그 기회가 나와는 상관없는, 다른 사람을 위한 기회라고 속단하고 미리 포기해버리기 때문이다.

외람되지만 묻고 싶다.

당신이 생각하기에 당신은 아름다운가?

뚱뚱하든 말랐든, 키가 크든 작든, 잘생겼든 못생겼든 상관없이 이 한 가지만 기억하라. 자신감이 곧 아름다움이다.

닫혀 있는
성공의 문을 열어젖혀라

어떤 이가 괴테에게 물었다.

"용기가 정말 그렇게 중요한가요?"

그러자 괴테는 대답했다.

"물론이죠. 재산을 잃으면 조금 잃는 것이요, 명예를 잃으면 많이 잃는 것이지만, 용기를 잃으면 전부를 잃는 것입니다."

'성공에 필요한 조건은?'

이 문제에 대해 사람들은 재능, 운, 기회, 지혜 등등 다양한 답을 내놓는다. 그러나 믿기지 않겠지만 사실 성공에는 그리 많은 것이 필요하지 않다. 그저 단 한 가지면 충분하다.

대체 그 한 가지는 무엇일까?

아서는 두 명의 동창과 함께 한 회사의 영업직에 지원하였다. 면접이 끝난 후 사장이 말했다.

"명문대 졸업에 전문 지식까지 갖추셨으니 여러분에게 인턴으로 일할 기회를 드리지요. 정규 채용 여부는 인턴 기간 동안의 평가를 바탕으로 결정하겠습니다. 다만 한 가지 주의할 점을 알려드리지요. 복도 북쪽 끝의 문패 없는 방에는 절대 가까이 가지 마십시오."

사장은 이유를 설명하지 않은 채 말을 마쳤다.

인턴생활 중에도 그는 여전히 사장의 당부가 머릿속에 맴돌았다. 그러자 다른 두 친구는 인턴 기간 동안 다른 일에는 신경 쓰지 말라며, 자기 할 일만 확실히 해 정규 채용이 되는 데에만 집중하라고 충고했다. 아서의 궁금증을 알게 된 다른 직원들도 한마디씩 거들었다.

"우리 모두 사장님의 당부를 잊지 않고 있어요. 그래서 아무도 그 방에 가본 적이 없죠. 어떻게 보면 이것도 일종의 사내 방침이고 규칙이니까 사장님 말씀대로 하는 게 맞아요."

하지만 사장이 그 방에 가까이 가지 말라고 한 데에는 분명 무슨 이유가 있을 거라고 생각한 그는 꼭 그 방에 가봐야겠다고 마음먹었다. 그리고 어느 날, 그는 점심시간을 틈타 살그머니 그 문을 두드렸다. 아무런 반응이 없는 것을 확인한 후 조심스럽게 문을 밀자 단번에 문이 열리는 것 아닌가! 크지 않은 방에는 책상 하나가 덩그러니 자리 잡고 있었고, 그 위에는 메모지 한 장이 놓여 있었다. 이미 먼지가 뽀얗게 쌓여 있었지만 빨간색으로 적힌 글씨는 분명히 알아볼 수 있었다.

'사장에게 메모를 전해주세요.'

"이게 무슨 뜻이지? 사장님이 뭔가를 꾸미신 건가?"

그는 어리둥절한 채로 그 메모를 들고는 방을 나섰다.

그가 진입 금지된 방에 들어가 메모를 가지고 나왔다는 이야기를 들은 두 친구는 그를 걱정하며 이런저런 대처법을 내놓기 시작했다. 다른 직원들도 어서 메모를 제자리에 돌려놓는 것이 좋을 거라고 충고했다. 모두 그가 방에 들어갔던 사실을 비밀에 부쳐주겠다며 동정어린 시선을 보냈지만, 그는 그들의 호의를 거절했다. 그는 곧장 사장실로 가서는 메모지를 사장에게 건넸다. 그러자 사장은 활짝 웃으며 그가 깜짝 놀랄 만한 소식을 공표했다.

"오늘부터 당신을 영업부 팀장으로 임명하겠습니다."

아서를 포함해 도무지 이 상황을 이해할 수 없다는 표정의 사람들에게 사장은 이렇게 설명했다.

"이 방의 문은 그저 닫혀 있을 뿐, 자물쇠도 빗장도 걸려 있지 않았습니다. 따라서 누구든 마음만 먹으면 쉽게 열 수 있었지만 반년이 다 되도록 이 문을 열고자 용기를 낸 사람은 없었지요. 하지만 아서는 달랐습니다. 그는 용기를 냈고 배짱 좋게 행동으로 옮겼습니다. 이것이 바로 영업부 팀장이 꼭 갖춰야 할 자신감입니다."

팀장이 된 그는 역시 사장의 기대를 저버리지 않고 영업부를 날로 번창시켰다.

이제 성공에 필요한 한 가지가 무엇인지 감이 오는가? 그렇다. 바로 용기다!

성공의 문은 베일에 싸여 있어 아무나 발견할 수 없고, 설령 발견했더라도 누구나 쉽게 열 수 있는 것도 아니다. 그런데 많은 사람이 이렇게 성공의 문을 열지 못하는 이유가 과연 자질이나 능력이 부족해서일까? 아니면 계기가 없어서일까? 아니다. 성공의 문을 열지 못하는 이유는 그 문을 열 용기가 없어서, 대담하게 시도해보겠다는 바로 그 용기가 없어서다.

하버드대 심리학 교수가 연구를 통해 발견한 재미있는 현상에 따르면, 사람들은 어떤 일을 하기 전에 심리적 암시를 한다고 한다. 예컨대 넓이 30센티미터, 길이 10미터의 나무판을 바닥에 놓으면 사람들은 쉽게 나무판 위를 걸어가지만, 이 나무판을 공중에 놓으면 대부분의 사람이 '지나다가 떨어지고 말 거야'라는 자기암시로 생겨난 공포감 때문에 쉽사리 발을 떼지 못한다는 것이다.

왜 나는 남들처럼 뛰어나지 못한지, 성공을 하지 못하는지가 의문이라면 자신에게 물어보라.

'닫혀 있는 마음속의 문을 진정으로 열어본 적이 있는가?'

성공은 나 자신에게 도전하는 끊임없는 과정에서 얻을 수 있으며, 여기서 두각을 나타내려면 좀 더 큰 용기가 필요하다. 능동적으로 출격할 용기를 냈을 때, 비로소 성공으로 향하는 첫걸음을 떼게 된다는 것을 명심하라. 하버드대 출신의 성공인사들은 남보다 더 많은 재능을 타고났고, 또 남보다 더 많은 노력을 한다. 하지만 무엇보다도 그들은 남보다 더 큰 '용기'를 지니고 있다. 용기가 바로 성공을 향한 그들의 첫걸음이었던 것이다!

1973년 여름, 빌 게이츠는 국가 장학생으로 꿈에 그리던 하버드대에 입학했다. 당시 그는 법학 전공이었지만, 중고등학교 시절부터 푹 빠져 있던 컴퓨터에 미련을 버리지 못하고 틈만 나면 컴퓨터실로 달려갔다. 그렇게 시간이 지나자 그에게 자퇴 생각이 움트기 시작했다. 그러나 변호사 아버지와 교사 어머니는 그가 아버지의 뒤를 이어 훌륭한 법조인이 되기를 바랐고, 아들이 컴퓨터 분야에서 뭔가를 해낼 수 있을 것이라고는 믿지도 않았던 터라 그의 자퇴를 극구 반대했다. 하지만 그는 조금씩 자신을 증명해 보이기 시작했다.

약간의 여유가 생기기만 해도 컴퓨터 앞으로 달려가 거의 기계를 끼고 살다시피 했다. 조작과 연습을 반복하며 때로는 프로그램을 짜느라 밤을 새기도 했다. 이 시기에 그는 친구 폴 앨런과 머리를 맞댄 끝에 인텔의 마이크로프로세서 8080의 설명서를 손에 넣어 이를 모방한 간단한 프로그래밍 언어를 짰고, 이를 마이크로프로세서처럼 실행시키는 데 성공했다. 그 후, 졸업을 1년 앞둔 그는 학교를 중퇴하고 1975년 앨런과 마이크로소프트를 창업해 자신이 사랑하는 컴퓨터업계에 뛰어들었다. 창업 당시 만 20세였던 그는 31세 때 역사상 가장 젊은 억만장자가 되었고, 39세에는 세계 최고 부호의 자리에 올랐다.

빌 게이츠는 성공했다. 그런데 만약 당시 그에게 창업할 용기가 없었다면, 미지의 분야인 컴퓨터 사업에 겁을 먹었다면 어땠을까? 아마도 아무리 많은 재능과 능력이 있었어도 이를 발휘할 기회가 주어지지 않았을 테고, 그럼 오늘날의 마이크로소프트도 없었을 것이다. 그렇다면, 그는 어디서 이런 용기가 났을까? 바로 자신감이다. 그는 자신의 능력에 대한 믿음으로 꽉 차 있었다. 자신이 노력하면 이상을 실현할 수 있다고 믿어 의심치 않았던 것이다.

첫발을 내디딜 용기가 있느냐 없느냐에 따라 인생이 달라진다.

빌 게이츠가 대학교를 중퇴하고 창업할 용기를 냈는데, 당신은 어떤가? 그런 용기를 낼 수 있겠는가? 어쩌면 당신은 평생을 살아도 빌 게이츠 같은 사람이 될 수 없다고 말할지도 모른다. 그러나 시도도 해보지 않고, 시작도 하지 않고 어떻게 그 결과를 알 수 있겠는가? 당신에게는 잠재의식이 있음을 절대 잊지 마라. 계속해서 긍정적인 자기암시를 준다면, 깊이 잠자고 있던 용기를 끌어내 엄청난 잠재력을 얻을 수 있다.

1968년 멕시코 올림픽에서 미국 국가대표 짐 하인스는 9초 95의 기록으로 100미터 육상 경기 역사상 최초로 10초의 장벽을 깼다. 전광판에 9초 95라는 기록이 뜨자 그는 두 팔을 벌리며 낮게 한마디를 읊조렸다. 그 순간의 모습이 TV를 통해 전 세계에 중계되었지만 당시 하인스는 마이크를 차고 있지 않아 그가 무슨 말을 했는지는 아무도 알지 못했다.

1984년 로스앤젤레스 올림픽 전야 때, 기자 데이비드 팔은 올림픽 영상 자료를 돌려보다가 기록을 깬 하인스가 중얼거리는 장면을 발견하고는 그를 취재하러 나섰다. 당시 무슨 말을 했냐는 기자의 질문에 하인스는 이렇게 답했다.

"의학계에서는 인간의 근섬유가 견딜 수 있는 운동 한계점이 초당 10미터를 넘을 수 없다고 단언했습니다. 20년 동안 육상계에서는 이 말이 마치 전설처럼 전해내려왔지요. 하지만 저는 도전해보고 싶었습니다. 그래서 매일 연습으로 5킬로미터를 전력 질주했지요. 멕시코 올림픽에서 제가 9초 95의 기록을 세웠다는 것을 확인한 순간 저는 말했습니다. '아, 10초는 벽이 아니라 문이었어'라고 말이지요."

닫혀 있는 문을 열어젖히는 데에는 약간의 용기, 믿음, 노력이 필요하다.

짐 하인스는 10초의 벽을 허물 수 있을 거라는 긍정적 암시를 통해 잠재의식을 불러일으켰다. 이와 함께 한 발 한 발 내딛다 보면 목표에 도달할 수 있다는 믿음을 가졌다. 그는 마음속 깊숙이 숨어 있던 용기를 찾아내 잠재력을 폭발시키며 상상도 할 수 없었던 성적을 내는 데 성공했다.

첫발을 뗄 때는 두려움을 이겨내고 한 발 한 발 앞으로 나아가다 보면 자신이 바라던 종착점에 다다르게 된다. 그렇다. 성공의 문은 그저 닫혀 있을 뿐이다. 마음속의 용기를 찾아 당신의 잠재의식이 분명하고 의미 있는 목표를 인식하게 만들어라. 그리고 용감하게 달려가 문을 열어젖혀라. 이렇게 하면 자신감의 무한한 잠재력이 발현되어 당신의 눈앞에 드넓은 새 세상이 찬란하게 열릴 것이다. 그때가 되면 당신도 마음속 깊이 감탄하리라. '아! 성공의 문은 그저 닫혀 있었을 뿐이구나!'라고 말이다.

야심의 크기가
강인함을 결정한다

분야를 막론하고 성공에 꼭 필요한 세 가지 조건이 있다.

첫째는 강렬한 야심이요, 둘째도 강렬한 야심이며, 셋째 역시 강렬한 야심이다!

흔히 '야심'이 있다고 말하면 우리는 독점욕 강하고 무자비한 야망을 가진 욕심 많은 사람이라는 부정적 이미지를 떠올린다. 그래서 야심이 있다는 말을 들은 사람은 대개 기분 나빠한다. 하지만 큰일을 해내고자 하는 사람에게 반드시 필요한 것이 바로 이 '야심'이다. 야심이라는 단어가 주는 이미지가 그리 좋지는 않지만, 이 야심이 없다면 우리는 평생 평범함을 벗어던지지 못할 것이다.

야심은 일종의 포부이자 성공을 향한 욕망이다. 사람의 운명은 그 사람 마음속의 간절한 바람에 의해 얼마든지 바뀔 수 있다. 즉, 한 사람이 인생의 최고점에 설 수 있느냐 없느냐는 '야심'의 유무에 따라 결정된다고 해도 과언이 아니다. 성공의 정도 또한 '야심'의 크기에 따라 달라진다고 할 수 있다. 하버드대 출신들이 이 말을 뒷받침하는 좋은 예다. 그들은 언제나 야심만만하며, '언젠가 대통령이 될 거야', '난 세계 최대 기업의 CEO가 될 수 있어'라며 자신의 야심을 드러내길 꺼리지 않는다.

미국 전 대통령 케네디도 마찬가지였다.

"내가 보기에 나는 대통령이 되는 것 말고는 할 줄 아는 게 아무것도 없는 것 같아."

케네디는 농담조로 자주 이런 말을 했는데, 이는 일인자를 향한 그의 야심과 자신감의 표현이기도 했다.

야심을 통해 성공을 이룬 사람은 비단 케네디뿐만이 아니다.

1949년의 어느 날, 한 젊은이가 미국의 제너럴모터스에 면접을 보러 갔다. 고작 24세인 젊은이에게 면접관들은 단도직입적으로 말했다.

"지금 회사에서 빈자리는 단 하나입니다. 매우 중요한 자리라 경쟁도 치열하지요. 그런데 당신은 신입이라 아무래도…… 죄송합니다."

하지만 젊은이는 이에 아랑곳하지 않고 매우 결연하게 말했다.

"아무리 복잡하고 까다로운 일이라도 감당할 수 있습니다. 저는 앞으로 제너럴모터스의 회장이 될 사람이니까요. 못 믿으시겠다면 한번 지켜보시죠."

"뭐라고요? GM의 회장이 될 거라고요?"

면접관은 자신의 귀를 의심하며 속으로 생각했다.

'주제를 모르는 젊은이군. 수년 동안 이 회사에서 면접을 담당해왔지만 이렇게 당돌한 젊은이는 또 처음일세.'

하지만 젊은이의 자신감 넘치는 미소를 본 면접관은 그에게 인턴 기회를 주기로 결정했다. 만약 그가 정말 회장이 되겠다는 자신감만큼이나 능력이 있다면 정규직으로 채용을 하고, 그저 허풍일 뿐이었다면 가르침을 주자는 심산이었다.

이렇게 제너럴모터스의 채용 문턱을 넘은 젊은이는 고된 일도 마다하지 않으며 열심히 일했고, 주어진 일들을 척척 완수하며 놀라운 능력을 발휘했다. 급기야 경영진은 그에게 해외 자회사의 현황을 평가해 보고서를 제출하라는 임무를 주었고, 그는 또 한 번 실력을 발휘해 경영진에게 눈도장을 찍으며 정식 채용되었다. 당시 그는 100여 페이지에 달하는 보고서를 제출했는데, 상세한 데이터에 맥락이 정확해 상사가 작성한 보고서보다 훨씬 훌륭했다. 이렇게 회장이라는 꿈에 한 발짝 더 다가간 그는 더욱 열심히 업무에 집중했다. 32년 후, 그 젊은이는 정말로 제너럴모터스의 회장이 되었다. 그가 바로 로저 스미스다.

사실 누군가 면접 자리에서 자신을 회장이 될 사람이라고 소개한다면, 대부분 이를 물색없고 바보 같은 소리라고 생각할 것이다. 면접을 보러 와서 기업의 회장이 되겠다고 큰소리를 치다니 그게 가당키나 하냐면서 말이다. 그러나 로저 스미스는 남들에게 터무니없이 들리는 그 말을 정말로 입 밖으로 내뱉고 또 현실로 만들었다. 이는 그가 자신만의 확고한 인생 계획과 꿈틀대는 야심을 가지고 마음속 깊은 곳에서부터 평범하길 거부했기에 가능한 일이었다.

그렇다면 야심은 어떻게 이토록 신기한 힘을 발휘할 수 있게 만드는 걸까? 그 답은 간단하다. 바로 야심이 자신감을 높여주기 때문이다. 실제로 야심을 가지고 성공을 갈망하는 사람은 자신의 미래 목표에 대한 확신을 갖게 되어 주변의 환경이 그들의 의지와 어긋나더라도 동요하지 않는다. 자신의 욕망이 실현될 것을 자신하며, 잠재되어 있는 무한

한 에너지를 발산해 목표를 향해 나아감으로써 운명에 변화의 바람을 일으키는 것이다.

한편 우리는 살면서 자신의 일에 최선을 다하며 수십 년을 한결같이 일하고도 뚜렷한 성과 없이 그저 평범하게 살아가는 사람들을 흔히 볼 수 있다. 이렇게 열심히 일하고도 보잘것없이 살게 되는 이유는 무엇일까? 바로 그들에게는 '야심'이 없기 때문이다. 야심이 없어서 자신감이 없는 사람은 작은 성과에 만족하여 자신에게 더 큰 잠재력을 발휘할 기회를 주지 않는다. 그러니 어떻게 자아실현을 논할 수 있겠는가?

'야심'을 억누르지 마라!

그럼, 어떻게 해야 강렬한 야심을 품을 수 있는지 알아보자.

첫째, 항상 나보다 더 성공한 사람들을 가까이하라. 옛말에 '주사를 가까이하면 붉어지고, 먹을 가까이하면 검어진다(近朱者赤, 近墨者黑)'라고 했다. 자신보다 성공한 사람과 함께 있다 보면 알게 모르게 긍정적 영향을 받게 되고, 이로써 마음속에 잠자고 있던 야심과 분투의 의지를 일깨울 수 있다. 그리고 친구들 사이에서는 기꺼이 가장 못난 사람이 되길 자처하라. 친구들 사이에서 항상 우월감을 느낀다면 그것만큼 심각한 문제는 없다. 그러면 당신은 결코 지금보다 더 나은 사람이 될 수 없을 테니까 말이다.

둘째, 조금은 높은 목표를 가져라. '장군이 될 생각이 없는 병사는 좋은 병사가 아니다'라고 했다. 이는 야심의 중요성을 가장 잘 보여주는 말이다. 앞서 언급했듯이 사람들이 성공하지 못하는 가장 주요한 원인은 바로 너무 소박한 목표를 설정하기 때문이다. 작은 성과를 달성하고 그에 만족하면 한 단계 더 나아갈 원동력을 잃게 된다. 그러니 조금은 높은 목표를 설정하라. 원대하고 구체적인 목표를 세웠다면, 그다음 단계는 바로 목표를 현실로 만들기 위한 행동을 취하는 것이다.

중국 잡지 〈성공〉은 매년 그해에 가장 두드러진 활약을 보인 기업가와 자산가를 선정해 그들의 이야기를 소개한다. 그동안 소개됐던 이야기의 주인공들에게는 한 가지 공통점이 있다. 바로 원대한 목표를 가지고 절대 포기하지 않았다는 점이다.

이러한 모습을 보여준 또 한 명의 성공인사가 있었으니, 그는 바로 스티브 잡스다.

스티브 잡스는 개인용 컴퓨터의 상용화라는 원대한 목표를 바탕으로 애플 컴퓨터를 개발했고, 업무 처리상의 문제로 애플에서 쫓겨났을 때에도 꿈을 향한 도전을 멈추지 않았다. 당시 그가 원한다면 얼마든지 풍족하게 살 수 있을 만큼의 부를 거머쥔 상태였음에도 말이다.

그는 한동안의 숨 고르기 끝에 새로운 회사를 설립했는데, 바로 넥스트다. 넥스트는 자사만의 독특한 운영체제를 앞세워 컴퓨터 하드웨어 개발에만 사활을 걸던 다른 회사들과는 달리 확실히 차별화된 노선을 걸으며 컴퓨터업계의 다크호스로 부상했다. 그 후, 새로운 운영체제가 필요했던 애플에게 손을 내밀어 애플의 재기를 도왔던 것 역시 넥스트였다.

사실 이만한 성공을 거둔 것도 보통 사람들은 상상도 못할 대단한 일이었지만, 스티브 잡스는 여기에 만족하지 않고 '픽사'를 인수하여 또다시 새로운 도전을 시작했다. 그 후, 그는 끊임없이 자금을 축적하고 최고의 인력을 고용해 픽사가 세계적인 애니메이션 제작 회사임을 세상에 증명해 보이는 한편, 인수 전 계획대로 픽사를 일류 컴퓨터 그래픽 생산기지로 재탄생시켰다. 이렇게 그는 조금의 주저함도 없이 자신의 목표를 향해 달려 끝내 현실로 만들었다.

스티브 잡스의 성공은 그의 개인적 능력과 원대한 목표, 성공을 향한 욕망이 한데 어우러진 결과였다. 그에게는 자신이 하고 싶은 일에 대한 확신과 무슨 일이 생기든 성공하고야 말겠다는 의지, 그리고 아무리 큰 성과를 거두었더라도 더 높은 곳을 향하는 도전정신이 있었다. 이러한 동력들이 뒷받침되었기에 그는 식을 줄 모르는 열정과 의지를 가지고 끝내 자신의 목표를 실현할 수 있었다.

당신은 어떠한가? 당신은 확고한 신념과 강렬한 욕망을 지니고 있는가?

로저 스미스처럼 자신이 꿈꾸던 자리에 오르길 바란다면, 또는 스티브 잡스처럼 자신이 종사하는 분야에서 영향력을 행사하는 사람이 되고 싶다면, 지금 당신이 첫 번째로 해야 할 일은 바로 야심을 바로 세우는 것이다. 추구할 목표와 반드시 해내고 말겠다는 의지가 있을 때, 비로소 자신의 '야심'을 실현하기 위한 전력 질주를 할 수 있다. 상상해보라. 야심을 실현하기 위해 달려가는 당신의 모습이 얼마나 패기 넘치고 또 얼마나 남다를지를!

How
should
We Live?

: 제3강 :
좌절 속에서 이뤄지는 변화

실패는 일시적인 것일 뿐, 한 번의 실패가 영원한 실패를 뜻하지는 않는다. 좌절이 자아의 형성과 성장, 그리고 자아실현의 자양분이 되기 때문이다. 사람은 누구나 실패할 수 있다. 그러나 절대 실패에 무릎 꿇어서는 안 된다. 많은 하버드대 출신이 인생의 의미를 찾는 데 성공한 이유는 실패를 이겨내는 방법을 알았기 때문이다.

모래가 될 것인가,
진주가 될 것인가?

고난이 닥쳤을 때 우리에게는 두 가지의 선택지가 주어진다. 하나는 능동적으로 맞서는 것, 다른 하나는 수동적으로 받아들이는 것이다.

프랑스의 사상가 로맹 롤랑은 고난에 능동적으로 맞서 다음과 같은 결론을 도출했다.

"안개가 자욱한 새벽이 꼭 흐린 낮을 예고하지는 않는다. 거듭되는 상처는 삶이 우리에게 주는 가장 좋은 선물이다. 상처는 곧 우리가 한 걸음 나아갔다는 표시이기 때문이다."

고난에 직면했을 때, 당신은 능동적으로 맞서는가? 아니면 수동적으로 받아들이는가?

선뜻 결정을 내리지 못하겠다면 질문을 바꿔보겠다. 당신은 모래알이 되겠는가, 진주가 되겠는가? 아마 대부분은 이 질문에 당연히 진주가 되겠다고 답할 것이다. 흔하디흔해 그 가치조차 느껴지지 않는 모래알과 광택을 내뿜으며 우아함을 자랑하는 진주를 어찌 비교하겠느냐면서 말이다. 하지만 여기서 우리가 알아야 할 사실이 하나 있다. 바로 모든 진주는 원래 한낱 모래알이었다는 점이다.

해저에 사는 모래알이 있었다. 이 모래알은 다른 여느 모래들과 마찬가지로 매일 해님과 바닷물의 보살핌을 받으며 지냈지만, 마음 한구석에는 다른 삶을 향한 꿈을 지니고 있었다.

'나는 그저 모래알로 평생을 살 수밖에 없는 걸까? 아…… 우울해.'

그러던 어느 날, 모래알은 한 모래가 조개의 몸속에서 진주로 변했다는 이야기를 듣고 자신도 그렇게 되리라 마음먹었다. 그러자 주변의 다른 모래들은 그를 보고 바보 같다 비웃으며 말했다.

"조개 안에 들어가면 햇빛도 물결도 느낄 수 없어. 공기는 또 얼마나 부족한 줄 알아? 어둡고, 답답하고, 외롭긴 또 얼마나 외로운데! 왜 그런 고생을 사서하려고 하니?"

그러나 모래알은 아랑곳하지 않고 조개의 몸속으로 뛰어들었다.

얼마 지나지 않아 모래알의 온몸은 조개가 분비한 하얀 점액에 휩싸였다. 갈수록 모래알을 조여 오는 점액에 숨이 막혔지만, 모래알은 '진주로 변하는 과정은 이렇게 고통스러운 거였구나'라고 생각하며 포기하지 않았다. 모래알은 묵묵히 어둠 속의 생활을 참고 또 참으며 고통의 나날을 견뎠다. 여러 해가 지나고 조개가 입을 벌리는 순간, 화려한 빛이 뿜어져 나왔다. 모래알이 드디어 찬란하게 빛나는 값비싼 진주로 성장한 것이다. 한편, 과거 모래알을 비웃던 다른 모래들은 여전히 바닷속의 평범한 모래로 살거나 이미 먼지가 되어 사라진 후였다.

진주는 값비싸다. 이는 진주가 스스로 견뎌낸 고난의 시간이 있었기 때문이다. 진주와 모래알의 가치는 하늘과 땅 차이지만 곰곰이 생각해 보면 그 둘 사이의 차이는 그저 짧은 시간의 경험뿐이다. 사람이라고 뭐가 다르겠는가? 누구나 성공을 꿈꾸며 모래알에서 진주가 되고 싶어 하지만 또 대부분의 사람이 그에 따른 고통, 시련, 고난 등을 두려워하는 것이 사실이다.

하버드대에는 '다른 사람보다 뛰어나고 싶으면 남보다 더 많은 고난을 견뎌라'라는 명언이 전해진다. 고난은 아픔과 상처와 피로를 동반하지만 이를 견뎌낸 경험은 앞으로 큰일을 해낼 기반과 자신감이 됨을 시사하는 말이다.

일본의 유명 기업가 마쓰시타 고노스케가 바로 그 산증인이다.

어린 시절 일찍이 아버지를 여읜 장남 고노스케는 어려운 가정 형편에 일찌감치 학업을 중단하고 생업에 뛰어들 수밖에 없었다. 일자리를 찾아 고향을 떠나 오사카로 간 그가 첫 번째로 구한 일은 화로 가게의 뎃치(상점에서 기숙하면서 심부름을 하거나 일을 배우는 가장 낮은 단계) 일이었다. 한겨울 습하고 냉한 실내에서 매일 찬물로 화로를 닦아야 했기에 그의 손은 여기저기 터지고 갈라져 항상 빨갛게 부어올라 있었지만 그는 이를 악물고 그 지독한 아픔을 참아냈다. 3개월 후, 주인의 사정으로 화로 가게가 문을 닫게 되자 그는 다시 자전거 가게에서 사환으로 일했다. 그곳에서 그는 매일 아침 다섯 시에 일어나 바닥을 쓸고 책상을 닦았으며, 청소가 끝난 후에는 자전거를 수리하거나 바퀴를 가는 등 온갖 잡일을 했다.

이랬던 그가 '마쓰시타전기기구제작소(훗날의 마쓰시타전기산업, 현 파나소닉)'를 창업한 때는 1918년, 23세 때였다. 당시에도 팍팍한 형편이었지만, 그는 꾸준히 노력해 배선 기구, 전기다리미, 라디오 등의 신제품을 연달아 선보이는 데 성공했다. 그런데 이런 그에게 또 한 번의 시련이 닥쳤다. 전쟁이 일어나 물가가 폭등하는 바람에 심각한 판매 부진에 시달려야 했던 것이다. 하지만 그는 시대를 탓하고 원망하는 대신 자신에게 말했다.

"겁낼 것 없어. 이런 시련 때문에 내가 점점 더 성공에 가까워질 수 있는 거니까."

판로를 뚫기 위해 그는 거의 매일 18시간씩 일했고, 하늘도 이러한 노력에 감동했는지 그의 사업은 조금씩 호전되기 시작했다. 하지만 또 다시 제2차 세계대전이 일어나면서 일본은 경기침체기에 빠졌고, 마쓰시타는 100만 엔에 육박하는 거액을 빚지게 되었다. 제2차 세계대전 후에는 군수물자 생산을 통해 전쟁을 도왔다는 이유로 회사 경영이 묶이고 대대적인 인원 감축과 세금 체납 1순위의 위기에 내몰리기도 했다. 이에 이의를 제기하기 위해 그는 50여 차례나 미군사령부를 찾아가 부당함을 호소했는데, 당시의 고생은 이루 말로 다할 수 없었다. 하지만 그는 그럼에도 마쓰시타전기산업을 유명 글로벌 기업으로 키워내며 '경영의 신'이라 칭송받게 되었다.

그렇다면 마쓰시타 고노스케가 성공할 수 있었던 이유는 뭘까? 아마도 그의 인생 경험에서 이미 그 답을 얻었을 것이라 믿는다. 고난은 그를 강인한 의지를 지닌 사람으로 단련시켰고, 그의 굳은 의지는 그를 점점 더 발전시키며 성공의 토대가 되었다. 그의 성공 스토리는 고난이 성장의 촉진제이자 우리를 움직이게 하는 엔진임을 다시 한 번 증명해주고 있다. 자고로 '부싯돌은 세게 부딪힐수록 더욱 찬란한 불꽃을 만드는 법이다.'

태어날 때부터 모든 것을 가진 사람은 없고, 모든 것을 가질 수 있는 사람도 없다. '모래알'에서 '진주'가 되는 것이 모래알의 선택에 달렸듯, 사람도 마찬가지다. 자신의 잠재력을 끌어내 성공할 수 있느냐 없느냐는, 고난을 받아들이고 이를 이겨낼 준비가 되어 있느냐에 달렸다. 앞길이 온통 가시밭길이라 해도 주저앉지 말고 자신의 목표를 향해 나아가라. 그리고 흔들림 없이 걸어라.

리즈 머리는 불우한 가정에서 자라났다. 아버지는 술주정으로 틈만 나면 보호소를 들락거렸고, 어머니는 마약을 하다 에이즈에 감염되어 세상을 떠났다. 그녀에게 남은 가족이라고는 외할아버지가 전부였지만, 외할아버지는 그녀를 거둬주기는커녕 습관적으로 폭력을 행사해 그녀를 길거리로 내몰았다.

하지만 가난과 고난으로 점철된 어린 시절도 그녀에게서 희망을 앗아가지는 못했다. 그녀는 자신의 처지를 원망하며 비뚤어지는 대신 새로운 삶을 갈망했고, 자신의 운명을 바꾸기 위한 첫걸음으로 대안학교에 들어가 공부를 했다. 하지만 여전히 돌아갈 집이 없던 그녀는 노숙을 해야 했고 끼니를 거르는 일도 다반사였다. 공부를 하면서 할 만한 일은 식당 설거지뿐이었고 설거지를 해 받는 돈은 그리 많지 않았기 때문이다.

사람들은 리즈 머리에게 모두 부질없는 일이니 대학에 들어가는 헛꿈은 꾸지도 말라며 입을 모았지만 그녀는 포기하지 않았다. 피곤함에 온몸이 쑤셔도 그녀는 매일 공부를 게을리하지 않았고, 그 결과 2년 만에 고등학교 4년 과정을 모두 마칠 수 있었다. 게다가 그녀는 각 과목 모두 A 이상의 성적을 받아 반 1등 졸업이라는 영예와 함께 하버드대 견학의 기회까지 얻었다.

하버드대 교정을 오가는 학생들에게서 남다름을 느낀 그녀는 반드시 그들과 같은 사람이 되겠다며 자신에게 다짐했다.

'노력해야지. 더 많이 노력해서 저 세계에 들어가고 말겠어!'

물론 그녀의 형편으로 하버드대의 학비를 댄다는 건 사실상 불가능한 일이었고, 그리하여 그녀가 생각해낸 방법은 장학금을 받는 것이었다. 그날부터 모든 장학금 정보를 뒤져 〈뉴욕타임스〉에서 전액 장학금을 지원하고 있다는 사실을 발견한 그녀는 면접 때 입고 갈 옷 한 벌이 없어 친구에게 빌린 외투로 겨우 격식을 차려 면접을 볼 수 있었다. 몸에 맞지 않는 옷을 입어 어딘가 엉성해 보이는 모습이었지만, 그녀의 진심 어린 이야기는 면접관들의 마음을 움직이기에 충분했다. 그렇게 리즈는 12,000달러의 장학금을 받아 하버드대에 입학할 기회를 쟁취했고, 자신의 운명을 180도 바꿔놓았다.

빈곤과 각종 역경을 딛고 강한 의지력으로 인생을 바꾼 리즈 머리의 이야기는 《길 위에서 하버드까지》라는 책으로도 출간되었고, 라이프타임 텔레비전에 의해 〈노숙자에서 하버드까지 : 리즈 머리의 이야기〉라는 영화로도 제작되었다.

되는 일이 없어 괴로울 때, 삶이 불공평하다고 느껴질 때, 리즈 머리의 삶을 떠올려보라. 그토록 불행했던 그녀도 당당히 고난에 맞서 자신의 운명을 바꾸었는데 당신이라고 물러설 이유가 뭐 있겠는가? 명심하라. 뛰어난 내가 되고 싶다면 고난을 견뎌야 한다. 그러니 있는 힘껏 고통을 소화해 자신을 업그레이드하라.

거부할 수 없는 삶의 추진력, 좌절

엘사와 리카는 같은 광고 회사 동료였다. 그런데 최근 경영난에 허덕이던 회사는 감원을 결정했는데, 안타깝게도 두 사람은 나란히 정리해고 명단에 이름을 올리게 되었다. 최종 퇴사까지 그녀들에게 주어진 시간은 단 1개월! 10년 넘게 근속한 엘사와 리카가 감원 대상이 된 이유는 두 가지였다. 첫째는 다른 사람들에 비해 낮은 학력, 둘째는 다른 사람보다 많은 나이였다. 치고 올라오는 후배들에 비해 몸이 마음을 따라가지 못했던 것이다.

정리해고 통보를 받은 후, 엘사는 수시로 억울함을 토로했다.

"여러 해 동안 죽자고 고생하며 일했는데 공을 인정해주지는 못할망정 나를 해고하다니, 이게 말이 돼?"

그녀는 마치 누군가 자신을 모함이라도 한 것처럼 사람들에게 얼굴을 구기는가 하면, 화풀이로 업무를 대충대충 처리했다. 같은 처지인 리카 역시 마음은 괴로웠지만 그녀의 태도는 완전히 달랐다. 리카는

'정리해고 대상에 오른 건 평소 내 업무 능력이 부족했다는 뜻이니, 만약 나를 업그레이드하면 아직 만회의 여지가 있을지도 몰라'라고 생각했다. 그리하여 그녀는 맡은 업무에 더욱 최선을 다했다.

그 결과 두 사람은 각기 다른 길을 걷게 되었다. 엘사는 한 달을 채우지 못한 채 업무 태만으로 조기 퇴사 조치를 받았고, 리카는 회사에 남게 됨은 물론 부팀장으로 승진까지 한 것이다. 이에 회장은 말했다.

"해고는 직장에서 흔히 있는 일입니다. 엘사는 이런 좌절을 견뎌내지 못했는데, 이런 사람은 절대 큰일을 해낼 수 없습니다. 물론 이런 사람을 회사에서 필요로 할 리도 만무하지요. 하지만 리카는 정리해고를 앞두고도 책임감 있는 자세로 맡은 바 최선을 다했습니다. 회사가 원하는 직원은 바로 이런 직원입니다."

❦

똑같이 정리해고라는 운명과 마주한 엘사와 리카. 엘사는 깊은 실망감에 사람을 만날 때마다 억울함을 토로했고, 화풀이로 업무를 대충 처리하다 예정보다 더 빨리 회사를 떠나게 되었다. 반면 리카는 이에 연연하지 않고 더욱 분발해 열심히 일했고, 이로써 자신의 능력을 업그레이드해 위기를 기회로 돌렸다. 엘사와 리카에게 벌어진 일은 현실에서도 얼마든지 일어날 수 있는 일이다. 좌절이 좋은 일이 될지 나쁜 일이 될지는 어떻게 받아들이느냐에 따라 달라진다. 키포인트는 우리가 좌절을 어떻게 수용하고 어떻게 행동하느냐이다.

항상 순풍에 돛단 듯 모든 일이 술술 잘 풀리는 사람은 없다. 살면서 누구나 실업, 실연, 질병 등 좌절을 겪게 마련이다. 꼭 이런 문제들이 아니더라도 사람들은 저마다 크고 작은 근심거리를 안고 산다. 그래서 하버드대에서는 학생들에게 뒤뚱거리며 걸음을 배우는 걸음마 단계를 거쳐야 우아한 걸음걸이로 걸을 수 있듯, 무수한 좌절을 겪어야 비로소 성공할 수 있다고 가르친다. 좌절을 대하는 태도를 바꿔 좌절 앞에 의기소침해지는 대신 이를 자신을 단련하는 기회이자 자신을 넘어서는 기회로 삼는다면 평범함을 벗고 비범한 나로 거듭날 수 있음을 강조하는 것이다.

하버드대 출신의 미국 전 대통령 존 F. 케네디는 줄곧 미국 국민의 자랑이자 하버드대의 자랑이었다. 이를 증명이라도 하듯 하버드대에서는 케네디에 관한 이야기를 유독 많이 들을 수 있다.

케네디가 아주 어렸을 때, 그는 부모님과 마차를 타고 놀러 나가는 길에 마차에서 떨어지는 사고를 당한 적이 있었다. 빠른 속도로 달리던 마차가 길모퉁이를 돌면서 순간적으로 밖으로 튕겨나간 것이었다. 케네디의 아버지는 서둘러 마차를 세운 후, 다정하게 물었다.

"쓸린 곳이 많이 아프니?"

"너무 아파서 못 일어날 것 같아요."

케네디가 흐느끼며 대답하자 아버지는 이내 눈길을 거두며 말했다.

"그래도 털고 일어서서 다시 마차에 올라야지?"

케네디는 왠지 억울한 기분이 들어 뭐라 말하고 싶었지만, 그래도 스스로 일어서려 안간힘을 썼고 마침내 자리를 털고 일어나 힘겹게 다시 마차에 올라탔다. 아버지가 물었다.

"왜 너를 일으켜주지 않고 혼자 일어나라고 한 줄 아니?"

"아뇨."

아버지는 앞을 쳐다보며 말했다.

"용감한 사람은 마땅히 그래야 하기 때문이란다. 넘어지면 일어나고, 또 넘어져도 다시 일어나야 하는 거야……."

아버지의 흔들림 없는 눈빛을 보자 케네디는 아버지의 말뜻을 알 것도 같았다. 그날 이후 그는 아무리 어려운 일이 생겨도, 어떤 곤경에 빠져도, 물러서거나 도망가지 않고 계속해서 앞으로 나아갔고, 이러한 노력 끝에 그는 1960년 대통령에 당선되었다.

좌절과 마주했을 때 어떻게 대응하는가를 보면 그 사람을 철저히 검증할 수 있다. 용기를 내어 재도전하고 노력을 하며 좌절을 경험 삼아 자신의 잠재력을 발견하고 더 단단한 사람으로 거듭날지. 아니면 패배감에 젖어 그대로 주저앉아 포기하고 말지를 엿볼 수 있기 때문이다.

명심하라. 좌절과 마주했을 때, 실망감에 젖어 있는 것은 우리 인생에 아무런 도움도 되지 않는다. 당신이 정말로 하버드대 출신들처럼 성공하길 원한다면 먼저 좌절을 대하는 마음가짐부터 바꿔야 한다. 좌절에 슬퍼하고 자신의 처지를 원망하는 대신, 담담하게 좌절에 맞서 이 뼈아픈 경험을 앞날의 밑거름으로 삼아야 한다. 그러면 언젠가 길이 없을 것만 같은 곤경 속에서 희망과 반전의 기회를 볼 수 있게 될 것이다.

퀴리 부인의 유년 시절은 결코 평탄하지 않았다. 그녀는 어린 나이에 어머니를 저세상으로 떠나보내야 했고, 러시아에 침략당한 조국 폴란드에서 핍박의 아픔도 겪었다. 하지만 그녀는 이에 굴하지 않고 꿋꿋하게 살아갔다. 초등학교 때부터 열심히 공부해 프랑스의 소르본대에 입학한 그녀는 우수한 성적으로 학업을 마쳤다. 졸업 후, 그녀는 고국인 폴란드로 돌아가고자 크라쿠프대학 연구소에 지원했지만 매몰차게 거절당했다. 당시만 해도 폴란드에는 '여성은 선천적으로 능력이 부족하다'는 인식이 팽배했기 때문이다. 그러나 퀴리 부인은 이러한 성차별에 실망하는 대신 반드시 사람들의 고정관념을 바꿔놓을 만한 업적을 세우겠다고 굳게 다짐했다. 그녀는 프랑스에 남아 연구에 매진하며 홀로 힘겨운 싸움을 이어갔다.

훗날 연구 동료이자 삶의 동반자인 피에르 퀴리를 만나 서로에게 도움을 주고받으며 많은 발견을 했지만 그녀의 행복은 오래가지 못했다. 피에르가 마차에 깔리는 사고로 세상을 떠난 것이다. 게다가 그 후 그녀는 남편이 살아 있을 때 남편의 제자와 불륜을 저질렀다는 유언비어에도 시달렸다. 소문은 일파만파로 퍼져나갔고, 온갖 비난의 화살이 그녀에게 쏟아졌다. 그녀의 집까지 찾아와 창문에 돌을 던지는가 하면, 프랑스에서 썩 꺼지지 않으면 죽여버리겠다고 협박하는 사람까지 있었다. 평소 그녀가 여성인 데다 폴란드 출신이라는 사실을 눈엣가시처럼 여겼던 일부 과학계 인사들도 그녀를 내쫓아야 한다며 한목소리를 냈다. 이 같은 여론의 폭풍 속에서 그녀는 거의 3년을 보냈다. 물론 그 와중에는 삶을 포기하고 싶을 만큼 괴로운 순간도 있었다. 하지만 퀴리 부인은 운명에 고개 숙이지 않겠다고 마음을 다잡으며 좌절에 맞섰다. 다시 힘을 내 연구를 시작한 그녀는 부단한 노력 끝에 결국 전 세계가 주목한 놀라운 성과로 여성 최초의 노벨상 수상자라는 영예를 안았다. 그녀는, 남들은 평생 한 번도 받기 힘든 노벨상을 두 번이나 수상하는 쾌거를 이뤘다.

퀴리 부인을 성공으로 이끈 것은 다름 아닌 좌절이었다. 좌절에 끝까지 맞서 싸우는 그 정신이 그녀를 앞으로 나아가게 하는 원동력이었던 것이다. 좌절을 딛고 일어서면 좌절의 경험은 인생의 자산이 되지만, 좌절에 넘어져 그대로 주저앉으면 좌절의 경험은 곧 인생의 재앙이 된다. 자, 당신은 좌절을 딛고 일어선 강자가 되겠는가, 아니면 좌절에 그대로 주저앉은 약자가 되겠는가?

실수는 허물이 될 수도 있지만, 나를 완성하는 과정이 될 수도 있다

과학자 알베르트 아인슈타인이 프린스턴 고등연구소의 교수로 초빙되었을 때의 일이다. 관리인이 그에게 필요한 물건이 있으면 말해달라고 하자 그는 이렇게 대답했다.

"책상이나 탁자, 의자 그리고 종이와 펜만 있으면 됩니다. 아참! 그리고 커다란 휴지통도요."

"커다란 휴지통이요? 큰 휴지통을 원하시는 이유가 있나요?"

관리인은 호기심 가득한 눈빛으로 물었다.

아인슈타인은 살짝 웃으며 대답했다.

"잘못한 것들을 몽땅 다 버릴 수 있어야 하거든요."

사람은 누구나 실수를 저지른다. 생각해보라. 자신의 주장이나 행동에 조금의 어긋남도 없다고 단언할 수 있는 사람은 과연 얼마나 될 것이며, 나는 말실수조차 단 한 번도 한 적이 없다고 맹세할 수 있는 사람은 또 몇이나 될까? 그런데 모두가 저지를 수 있는 실수 또는 잘못에 대해 우리는 이중적인 태도를 취하곤 한다. 남이 잘못을 저지르면 그가 스스로 잘못을 인정하고 이를 고치길 바라지만, 막상 자신이 잘못을 저지르면 온갖 핑계를 대며 발뺌하거나 남에게 책임을 떠넘기기에 급급하다.

잘못을 저질렀을 때 당신은 어땠는가?

"고의가 아니었어."

"원래 이렇게 될 게 아닌데, 이게 다 다른 부서에서 신경을 덜 쓴 탓이야……."

"난 하라는 대로 했을 뿐이야. 내 잘못이 아니라고!"

이런 변명을 늘어놓지는 않았는가?

적당한 변명거리를 찾아 자신을 변호하면 잘못을 덮고 그 책임을 완전히 피할 수 있으리라고 생각할지 모르지만 사실 이는 100퍼센트 오산이다. 하버드대의 한 교수는 이렇게 말했다.

"잘못을 했다면 용감하게 책임을 지십시오. 이는 우리 각자가 짊어져야 할 책임이자 의무입니다. 무조건 잘못을 숨기려고 하거나 빠져나갈 이유를 찾는 데만 급급하다 보면, 결국 여러분이 저지른 그 잘못이 여러분의 발목을 옭아매어 성공으로 나아가는 발걸음을 늦추게 할 것입니다."

한 화장품 판매업체 대표가 의류 인터넷 쇼핑몰로 업종을 전환하려 하자 그의 비서는 그를 설득하며 말했다.

"의류 인터넷 쇼핑몰 사업은 이미 포화 상태입니다. 잘나간다는 회사들도 요즘엔 살아남기 어렵다며 아우성인데, 경험 없이 무모하게 뛰어드는 건 좋은 생각이 아닌 것 같습니다."

그러자 대표는 가슴팍을 치며 말했다.

"경험 없는 게 어때서? 내가 화장품업계에 처음 발을 들여놨을 때도 경험이 없긴 마찬가지였다고. 하지만 경험 없이도 이렇게 해냈잖아?"

그는 한사코 고집을 부렸고, 결국 업종을 변경했다.

그리고 1년 후, 이렇다 할 경쟁력이 없던 회사는 심각한 적자에 시달리게 되었다. 직원들의 월급도 제때 지급할 수 없는 상황이 되자, 회사에 더 이상 미래가 없음을 직감한 직원 일부가 하나둘 다른 회사로 이직을 했다. 이때, 비서는 다시금 대표에게 제안을 했다.

"인터넷 쇼핑몰업계가 전반적으로 불황에 시달리고 있으니, 지금이라도 우리가 잘할 수 있는 업종으로 다시 전환하는 것이 어떨까요? 화장품 판매업으로 전환하면 분명 적자를 만회할 기회가 있을 겁니다."

그러나 대표는 자신의 판단이 잘못됐음을 인정하기는커녕 여전히 고집을 피우며 말했다.

"불경기도 한때야. 이 시기가 지나면 분명 상황이 좋아질 거라고."

사실 대표는 회사의 재무 상황이 이미 더 나빠질 수 없을 정도라는 사실을 알고 있었지만 비서의 설득에 귀를 닫고 자신의 결정을 고집했다. 회사 직원들이 행여 자신을 비웃을까 걱정되었기 때문이다. 결국 그의 의류 인터넷 쇼핑몰은 치열한 경쟁에 밀려 지지부진한 매출을 이어갔고, 1년 후 끝내 빚더미에 앉으며 파산을 선언했다.

대표가 자신의 잘못을 인정했다면 이렇게까지 큰 손실을 낳지는 않았을 것이다. 하지만 그는 자신의 잘못을 인정하지 않은 채 고집만 부렸고, 이는 결국 큰 손해로 돌아왔다. 사실 진짜 무서워해야 할 일은 잘못을 저지르는 자체가 아니라 잘못을 저질렀을 때 이를 인정하지 않고, 잘못을 만회하려 하지 않고, 계속해서 똑같은 잘못을 저지르는 것이다. 많은 사람이 성공하지 못하는 이유도 바로 여기에 있다.

그렇다면 잘못은 대체 뭘 의미할까? 하버드대에서는 '실수가 너의 허물이 될 수도 있지만, 너를 완성하는 과정이 될 수도 있다'라는 명언으로 '잘못'을 정의하고 있다. 그래서인지 하버드대 출신들에게 잘못은 무지나 무능의 결과물이 아니라 귀한 인생 경험이다. 잘못을 해야 자신에게 진짜 부족한 점이 무엇인지 알 수 있고, 마음속 깊이 그 교훈을 아로새겨 더 이상 같은 잘못을 저지르지 않아야 비로소 자아실현에 한 발짝 다가갈 수 있다고 믿는 것이다.

실제로 하버드대 학자들이 다년간 성공인사들을 연구 분석한 결과에 따르면, 성공에 꼭 필요한 세 가지 중 하나는 재능이요, 다른 하나는 기회이며, 마지막 하나는 자신의 잘못에 대한 반성이었다.

하버드대 재학 시절, 성적이 그리 뛰어난 편이 아니었던 케네디 전 대통령은 시험 중 부정행위로 처벌받은 적이 있다. 이는 케네디의 인생에 오점이자 '흑역사'였다. 훗날, 케네디는 정계에 진출해 대통령 후보자로 대선을 치르게 되었다. 당시 케네디의 경쟁 상대는 그를 물리치기 위해 그의 이미지에 흠집을 내기 시작했고, 이 과정에서 케네디의 '흑역사'가 만천하에 공개되었다. 정계를 떠들썩하게 만든 이 사건으로 케네디의 앞날에는 그림자가 드리워졌다. 어쩌면 그의 정치인생이 그대로 끝날지도 모를 일이었다.

하지만 케네디는 끝내 하버드 정신을 욕보이지 않았다. 그는 매우 솔직하게 당시의 잘못을 인정하고 진심으로 뉘우치며 말했다.

"지난날 제가 저지른 잘못으로 여러분을 실망시켜드린 점, 진심으로 죄송하게 생각합니다. 그 일은 확실히 저의 잘못이었습니다. 다만, 그 일을 통해 저는 무슨 일을 하든지 잔꾀를 부려서는 안 된다는 교훈을 얻었고, 성실하게 살아야 한다는 사실을 뼈저리게 느꼈습니다. 그때 그런 잘못을 저지르지 않았다면 어쩌면 저는 지금처럼 실속 있는 사람이 되지 못했을지도 모릅니다."

그 결과 케네디는 이미지에 타격을 입기는커녕 오히려 판세를 뒤엎어 순조롭게 대통령에 당선되었다.

자신의 잘못을 용감하게 인정하는 행동에는 기본적으로 두 가지 전제가 깔려 있다. 첫째, 당사자가 자신의 잘못을 인지하고 있고, 이를 숨기려 하지 않는다는 것이다. 즉, 지금 그 사람의 마음에는 거리낄 것도 숨길 것도 없다는 의미이다. 둘째, 지난날의 잘못은 그 사람의 치욕이 아니라는 것이다. 오히려 귀중한 경험이며 다른 사람과 자신의 경험을 공유하길 원하고 있다는 해석이다.

그러니 이미 자신의 잘못을 인정한 사람에게 무슨 공격을 할 수 있었겠는가?

'학교에서 배운 지식만으로는 성공한 인생을 살 수 없다. 기나긴 인생길에서 자신만의 사업을 일구려면 무엇보다도 생활에서 얻은 지혜, 즉 끊임없이 실수를 줄이는 지혜가 필요하다.'

하버드대에 가면 볼 수 있는 격언이다. 케네디는 바로 이러한 지혜를 지녔기에 대중의 칭송을 받았고, 대선에서도 승리를 거두었다.

완벽을 기하는 과정이란 사실 무수히 많은 실수와 잘못 속에서 앞으로 나아가는 과정을 말하며, 그 과정 속에서 실수를 없앴을 때 비로소 위로 올라가는 길을 찾을 수 있다. 그러니 잘못을 저질렀다면 핑계를 대려 급급해하지도, '난 바보야. 난 잘하는 게 하나도 없어'라고 자책하며 전전긍긍하지도 마라. 똑같은 잘못을 반복하며 자신이 정말 바보라고 믿고 싶지 않다면 말이다.

실패는
또 다른 출발점일 뿐이다

여기 인생이 엉망진창인 듯 보이는 한 사람이 있다. 그의 이력은 다음과 같다.

'23세 때 주의원 경선에서 낙선, 29세 때 주의회 의장선거에서 낙선, 31세 때 대통령 선거위원 낙선, 34세 때 국회의원 선거에서 낙선, 39세 때 국회의원 연임 실패, 46세 때 상원의원 선거에서 낙선, 47세 때 부통령 지명 실패, 49세 때 상원의원 선거에서 또 낙선, 51세 때 미국 대통령 당선.'

이는 바로 미국 전 대통령 에이브러햄 링컨의 이력이다. 사람들은 그의 끈기에 놀라며 이렇게나 많은 실패의 충격에서 어떻게 벗어날 수 있는지 의아해했다. 그는 이렇게 말했다.

"기억하십시오. 성공하겠다는 결심은 무엇보다도 중요하다는 사실을요."

인생에서 가장 가혹한 일은 무엇일까? 아마도 대부분의 사람에게 실패보다 더 충격적인 일은 없을 것이다. 실패했을 때 더 큰 실패의 늪에 빠져 영원히 성공의 서광을 보고 싶지 않은 게 아니라면, 절대 신이 나를 시험하는 거라고, 일부러 나를 벌하는 것이라고 여기며 도망치거나 울거나 불만을 늘어놓거나 절망에 빠져 주저앉지 마라.

'실패를 받아들이는 법을 배워라.'

이는 탈 벤 샤하르가 학생들에게 실패를 마주하는 법에 대해 강연하며 강조한 중점 포인트다. 그는 말했다.

"사람은 누구나 엎어지고 깨지면서 걸음마를 배워야 우아한 걸음을 걸을 수 있습니다. 이와 마찬가지로 사람은 누구나 무수히 많은 실패를 경험해야 비로소 성공할 수 있지요. 진정한 리더가 되려면 어떻게 실패를 마주할지, 어떻게 자신을 이겨 역경의 늪에서 벗어날지를 알아야 합니다."

하버드대 출신들이 모두 엘리트라는 사실은 의심할 나위가 없다. 그러나 그들 역시 크고 작은 실패를 겪었고, 그들은 심지어 실패를 경험하지 않은 사람은 성공할 수 없다고 믿는다. 오히려 실패는 그들이 자신의 문제점을 직시해 성공을 가로막는 요소를 없애고 성공으로 향하는 선결조건을 갖추는 데 큰 몫을 했다고 할 수 있다. 그들에게 실패는 미래를 위해 에너지를 비축하는 과정이자 성공을 위한 주춧돌이 된 셈이다.

하버드대의 저명한 심리학자 벌허스 프레더릭 스키너 박사는 많은 성공인사가 성공을 거머쥘 수 있었던 이유는 그들이 수백 번의 실패를 겪고 그 속에서 교훈을 얻었기 때문이었다며, 그들이 실패를 경험하지 않았다면 큰 성공을 거두지 못했을 것이라고 말했다. 때로는 막다른 골목길에서 새로운 길을 찾기도 하고, 크나큰 시련 앞에 더욱 폭발적인 힘을 내는 것이 사람이라면서 말이다.

당신은 어떤가? 실패를 발판으로 삼아 역전승을 거둔 경험이 있는가?

창업의 꿈을 안고 호기롭게 성인교육 아카데미를 차린 한 20대 젊은이가 있었다. 그는 광고와 홍보에 상당한 돈을 투자했고, 임대료와 업무에 필요한 물건 구매에 사용한 비용도 상당했다. 그러나 그렇게 야심차게 사업을 시작하고 수개월이 지난 후, 그는 열심히 노력했음에도 돈 한 푼 벌기는커녕 오히려 손해만 보고 있음을 깨달았다. 고민하던 젊은이는 결국 가족에게 돈을 빌려 뒷수습을 하고, 그날로 집에 틀어박혀 밖으로 나오지 않았다. 타인의 동정어린 시선과 온갖 추측이 싫기도 했고, 누군가 고소해하는 눈빛으로 자신의 실패를 평가할까 봐 두렵기도 했기 때문이다.

그는 꽤 오랫동안 실패의 늪에서 빠져나오지 못한 채 은둔생활을 했다. 그리고 어느 날, 도무지 혼자서는 일어설 방법을 찾을 수 없다고 판단한 그는 체념한 듯 자신의 은사를 찾아가 마음의 응어리를 털어놓았다. 그러자 은사는 이렇게 말했다.

"실패가 뭐 별거니? 실패는 자신을 똑바로 볼 수 있는 기회일 뿐이야. 이전의 방법이 잘못됐다는 게 증명됐으니 방법을 바꿔 다시 시작하면 되는 거란다."

은사의 의미심장한 조언에 문득 깨달음을 얻은 젊은이는 이내 기운을 차려 자신이 실패한 원인을 찾기 시작했다.

'도대체 어디에서 문제가 생긴 거지?'

그는 한참의 사색과 반성 끝에 사업 방향을 살짝 바꿔 인성교육 프로그램 연구를 시작했다.

소위 '인성교육 프로그램'이란 강연과 영업, 처세, 지능 개발을 하나로 융합한 독특한 방식의 성인교육 프로그램이었다. 젊은이는 낮에는 책을 쓰고, 밤에는 야간학교에서 학생들을 가르치며 열심히 일했고, 이후에는 직장인들을 위한 공개 강연반도 개설했다. 그리고 오늘날, 그는 미국의 유명 기업가이자 교육가 겸 강연자로서 '성인교육의 아버지', '20세기에 가장 위대한 성공학의 대가'라는 칭송을 받고 있다. 이 이야기의 주인공은 바로 미국 인간관계학의 대가 데일 카네기이다.

실패가 행운이 될지 불행이 될지는 온전히 실패를 대하는 우리의 자세에 달려 있다. 실패를 겪었을 때 우리는 두 갈래의 갈림길을 마주하게 되는데, 이때 주저앉아 믿음을 잃는 길로 접어든다면 당신은 불행해질 수밖에 없다. 그러나 용감하게 다시 일어나 실패를 직시하고, 자신이 실패한 진짜 이유를 찾아 이를 이겨내는 길로 나아간다면 완벽한 자아를 실현할 수 있다.

하버드대에서 교편을 잡았던 미국의 유명 철학가이자 교육가 겸 심리학자 존 듀이 역시 실패와 성공의 관계에 대해 이렇게 말했다.

"실패는 단지 일시적일 뿐, 한 번의 실패가 영원한 실패를 의미하지는 않습니다. 한 사람이 발휘하게 될 기지의 크기나 삶의 방향성은 대개 실패 이후에 결정된다는 것을 잊지 마십시오."

그렇다. 실패는 대수롭지 않은 일이다. 생각을 조금만 바꾸면 실패는 곧 새로운 시작점이 될 수 있다.

'아픈 만큼 성숙해진다', '실패는 성공의 어머니다'라는 말이 괜히 나온 게 아니다. 적극적으로 실패와 대면해 실패를 통해 배우고, 끊임없이 자기 자신을 보완하여 업그레이드한다면 얼마든지 자신을 탈바꿈

할 수 있다. 그러니 실패했다면 자기 자신에게 '내가 왜 실패했을까?', '어떻게 해야 실패의 손실을 최소화할 수 있을까?', '이번 실패를 통해 무엇을 배울 수 있을까?'를 묻고 또 물어라.

에디슨은 전등을 발명하는 일에 자신의 에너지를 아낌없이 쏟아부었다. 그 과정에서 그가 만난 첫 번째 난관은 필라멘트의 재료를 찾는 일이었다. 탄화물질을 시작으로 백금과 이리듐 합금 등을 사용해봤지만 테스트는 번번이 실패로 돌아갔다. 이후, 양질의 광석과 광맥에서 채취한 1,600여 재료들을 사용해 시험을 했지만 결과는 역시 실패였다. 거듭되는 실패에 그의 조수는 풀이 죽어 말했다.

"많은 시간을 들여 이렇게 많은 시도를 해봤는데, 모두 실패네요."

그러자 그는 엷은 미소를 지으며 말했다.

"적어도 몇 천 가지의 재료는 사용할 수 없다는 걸 알아냈는데, 어찌 실패라고 말할 수 있겠나? 이는 성공만큼이나 가치 있는 일이라네."

그는 다시 다른 재료를 사용해 필라멘트 실험을 계속했고, 끝내 탄소선을 유리구에 넣어 세계 최초로 탄소선 백열등을 만드는 데 성공했다. 하지만 이 백열등은 상용화되기에는 많은 문제점을 안고 있었고, 이는 그에게 또 다른 실패나 마찬가지였다. 간단해 보이는 전등을 만들기 위해 에디슨은 무려 5만 번 가량의 실험을 진행했고 그에 관한 실험 기록도 150여 권에 달했다.

그런데 1914년 12월 어느 날 에디슨의 반평생 노력이 한순간에 무너진 사건이 발생했다. 갑작스런 화재로 에디슨의 실험실이 모두 불타버린 것이었다. 잿더미가 된 실험실은 보는 사람마저 안타깝게 만들었지만 그는 담담히 조수에게 말했다.

"이번 화재로 우리의 성과가 모두 불타 없어지긴 했지만, 이게 꼭 나쁜 일만은 아니군. 우리의 모든 '실패'도 함께 날려버렸으니까 말이야. 자, 이제 처음부터 다시 시작하세!"

훗날, 그는 대나무 섬유를 탄화한 필라멘트로 이전의 어느 실험 때보다도 이상적인 결과를 얻었는데, 이렇게 해서 탄생한 것이 바로 전기를 흘려보내면 장장 1,200시간 동안 불이 들어오는 최초의 백열전등이었다.

에디슨의 성공은 실패의 경험을 겸허히 받아들이고 이를 종합해 성공의 주춧돌로 삼은 덕분이었다. 기억하라. 성공하느냐 실패하느냐는 한순간에 결정되는데, 끊임없이 나를 발전시킬 때 비로소 진짜 자아를 실현할 수 있다.

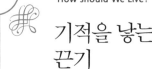

기적을 낳는 끈기

모든 성공인사가 증명한 한 가지가 있다. 바로 끈기가 우리를 성공한 인생으로 이끈다는 사실이다.

미국 세일즈맨 협회에서 조사한 결과에 따르면, 한 명과 두 명의 고객을 찾아간 뒤 실패해서 그만둔 사람들이 각각 48퍼센트, 25퍼센트, 첫 번째와 두 번째는 실패했지만 세 번째에는 성공해서 계속 일을 한 사람들이 12퍼센트로 나타났다. 즉, 12퍼센트의 세일즈맨이 80퍼센트의 몫을 해내며 거래를 성사시킨 셈이다. 이렇듯 한때의 실패에도 불구하고 쉽게 포기하지 않는 사람은 절대 실패한 인생을 살지 않는다.

'버텨라. 성공은 끈기에 달려 있다.'

하버드대 출신들은 역량의 크기가 아니라 얼마나 오래 버틸 수 있느냐가 바로 성공의 열쇠라며, 어떠한 목표에 도달하고 싶다면 끈기를 기르라고 입을 모은다.

꾸준히 지속하는 것. '이렇게 간단한 일쯤이야 너끈히 해낼 수 있지'라고 생각한다면 오산이다. 말로는 쉽지만 생각만큼 실천하기 쉽지 않은 일이 바로 어떤 일을 꾸준히 지속해나가는 것이기 때문이다. 오죽하면 하버드대에서 '세상에서 가장 쉬운 일도 버티기요, 가장 어려운 일도 버티기다'라는 말이 나왔겠는가. 즉, 어떤 일을 꾸준히 지속하는 것은 마음만 먹으면 누구나가 할 수 있는 쉬운 일이지만, 정말로 실천하는 사람은 소수에 불과할 만큼 어려운 일이기도 하다.

어느 날, 몇몇 젊은이가 그리스 대철학자 소크라테스를 찾아가 어떻게 하면 당신처럼 해박한 지식을 가질 수 있냐고 물었다. 소크라테스는 이에 대한 답을 주는 대신 이렇게 말했다.

"일단 돌아가서 매일 꾸준히 팔 돌리기 300번을 해보게. 그렇게 한 달을 채우거든 그때 다시 나를 찾아오게나."

젊은이들은 팔 돌리기가 학문과 무슨 관계가 있는지 도무지 이해할 수 없었지만 흔쾌히 그러겠노라고 대답했다. 그렇게 간단한 일이라면 누구라도 할 수 있을 것이라고 생각했기 때문이다.

1개월 후, 절반의 인원이 다시 소크라테스를 찾아왔다.

"좋아. 다시 한 달을 해보게."

또 한 달의 시간이 가고 소크라테스를 찾아온 젊은이는 지난달의 3분의 1이 채 되지 않았다.

1년 후, 소크라테스에게 자문을 구하러 온 사람은 단 한 명뿐이었다. 그가 바로 플라톤이었다. 훗날 그는 고대 그리스에서 가장 유명한 철학자가 되었다.

플라톤이 성공을 거둘 수 있었던 이유는 뭘까? 사실 그는 놀랄 만한 재주나 특출한 지혜를 지닌 사람은 아니었다. 다만 그는 꾸준한 노력을 했을 뿐이었다. 즉, 굳건한 의지로 끈기 있게 노력한 것이 그를 성공으로 이끈 것이다. 그러니 곤경에 처했다고 두려워하지도, 쉽게 포기하지도 마라. 어려움이 클수록 더 꾸준히 노력해야 강인한 나를 만들 수 있는 법이다. 이에 대해 어쩌면 이렇게 말하는 사람도 있을 것이다.

"나는 줄곧 성공을 꿈꿨고 여러 차례 노력도 했지만 여태껏 좋은 결과를 보지 못했어."

자, 그렇다면 여기서 여러 차례란 몇 번을 말할까? 수백 번? 수십 번? 아니면 그저 몇 번? 성공으로 향하는 길은 자갈밭투성이다. 셀 수 있을 만큼의 시도가 아니라 쉼 없이 꾸준한 노력이 필요하다는 뜻이다. 힘이 빠져 더 이상 앞으로 나아갈 수 없을 것 같다는 생각이 들 때 포기만큼 쉬운 방법도 없다. 하지만 그 순간을 버텨내고 끈기를 잃지 않으면 성공의 문을 두드릴 수 있다.

하버드대 강의에서 자주 인용되는 이야기를 소개할까 한다.

가정환경이 불우한 한 남자가 있었다. 그의 아버지는 도박을 좋아했고, 어머니는 술주정뱅이였다. 아버지는 도박으로 돈을 잃을 때마다 그와 어머니에게 폭력을 행사했고, 어머니 역시 술을 많이 마신 날이면 어김없이 그에게 화풀이를 했다. 이 때문에 그는 이 집 저 집을 전전하며 우울과 고독으로 가득한 유년 시절을 보냈다. 그 무렵, 그는 사람다운 삶을 살겠다며, 절대 부모님처럼은 되지 않겠다고 다짐했다. 그는 배우가 되고 싶었다. 학력도 자본금도 필요 없는 직업인 데다 성공하면 돈과 명예를 모두 거머쥘 수 있었기 때문이다. 꿈을 좇아 무작정 할리우드로 간 그는 감독이며, 제작자, 스타 등 그를 배우로 만들어줄 만한 사람들을 찾아다니기 시작했다.

"제게 기회를 한 번만 주십시오. 저를 배우로 만들어주신다면 반드시 성공하겠습니다!"

하지만 외모가 출중하지도 않고, 전문 지식을 갖추지도 못한 데다 경험도 없는 그는 아무리 봐도 배우가 될 재목으로 보이지 않았고 그렇게 그는 거듭 퇴짜를 맞았다.

하지만 숱한 문전박대에도 그는 성공할 때까지 절대 포기하지 말자며 자기 자신을 다독였다. 그러다 훗날 그는 고민 끝에 '우회전술'을 쓰기로 하고 시나리오 쓰는 작업에 돌입했다. 시나리오를 마음에 들어 하는 감독이 나타나면 자신에게 주연을 보장하는 조건으로 거래를 할 생각이었던 것이다. 그리고 1년 후, 그는 완성된 시나리오를 들고 감독들을 찾아다녔다. 하지만 그의 시나리오를 마음에 들어 하는 감독은 있어도 그를 남자 주인공으로 기용하길 원하는 감독은 없었다. 그는 그렇게 1,500번을 거절당했다. 이는 한 사람의 자신감과 열정을 모두 앗아가기에 충분한 실패 경험이었지만 그는 여전히 포기하지 않았고, 현실을 원망하는 대신 자신에게 말했다.

'괜찮아. 다음 번까지만 버티자. 난 분명히 성공할 수 있어.'

그리고 그는 드디어 1,501번째의 시도 끝에 이미 그를 20여 차례나 거절했던 감독의 마음을 움직이는 데 성공했다. 감독은 말했다.

"당신이 연기를 잘하는지 못하는지는 모르지만 당신의 그 정신이 마음에 듭니다. 기회를 한 번 드리지요. 단, 시나리오를 연속극으로 각색할 생각입니다. 일단 한 편을 촬영해보고 계속해서 주연을 맡길지는 향후 반응을 보고 다시 결정하도록 하죠. 대신 반응이 별로 좋지 않으면 주인공 할 생각은 접는 겁니다."

그렇게 방송된 그의 주연 작품은 당시 전 미국 최고의 시청률을 기록했고, 훗날 그는 전 세계적으로 이름을 날리는 스타가 되었다. 아마 이 이야기의 주인공이 누구인지 눈치챘으리라. 그렇다. 이 남자는 바로 월드스타 실베스터 스탤론이다.

1,500번이나 거절을 당한 충격은 보통 사람이 쉽게 감당할 만한 것이 아니다. 만약 그가 실패의 충격을 버티지 못하고 1,501번의 시도를 하지 않았다면 어떻게 되었을까? 과연 그는 자신의 꿈을 이루고, 지금의 월드스타 자리에 오를 수 있었을까?

성공하기까지는 항상 시간이 걸린다. 그러므로 그 시간을 견뎌내는 끈기가 필요한 것이다. 그런데 사람들은 대부분 일반적인 상황일 때는 비교적 쉽게 그 시간을 버텨내지만, 어려움에 처했을 때에는 행동에 차이를 보인다. 어려움과 맞닥뜨렸을 때 "나는 절대 포기하지 않아" 하며 힘든 시간을 버텨내는 사람이 있는 반면, "그만두자. 더 이상은 감당하지 못하겠어" 하며 포기하는 사람도 있다. 요컨대 이는 이 세상에 강자와 약자가 존재하는 이유이기도 하다.

비록 지금은 지극히 평범할지라도 언젠가는 하버드대 출신들처럼 비상할 날을 꿈꾸고 있는가? 그렇다면 자신에게 물어보라.

"나는 끈기 있게 꾸준히 노력했는가?"

이런저런 어려움으로 포기하고 싶은 순간이 오거든 지금 포기하면 영원히 성공할 수 없을지도 모른다는 사실을 되뇌어라. 그리고 자신에게 말하라. 주저앉지 말고 버티자고! 버텨낼 수 없을 것 같은 순간을 이겨내면, 그다음에는 기적을 볼 수 있을 것이라고 말이다.

더 큰 도약을 위한
숨 고르기

어떤 이가 하버드대 교수에게 한탄했다.

"인생에 대한 절망감에 자신감을 잃었어요. 막다른 길에 서 있는 기분이에요……."

이에 교수는 이렇게 말했다.

"흔히 운명이 나를 나락으로 내던진다고 생각될 때가 인생의 전환점을 맞이할 절호의 시기라고 하죠. 이 말을 한번 믿어보세요."

'사회 진출과 동시에 높은 연봉과 직위가 주어진다면?'

이러한 '벼락출세'는 누구나 한 번쯤 꿈꾸지만 극히 소수만이 누리는 행운이다. 이제 막 사회생활을 시작한 사람에게 무한한 신뢰를 표하고, 또 그를 요직에 채용하는 일은 좀처럼 일어나지 않는다. 만약 당신이 취업 전선에서 주목받지 못한다면, 또는 중요한 업무에서 제외된다면 당신은 어떻게 하겠는가? 실망감에 가득 차 인생은 불공평하다며 자신을 알아주지 않는 세상을 한탄하겠는가?

사실 좌절 앞에서의 이러한 반응은 당연하다. 하지만 삶이 내 맘 같지 않다고 그대로 주저앉아 앞으로 나아갈 생각을 하지 않는다거나 자포자기하지는 마라. 어느 날 갑자기 찾아온 기회를 실력 발휘조차 못 해보고 고스란히 날려버리는 우를 범하고 싶지 않다면 말이다!

빠른 사고력과 출중한 재능에 자신감까지 겸비한 청년 류카이안. 그는 자신 정도의 능력이면 고급 엔지니어가 될 수 있다고 자신했고, 실제로 자동차 회사 입사에 성공했다. 하지만 입사 후 그에게 주어진 업무는 일반 창고관리였다. 하루 종일 작업장에서 상품을 정리해야 하는 창고관리는 그가 꿈꾸는 도전적 업무와는 너무나 동떨어진 일이었다. 그는 업무에 대한 불만으로 좀처럼 일에 집중하지 못했고, 그렇게 그가 대충대충 처리한 일들은 실수투성이였다.

아주 간단한 일인 만큼 그가 훌륭히 잘해낼 수 있으리라고 기대했던 사장은 그의 업무 성과에 실망하지 않을 수 없었다. 결국 사장은 그를 호출해 한바탕 질책했다. 그런데 류카이안이, 이는 자신의 잘못이 아니라며 도리어 자신에게 능력을 펼칠 기회를 주지 않은 사장을 탓하는 게 아닌가! 사장은 곰곰이 생각을 해보더니 이내 그의 말에도 일리가 있음을 깨달았다. 그가 심층 면접을 거쳐 채용된 우수 인재임은 틀림없는 사실이었기 때문이다. 사장은 그에게 기회를 주기로 했다. 일주일 후, 사장은 그를 기술 개발팀으로 발령을 내고 그에게 중요한 프로젝트까지 맡겼다.

물론 그는 기쁘게 주어진 업무를 받아들였다. 그는 드디어 자신의 포부와 능력을 펼쳐 보일 기회가 왔다고 쾌재를 부르며, 분명 새 프로젝트에서 종횡무진 맹활약하여 실적을 낼 것이라고 자신했다. 하지만 막상 일을 시작하니 첨단 기술을 다룬 지 너무 오랜 시간이 지난 탓에 배웠던 기술조차도 쉬이 활용할 수 없었다. 아무리 노력해도 좀처럼 프로젝트를 완수할 수 없게 되자 결국 그는 사장에게 간단한 업무를 맡겨달라고 요청할 수밖에 없었고, 이는 사장을 또 한 번 크게 실망시켰다.

이처럼 주목을 받지 못할 때나 중요한 업무를 맡지 못했을 때, 자신에게 주어진 일을 소홀히 하고 대충대충 처리하거나 당장의 상황에 감정이 휘둘려 제 할 일을 해내지 못한다면, 결국 자기 자신을 옭아매 앞으로 나아갈 수 없다. 아무리 뛰어난 인재라도 마찬가지다. 능력을 발휘할 기회를 얻지 못하면, 그리고 기회가 왔을 때 그 기회를 잡지 못한다면 연봉 상승, 인센티브, 승진 등은 그저 신기루요 한낮의 꿈일 수밖에 없다.

그렇다면 우리는 과연 어떻게 해야 할까?

신문기자가 되겠다는 꿈을 안고 미국 서부 지역으로 건너간 젊은이가 있었다. 하지만 낯선 환경에서 그가 원하는 일자리를 찾기란 하늘의 별 따기였다. 찾아가는 신문사마다 퇴짜를 맞은 그는 지푸라기라도 잡는 심정으로 미국의 유명 작가 마크 트웨인에게 편지를 보내 일자리 추천을 부탁했다. 이 절박한 젊은이를 위해 마크 트웨인은 답장을 보내 '구직을 위한 3-Step'을 알려주었다.

첫째, 그저 일자리를 찾고 싶을 뿐 보수는 중요하지 않다는 사실을 신문사에 명확하게 밝혀라.

둘째, 일단 채용이 되면 보수 또는 승진을 요구할 수 있을 만큼 열심히 일해 실적을 쌓아라.

셋째, 업계에서 가능한 한 많은 경험을 축적하라.

그러면 자연스럽게 더 좋은 자리가 당신을 기다릴 것이다.

'이런 방법이 과연 통할까?'

젊은이는 반신반의했지만 마크 트웨인이 알려준 대로 열심히 단계를 밟아나갔다. 그 결과 그는 한 신문사에 취직하였고 우수한 성과를 거둬 유명한 기자가 되었다.

'그저 일자리를 찾고 싶을 뿐 보수는 중요하지 않다'라고 말하며 복리후생 조건에 전혀 연연하지 않는 것은 그야말로 더 이상은 낮아질 수 없을 만큼 최대한 자신을 낮추는 일이다. 하지만 이 젊은이는 이로써 일할 기회를 얻었고, 그 기회를 통해 경험과 경력을 쌓는 동시에 자신의 능력과 재능을 마음껏 펼쳤다.

마크 트웨인의 3-step은 주목받거나 중용되는 것 자체가 아니라 자신이 어떻게 하느냐가 무엇보다 중요하다고 말한다. 주목받지 못했다고 또 중임을 맡지 못했다고 자신이 쓸모없는 사람이 되는 것은 아니기 때문이다.

실제로 대부분의 하버드대 출신이 사회 각 분야에서 두각을 나타낼 수 있었던 이유는 그들이 처음부터 고위직에서 출발을 했기 때문도, 그들이 벼락출세를 할 만한 특출한 재주를 타고났기 때문도 아니다. 시종일관 자신을 믿고 주목받지 못하는 일이나 중임이 아닌 일도 마다하지 않으며 흔들림 없이 제 할 일을 다하는 자세, 그리고 그 과정에서 자신의 장점을 발견하고 스스로 중임을 부여하며 한 걸음 한 걸음씩 착실하게 준비 단계를 밟았기에 가능했다.

주변의 기대를 한 몸에 받으며 하버드대를 갓 졸업한 젊은이가 있었다. 그는 새롭게 시작될 자신의 앞날을 생각하면 흥분이 가시지 않았지만, 그의 친구는 그렇지 못했다. 평범한 대학을 졸업한 친구에게 누가 봐도 탄탄대로를 걸을 것 같은 젊은이의 미래는 일종의 부담이었기 때문이다. 친구는 젊은이와 비교해 너무 뒤처지지 않도록 좋은 일자리를 구하기 위해 온 힘을 다했다. 얼마 후, 하버드대를 졸업한 젊은이가 취업 소식을 전해왔다. 한 민간 기업에 세일즈맨으로 취직했다는 것이었다.

이에 친구는 이해할 수 없다는 듯 물었다.

"물은 낮은 곳으로 흐르고, 사람은 높은 곳을 향해 걷는다는데 하버드대를 졸업한 네가 세일즈맨이라니? 나처럼 일반 대학을 졸업한 사람도 글로벌 대기업 취업을 목표로 하는데, 어떻게 출발점을 그렇게 낮게 잡은 거니? 세일즈맨은 누구나 마음만 먹으면 할 수 있는 일이잖아. 모교의 이름에 비추어 부끄러운 선택이라는 생각 안 들어?"

그러자 젊은이는 조용히 미소를 지으며 대답했다.

"사람이 높은 곳을 향해 간다지만 그 출발점은 대부분 낮은 곳이잖아. 처음부터 높은 곳에 오르려고 미취업 상태로 있느니 일단 취업을 하는 게 낫다고 생각했어. 게다가 나는 어느 분야에서 무슨 일을 하든지 몸과 마음을 다해 최선을 다하면 그에 상응하는 결과를 얻을 수 있다고 믿어."

확실히 세일즈맨 업무는 일도 힘들고 보수도 낮은 편이었지만, 젊은이는 자신의 믿음대로 업무에 최선을 다했다. 1년 후, 친구가 여전히 높은 출발점을 쳐다보며 취업 준비를 하고 있을 때, 그는 성실성과 애사심 그리고 뛰어난 업무 실적을 인정받아 영업부 팀장으로 승진했다.

이 젊은이가 이처럼 성공할 수 있었던 이유는 무엇일까? 그가 졸업 후 바로 좋은 직장을 찾았기 때문에? 아니면 시작부터 중임을 맡았기 때문에? 아니다! 그는 남들 눈에 차지 않는 일을 선택했고, 자신의 선택에 조금도 불평불만 없이 성실하게 일했다. 바닥부터 착실히 능력을 쌓아 결국 성공을 거머쥔 것이다.

개구리도 움쳐야 뛰듯이 사람도 더 큰 도약을 위해서는 숨 고르기가 필요하다. 이런 의미에서 이야기 속 하버드대 졸업생의 눈높이를 낮춘 취업은 결코 진취적이지 못한 행동이 아니었다. 나약함, 자신감 없음의 표현도 아니었다. 에너지를 비축하고 의지를 가다듬기 위한 준비 과정이자, 스스로 만든 기회이며, 변화를 위한 발판이었던 셈이다.

출발점이 낮다고 그 일을 하찮게 여기거나 포기하지 마라. 초조해하거나 열등감을 가질 필요도 없다. 숨을 고르는 동안 자신에게 주어진 모든 일을 소홀히 하지 않는다면, 자신의 삶에 그리고 일에 충실하여 끊임없이 자신의 능력을 높인다면, 어느 순간 당신은 대체 불가한 사람이 되어 더 높은 곳으로 도약하게 될 것이다.

하버드대 기숙사 중 하나인 로웰 하우스.
러시아정교회의 뿌리로 불리는 '다닐로프
의 종'을 보관하기 위해 특별히 설계되었
다고 한다.

하버드대 기숙사 중 하나인 엘리엇 하우스. 1학년생은 전원 올드야드 기숙사에 수용되며,
2학년에서 4학년까지는 하우스라고 일컫는 각 기숙사에 배치된다.

: 제4강 :
감정을 다스리는 법을 배워라

아무리 똑똑한 사람도 정서가 불안정할 때는 감정이 앞서 이성적이지 못한 모습을 보이는 경우가 있다. 하지만 감정적이고 비이성적인 행동은 자아실현을 방해하는 걸림돌이다. 자아를 실현하려면 먼저 자신의 감정을 조절해 목적을 잃지 않아야 하는데, 이를 위해서는 나를 뛰어넘어 객관적으로 문제를 바라보고, 냉정하게 자신을 분석하는 눈이 필요하다.

분노에
이성을 잃지 마라

"저는 별것 아닌 일에도 자주 격하게 화를 내요. 제가 왜 이러는지 모르겠어요."

누군가 이런 말을 하면 하버드대 출신들은 대개 이렇게 대답한다.

"자신의 감정도 다스리지 못하는 사람이 어떻게 자신의 인생을 장악할 수 있겠습니까? 감정이 이성을 이기도록 내버려둔다면 당신은 감정의 노예로 전락하고 말 겁니다. 자신의 감정을 이겼을 때, 비로소 내 운명을 장악하고 진정한 자유를 얻을 수 있지요."

주변 사람들과 마찰이 생겼을 때 혹은 누군가 당신을 오해했을 때, 당신은 쉽게 화를 내고 충동적으로 행동하는 편인가? 만약 그렇다면 지금 당장 감정을 다스리는 법부터 배워라. '신은 한 사람을 망치려고 할 때 가장 먼저 화를 돋운다'라고 했다. 분노의 불꽃을 활활 불태우면 이성을 잃게 되고, 이성적인 판단력을 잃으면 상상조차 할 수 없는 결과가 빚어진다.

하버드대 공공정책학 교수 일레인은 이에 대해 이렇게 말했다.

"자기감정의 노예가 되는 것이 폭군의 종이 되는 것보다 훨씬 불행한 일이다."

그러니 절대 감정에 휘둘리지 말고 냉정함을 잃지 마라.

전장에서 불패의 신화를 써내려간 명장 나폴레옹은 다혈질의 성격으로도 유명할 만큼 쉽게 화를 냈다. 그런 나폴레옹은, 어느 날 외무대신 탈레랑이 외적과 결탁하여 반란을 꾀한다는 소식을 들었다. 당시 스페인에 있었던 그는 서둘러 프랑스로 돌아와 모든 대신을 소집했다. 모두가 있는 자리에서 탈레랑의 실체를 들춰내 뜨거운 맛을 보여주고, 그의 마음을 돌려놓겠다는 심산이었다. 탈레랑을 마주한 나폴레옹은 역시나 끓어오르는 화를 주체할 수 없었다. 그는 주변의 다른 대신들에게는 눈길도 주지 않은 채 줄곧 탈레랑만을 노려보았다. 하지만 당장 못 잡아먹어 안달이 난 나폴레옹의 눈길에 탈레랑은 아무런 반응도 보이지 않았다. 순간, 나폴레옹은 또다시 자신의 감정을 추스르지 못하고 탈레랑에게 다가가 말했다.

"듣자니 내가 지금 당장 죽기를 바라는 사람이 있다더군요!"

당시 탈레랑은 확실히 반란을 도모하고 있었다. 하지만 나폴레옹의 화를 돋워 지도자로서의 권위를 잃게 만들 요량이었기에 그는 그저 의혹의 눈빛으로 나폴레옹을 바라볼 뿐 그 어떤 반응도 보이지 않았다. 끝내 나폴레옹의 분노는 화산처럼 폭발하기에 이르렀고, 그는 탈레랑에게 돌진하며 소리쳤다.

"네 권력은 내가 준 것이고, 네가 가진 부 역시 내가 준 것이다. 그런데 네가 나를 배반해? 이 배은망덕한 녀석 같으니라고! 내가 없으면 너는 아무것도 아니다. 그저 개똥에 불과하다고! 다시는 너를 보고 싶지 않다!"

나폴레옹은 이 말을 쏟아내고 자리를 떠났다. 그러자 탈레랑은 평온한 표정으로 대신들에게 말했다.

"위대하신 황제께서 오늘은 왜 저러실까요? 어째서 제게 이처럼 화를 내시는지 원……. 저는 죄송할 만한 일을 하지 않았는데 말입니다. 아마도 기분이 언짢아서 이성을 잃으셨나 봅니다."

나폴레옹은 탈레랑에게 화를 내면 마음속의 분노가 가라앉고, 탈레랑의 마음 역시 되돌릴 수 있을 것이라고 믿었다. 나름 일벌백계의 효과도 있을 거라 생각했다. 그러나 신사의 품격을 중시하는 나라에서 그런 히스테릭한 행동을 용인해줄 사람은 없었다. 더구나 권위를 지켜야 할 지도자가 그런 행동을 했으니 더더욱 말할 것도 없었다. 이 일로 나폴레옹의 위엄과 명망은 땅으로 곤두박질쳤고, 결국 탈레랑의 음모대로 통치권을 잃게 되었다.

우리 주변에서도 사소한 일에 화를 참지 못하고 감정적으로 행동하다 결국 후회하는 사람들을 쉽게 찾아볼 수 있다. 사장의 무심한 말 한마디에 사표를 던지는 사람, 사소한 일에 충동적으로 행동하는 사람, 작은 엇갈림에도 화를 내 부부간의 불화를 키우고 결국 각자의 길을 걷는 사람 등등……. 하지만 과연 이런 일들이 그럴 만한 가치가 있는 걸까?

화가 난다고 돌을 발로 차면 결국 아픈 건 자신의 발가락이다.

하버드대 출신들은 이처럼 어리석은 행동을 하지 않는다. 하버드대에는 '감정 제어'를 그만큼 중시하기 때문이다. 하버드 의과대학 전문가 존 R.샤프 · M. D의 말처럼 말이다.

"사람들은 감정의 기복이 왜 생기는지, 왜 자신의 감정을 다스리기 어려운지 알고 싶어 합니다. 하지만 사실 따지고 보면 감정을 다스리는 비결이란 그리 특별한 것이 아닙니다. 불평하지 않고, 화내지 않고, 이성을 잃지 않으려는 노력이 곧 비결이지요. 자신이 처한 환경이 바뀔 수 없다면 자신의 감정을 다스리는 법을 배우십시오. 모든 일을 냉정하게 바라보고 신중하게 생각한 후 행동으로 옮기는 겁니다."

살다 보면 우리는 많은 외부적 요소에 감정적 영향을 받는다. 그러나 중요한 순간에 이성을 잃지 않으려면 어떤 상황에서도 내 감정의 주인이 되도록 노력해야 한다. 혹 일시적으로 자신의 감정을 좌지우지하지 못했더라도 빠른 시간 안에 이성을 되찾아 다시 감정의 주도권을 잡을 수 있어야 한다. 그러면 어느 순간 아무리 어려운 일들이 닥쳐도 쉽게 헤쳐나가는 자신을 발견할 수 있을 것이다!

미국의 유명한 시험 비행사이자 에어쇼의 명수 밥 후버는 프로펠러 비행기로 에어쇼를 하다 상공 300피트에서 엔진이 꺼지는 사고를 겪었다. 당시 그는 베테랑답게 노련한 기술로 비상착륙에 성공했고, 덕분에 인명 피해는 나지 않았지만 비행기는 심각하게 파손되었다. 비상착륙 후 그는 가장 먼저 비행기의 연료를 확인했다. 그런데 프로펠러 비행기 안에 제트기 연료가 채워져 있는 것 아닌가! 화가 잔뜩 난 그는 즉시 비행기 유지 보수를 담당하는 정비사를 찾아갔다. 정신이 번쩍 들도록 정비사를 호되게 꾸짖을 생각이었다. 그의 실수로 값비싼 비행기가 고물이 되었음은 물론 하마터면 자신의 목숨도 잃을 뻔했기 때문이다. 그런데 당시 정비사는 사고 소식을 듣고, 자신의 잘못에 매우 괴로워하며 눈물범벅이 되어 있었다. 이 모습을 본 그는 생각을 바꿨다. 그는 정비사를 질책하는 대신 따뜻하게 말했다.

"당신은 전문 정비사니까 분명 일을 소홀히 하지는 않았을 거라고 생각합니다. 이 실수에는 아마도 다른 이유가 있었겠지요. 그래서 나는 당신에게 기회를 주기로 마음먹었습니다. 내일도 비행기의 정비를 맡아주세요. 그리고 이제 결코 실수하지 않는 사람이라는 것을 보여주십시오."

젊은 정비사는 세차게 고개를 위아래로 끄덕였다. 그 후 정비사는 두 번 다시 실수를 하지 않았고 후버와 가장 마음이 잘 통하는 파트너가 되었다.

밥 후버는 이성적으로 자신의 분노를 가라앉히고 정비사의 잘못을 용서함으로써 젊은 정비사를 감격시키고 열심히 일해 실수를 만회하도록 했다. 만약 당시 그가 정비사를 호되게 꾸짖었다면 그 결과는 어땠을까? 아마도 정비사는 그의 꾸짖음을 교훈으로 삼기보다는 오히려 그에 대한 반발심으로 더 큰 문제를 일으켰을지도 모른다.

무슨 일이든 화를 내는 것보다 더 좋은 선택이 있게 마련이다.

오늘 당신은 화를 낸 적이 있는가? 분노로 인해 이성을 잃지 않고 실수를 줄이길 원한다면 마음속에서 분노가 꿈틀거릴 때, '정말 화낼 만한 일일까?', '이런 사람에게 화를 낼 필요가 있나?', '화를 내면 문제가 해결될까?', '더 좋은 해결 방법은 없을까?' 등을 자문해보라. 이것이 바로 화를 내지 않고 감정을 다스리는 지혜다.

우울한 기운의
전파자가 되지 마라

아침 식사 준비를 망쳐 기분이 나쁜 부인. 그녀는 남편에게 화풀이를 했다. 부인의 화풀이에 덩달아 기분이 상한 채 출근길에 오른 그는 영업부장을 호출해 한바탕 잔소리를 늘어놓았다. 이유 없이 사장에게 혼이 난 부장의 기분은 물론 엉망진창이 되었다. 그런데 마침 부하 직원이 업무보고를 하러 들어왔고, 부장의 화는 불같은 기세로 그 부하 직원을 덮쳤다. 억울함을 가득 안고 돌아선 부하 직원은 사무실 밖에 고양이 한 마리를 발견하고 녀석을 세게 걷어찼다. 그의 발길질 한 번에 몇 미터를 날아간 고양이는 야옹야옹, 서럽게 울부짖었다.

사장 부인의 화가 전파되고 또 전파되어 결국 애꿎은 고양이에게까지 전해졌다. 이 이야기를 듣고 어떻게 이런 일이 있을 수 있냐고 생각

131

하는가? 하지만 믿어라. 이런 일이 발생할 가능성은 충분하다. 감정이란 전염병처럼 언제든 다른 사람에게로 옮겨가기 때문이다.

아마 누구나 한 번쯤 이런 경험이 있을 것이다. 예를 들어 친구들과 모여 즐겁게 이야기를 나누고 있는데, 갑자기 친구 한 명이 어두운 표정으로 들어와 눈물을 흘리는 바람에 한순간 분위기가 가라앉고 당신의 마음 역시 무겁게 변했던 경험 말이다. 또는 우울한 내용의 책을 읽고 덩달아 기분이 우울해졌던 경험, 흐린 날씨에 괜히 멜랑콜리에 빠진 경험 등등 말이다.

물론 우울한 감정을 느끼는 게 무조건 나쁘다는 것은 아니다. 사람은 누구나 기분이 안 좋을 때가 있기 때문이다. 다만 확실히 짚고 넘어가고 싶은 한 가지가 있다. 바로 당신의 주변 사람들은 당신의 '우울함'을 감당해야 할 의무가 없다는 것이다. 자기 기분이 나쁘다고 우울한 기운을 마구 전파하다 보면 갈수록 더 기분이 나빠지게 되고, 이로 인해 인간관계가 틀어질 수도 있음을 명심하라.

에머슨은 "교양을 갖춘 모든 사람이 금기시하는 한 가지가 있다. 바로 짜증을 내는 것이다"라고 말한 바 있는데, 미국 작가 버나드의 저서 《하버드가의 가훈(*Harvard Family Instructions*)》 속 이야기가 그의 말을 뒷받침해주고 있다.

성격이 고약해 틈만 나면 화를 내는 소녀가 있었다. 친구들과 어울려 놀다가도 누군가 조금만 소녀의 심기를 건드리면 소녀는 즉시 화를 냈고, 누군가 화를 더 돋우기라도 하면 그야말로 난리가 따로 없었다. 큰 소리로 욕을 하고, 그것도 모자라 사람을 때리거나 아예 대성통곡을 했다. 이렇게 소녀가 화를 낼 때마다 친구들은 소녀를 피해 멀리 달아났고, 소녀와 함께하려는 친구들이 줄어들면서 소녀는 점점 외톨이가 되어갔다.

이러한 상황을 지켜본 소녀의 어머니는 딸아이를 걱정하며 딸의 나쁜 성미를 고쳐줘야겠다고 결심했다. 어느 날, 어머니는 소녀에게 티셔츠 한 장을 건네며, 화를 내거나 다른 친구와 싸울 때마다 티셔츠에 칼집을 하나씩 내라고 말했다. 소녀는 어머니의 의도가 궁금했지만 어머니의 말을 따랐다. 일주일 후, 티셔츠에는 총 28군데의 칼집이 생겼다. 소녀는 티셔츠에 칼집을 내는 번거로움에 자신의 화를 조금씩 다스리기 시작했고, 그렇게 티셔츠에 칼집을 내는 수가 조금씩 줄어들기 시작했다. 어느덧 소녀는 티셔츠에 칼집을 내는 것보다 자신의 감정을 다스리는 일이 훨씬 더 쉽다는 사실을 깨달았고, 드디어 단 하나의 칼집도 내지 않게 되었다. 소녀는 감격에 겨워 어머니에게 이 사실을 알렸다. 하지만 어머니는 소녀를 칭찬해주지 않고 이렇게 말했다.

"그럼 오늘부터는 종일 화를 단 한 번도 내지 않았을 때마다 칼집 하나씩 꿰매보렴."

소녀는 이번에도 어머니의 지시를 따랐다. 드디어 티셔츠에 냈던 칼집들을 모두 꿰맨 날, 어머니는 티셔츠를 책상 위에 올려놓고 딸에게 말했다.

"잘했네! 그런데 보렴. 티셔츠를 꿰매기는 했지만 이렇게 꿰맨 자국이 남았지? 이런 자국들은 영원히 사라지지 않는단다. 네가 기분이 나쁠 때마다 했던 막말들도 상대방의 마음에 이런 상처를 남겼을 거야."

친구나 가족이라고 함부로 감정을 표출해도 된다고 착각하지 마라. 기분이 나쁘면 나쁜 대로 감정을 고스란히 드러내고 화풀이를 해도 된다고 생각하면 오산이다. 당신의 분노나 짜증은 타인에게 당신이 지닌 감정의 무게와 똑같은 고통을 안긴다. 상대가 당신에게 마음을 쓰는 사람이라면 더더욱 그렇다. 게다가 당신과 똑같은 사람을 만난다면 당신이 부린 짜증이 싸움의 불씨가 될지도 모를 일이다.

다른 사람에게 나쁜 감정을 퍼뜨리지 않도록 자신의 감정을 잘 다스리는 것이 곧 성숙함이다. 공개적으로 불쾌한 일을 당하고도 낯빛 하나 변하지 않고 침착하게 대응하는 것, 고통스러운 상황에서도 자신의 감정을 제어해 평정심을 유지하는 것, 이것이 바로 하버드대 출신들의 모습임을 기억하라. 이제 다음의 몇 가지 방법으로 감정을 조절해 나쁜 감정의 전염을 막아보자.

첫째, 하던 일을 잠시 멈추거나 1분간 침묵하라. 기분이 나쁠 때는 눈빛 하나, 말 한마디가 모두 도화선이 될 수 있다. 그러니 가능하면 화가 나는 순간 잠시 행동을 멈추고 마음속으로 '진정하자. 진정하자'라고 되뇌어보자. 1분이 별것 아닌 것 같아도 이성을 되찾기에는 충분한 시간이다. 이 1분의 시간 동안 곰곰이 생각하다 보면 자신이 지금 화를 내려던 일이 사실은 보잘것없는 일임을 깨닫게 될 것이다. 물론 미국의 제3대 대통령 토머스 제퍼슨의 말처럼 속으로 10을 세도 좋다. 그래도 속에서 불같은 화가 끓어오른다면 100까지 세어보자.

둘째, 주의력을 분산시켜라. 기분이 나쁘면 마치 머피의 법칙처럼 더 기분 나쁜 일들이 몰려 갈수록 화가 나는 경우가 많다. 이때, 모든 것을 제쳐두고 당신의 주의력을 분산시켜보라. TV를 본다든지, 노래를 부른다든지, 가볍게 샤워를 하거나 친구들과 수다를 떠는 것도 좋은 방법이다. 기분 나쁜 일에서 즐거운 일로 주의력을 분산시키면 효과적으로 화를 삭일 수 있다.

셋째, 합리적으로 나쁜 감정을 발산하라. 감정을 다스리라는 것은 무조건 이를 억누르라는 뜻이 아니다. 감정을 다스리는 가장 좋은 방법은 적당하게 감정을 발산하는 것이다. 강제적으로 감정을 억누르다 보면 오히려 건강을 해칠 수 있다.

그렇다면 어떻게 해야 합리적으로 감정을 발산할 수 있을까? 하늘을 향해 크게 소리를 치거나 등산, 수영, 무술, 권투 등 체력을 소모하는 운동을 하라. 벽에 대고 불만을 토로하는 것도 한 방법이다. 그렇게 한바탕 감정을 쏟아내고 나면 다른 사람에게 피해를 주지 않고도 나빴던 기분을 풀 수 있다.

마지막으로 성공학의 대가 오그 만디노의 말을 가슴에 새기고 감정 제어가 필요할 때마다 꺼내보자.

내 마음은 마치 쳇바퀴처럼 끊임없이
즐거웠다가 슬펐다, 슬펐다가 기뻤다, 기뻤다가 우울했다를
반복하고 있다.
오늘 나는 이런 내 감정을 다스리는 법을 배울 것이다.
천만 번도 더 넘게 변하는 내 감정을
나는 더 이상 그냥 내버려두지 않을 생각이다.
나는 안다. 적극적이고 능동적으로 감정을 다스려야
비로소 나의 운명을 손에 쥘 수 있다는 사실을 말이다.
'약자는 기분이 행동을 지배하지만,
강자는 행동이 기분을 지배한다'라는
이 천고의 비법을 배울 것이다.
나는 나의 주인이 되겠다.
그래서 위대한 사람이 될 것이다.
끈기 있게 하던 일을 계속해나가자.
그러면 많은 것을 얻을 것이다.

두려움을 이기는 가장 효과적인 방법, 정면 대결

미국의 유명한 SF, 스릴러 소설가 프랭크 허버트에게 한 하버드대 학생이 물었다.

"당신은 두려움을 느끼지 않나요?"

"나는 두려워할 수 없고, 두려워해서도 안 됩니다. 두려움은 생각을 죽이고 모든 것을 망치기 때문이지요. 나는 두려움에 맞설 것이며, 두려움이 나를 통과하여 지나가도록 허락할 것입니다. 그렇게 두려움이 지나가거든 나는 마음의 눈으로 두려움이 지나간 길을 살펴볼 것입니다. 두려움이 지나간 후 모든 것이 사라지고 오직 나만 남은 그 길을 말입니다."

살면서 두려움을 느끼는 일은 무엇인가? 남에게 비웃음을 살까 두려워 사람들 앞에 나를 드러내지 못하겠고, 선생님 또는 사장님처럼 권위 있는 사람과의 교류가 두려운가?

어쩌면 공개적으로 자신의 두려움을 인정하기란 조금 어려운 일일지도 모르겠다. 그러나 사람은 누구나 두려움에서 벗어날 수 없고, 아무리 두려움을 숨기려 노력해도 또 논리적인 분석을 통해 위안을 삼으려고 해도 좀처럼 두려움을 지우지 못하는 게 사실이다. 당신은 어떤가? 매사 강한 척하며 다른 사람에게 '나는 괜찮다'라고 말하지만 실은 두려움을 느끼고 있지 않은가?

사실 위험을 두려워하는 심리가 위험 자체보다 만 배는 더 무섭다.

사람들이 자급자족하며 행복한 생활을 하던 한 마을이 있었다. 그러던 어느 날, 사신(死神)이 이 마을을 찾아왔다. 이를 본 마을의 한 노인이 사신에게 물었다.

"뭘 하러 오셨습니까?"

사신은 대답했다.

"100명을 데리고 가려고 왔소."

"아이고, 무서워라!"

노인의 반응에 사신이 말했다.

"사실이 그러하오. 내 반드시 그리 할 것이니."

노인은 서둘러 이 사실을 마을 사람들에게 알렸다. 사신이 곧 100명의 사람들을 데려갈 거라고 말이다. 소식을 접한 마을 사람들은 이내 극한의 공포에 휩싸였다.

이튿날, 또다시 사신과 마주친 노인은 불만에 찬 목소리로 물었다.

"나한테 100명을 데려가러 왔다고 하지 않았습니까? 그런데 왜 하룻밤 새 마을에서 1,000명이나 사망자가 나온 겁니까?"

"나는 내가 말한 대로 했소."

그리고 사신은 덧붙여 말했다.

"내가 데려간 사람은 100명뿐이오. 나머지 사람들은 공포가 데려간 거요."

사신은 100명을 데려가겠다고 했는데 어떻게 1,000명이 목숨을 잃은 걸까? 이유는 과연 사신의 말대로였다. 사람들은 모두 사신이 데려가려 한다는 그 100명에 자신이 포함되어 있을까 봐 노심초사했고, 두려움에 벌벌 떨다 결국 목숨까지 잃고 만 것이었다. 과장되긴 했지만, 이것은 지나친 두려움은 한 사람의 정신과 몸을 무너뜨리고 그 인생과 앞날을 망치기에 충분하다는 사실을 보여주는 이야기다.

하버드대 출신들이 자아를 실현하고 성공을 거머쥘 수 있었던 것도 두려움을 대하는 그들만의 방식이 한몫했다고 할 수 있다.

성공학의 대부 스티븐 코비가 하버드대를 졸업하고 한창 '성공전도사'로서 연구에 힘쓰고 있을 무렵, 그는 18세의 여학생과 상담을 나누었다. 그녀는 학업에 열심이어서 각 과목의 성적이 모두 뛰어난 전형적인 우등생이었다. 그러나 그녀는 이성과의 접촉을 두려워해 18세가 되도록 남학생과 손 한 번 잡아본 적이 없었고, 데이트는 더 말할 것도 없었다. 심지어 그녀는 다른 사람들이 자신의 이러한 성격을 이야기할 때마다, 안면에 경련이 일 정도로 급격히 긴장했다.

상담 중 코비가 그녀에게 물었다.

"학생이 생활하면서 가장 중요하게 생각하는 건 뭐죠? 안정감인가요? 그럼, 두려운 일에서 계속 도망치면 안전하다는 느낌을 받나요?"

그녀는 자신도 모르겠다고 말했다.

"그런데 도망치면 문제를 해결할 수 없어요. 주동적으로 남학생과 접촉을 시도해보라고 조언하고 싶네요. 남학생과 친구가 되어보세요. 천천히 시도하다 보면 지금 같은 문제도 사라질 겁니다. 사실 두려움을 이기는 유일한 방법이 바로 정면 대결이거든요. 그러니 행동으로 두려움의 저주를 무력화시키세요."

그렇다. 두려움을 이기는 유일한 방법은 바로 정면 대결이다. 두려움을 있는 그대로 인정하고 용감하게 두려움을 마주하라. 이를 해낸다면 당신은 그것만으로도 큰 힘을 얻어 두려움을 극복해낼 수 있을 것이다.

우리에게 백상아리와의 만남은 꽤나 공포스러운 일이 아닐 수 없다. 그러나 미국의 유명 영화감독 스티븐 스필버그에게는 특별한 경험으로 남아 있다.

당시는 그가 영화 〈조스〉를 촬영하던 때였다. 백상아리의 모습을 담기 위해 그는 카메라를 들고 상어 유인용 미끼가 든 케이지 안에 들어가 직접 수중촬영을 했다. 거대한 백상아리 한 마리가 케이지 주변을 맴도는 상황에서 그는 조금이라도 더 생동감 넘치는 신을 만들기 위해 몸을 케이지 밖으로 내밀어 촬영을 했다. 그런데 그 순간 백상아리가 그를 향해 헤엄쳐 오는 것이 아닌가? 그는 재빨리 케이지 안으로 몸을 숨기려 했지만 그럴 수 없었다. 등에 메고 있던 공기통이 케이지에 걸려 꼼짝할 수 없었던 것이다. 엄습해오는 공포에 죽기 살기로 발버둥을 친다면 백상아리에게 더욱 자신의 존재를 노출해 목숨을 잃을지도 모르는 그야말로 일촉즉발의 상황이었다.

그 순간 그는 튀어나올 것만 같은 심장을 부여잡고 애써 마음을 진정시키며 자신에게 접근해오는 백상아리를 향해 카메라를 들이댔고, 다행히 백상아리는 카메라와 그를 지나쳐 유유히 헤엄쳐 갔다. 이 일이 있은 후 그는 말했다.

"내가 백상아리를 어찌하지는 못해도, 내 마음은 내가 통제할 수 있잖아요? 그래서 그 순간 당황하지 않으려고 또 두려워하지 않으려고 노력했죠. 냉정함을 유지하려던 그 노력이 나를 살린 겁니다."

위기 앞에서 당신은 어떤 선택을 하겠는가? 두려움에 떨며 도망가 겠는가? 아니면 마음을 진정시키고 위기에 맞서겠는가? 하버드대 출신들처럼 뛰어난 사람이 되길 원한다면 두려움이 엄습해오는 순간 나를 일깨우는 주문을 걸어라.

"걱정 마. 뭔 일 있겠어? 두려워할 것 없어."

그러면 듣기만 해도 겁이 났던 일들이 눈 녹듯 사라지고 더 이상 두렵지 않게 될 것이다. 믿어라! 아무리 작은 두려움이라도 이를 극복해내는 순간 자신에 대한 믿음을 굳건히 할 수 있다.

교수 윌리엄 제임스는 말했다.

"두려움을 극복하는 첫걸음은 자신이 두려움을 느낀 그 상황을 전반적으로 파악하고 이를 감당하는 것입니다. 최악의 결과가 나올 수 있다는 가능성을 받아들이십시오. 그러면 두려움 뒤에 따라올 모든 불행을 극복해갈 수 있습니다."

그의 말처럼 최악의 상황을 미리 예상하고 이를 받아들이면, 설령 그 최악의 결과가 현실이 되더라도 결과에 초연해질 수 있다. 이미 마음의 준비를 했기 때문이다. 만약 당신이 현재 실직을 할까 초조하고 두려운 상황이라면 실직 후의 모습을 상상해보라. 자신이 생각하는 최악의 결과를 받아들일 수 있다면 더 이상 두려울 것이 뭐 있겠는가?

긍정의 마인드를 가져라

한 젊은이가 현자를 찾아왔다.

"제 삶은 괴롭습니다. 즐겁지가 않아요."

이에 현자는 말했다.

"세상의 모든 일이 전부 나쁜 일일 리는 없지요."

그러자 젊은이가 이해할 수 없다는 듯 되물었다.

"왜 그렇게 말씀하시죠?"

현자는 대답했다.

"아무리 엉망진창인 상황이라도 긍정적인 면은 있게 마련이니까요. 성공의 비결은 어떻게 고통과 쾌락을 잘 통제하느냐에 달려 있습니다. 만약 당신이 이를 해낸다면 인생을 장악할 것이요, 그러지 못한다면 인생에 휘둘릴 테지요."

갈증이 심한 상태에서 반 컵가량 남은 물을 발견했다고 가정해보자. 이때 당신은 어떻게 생각하고, 또 어떻게 행동할 것인가?

A : 아, 재수도 없지! 겨우 물을 찾았는데 고작 반 컵뿐이라니!

B : 잘됐다. 물이 반 컵이나 남아 있었네. 목을 축일 수 있겠어.

A를 선택하는 사람도, B를 선택하는 사람도 있을 것이다. 그런데 당신은 알고 있는가? 당신이 이 중 어떤 선택을 하느냐에 따라 다른 인생을 살게 된다는 사실을 말이다. '반 컵밖에 없어'라고 생각하는 사람은 항상 부정적인 생각이 앞서 불평불만으로 우울감에 시달리며 평생을 열등의식 속에서 살게 될 것이다. 반면 '반 컵이나 있네'라고 생각하는 사람은 삶의 소소한 즐거움과 행복을 느끼며 나름의 성공을 거두게 될 것이다.

똑같은 상황을 마주하고도 이렇게 다른 운명을 맞이할 수 있다는 사실은 확실히 곰곰이 생각해볼 만한 일이다. 왜 이 같은 차이가 나는지 당신은 그 이유를 아는가?

좋은 일에 기뻐하고, 나쁜 일에 힘겨워하는 것을 우리는 '감정'이라고 말한다. 여기서 말하는 좋은 일이란 무엇이고, 나쁜 일이란 또 무엇일까? 사실 좋은 일과 나쁜 일을 가르는 기준은 오롯이 한 개인에게 달려 있다. 즉, 어떠한 일을 바라보는 당신의 시선이 긍정적인지 부정적인지에 따라 좋은 일이 될 수도 나쁜 일이 될 수도 있다는 뜻이다.

'반 컵이나 있네'라고 생각하는 사람이 성공할 수밖에 없는 이유는 뭘까? 그 이유는 바로 그 사람이 낙관론자이기 때문이다. 그들은 '반

컵밖에 없네'라고 생각하는 비관론자와 달리 삶의 불행을 원망하거나 시련에 의기소침하지 않고, 오히려 능동적으로 자신을 다독여 좋은 면을 보려 한다. 또 삶에 대한 희망적이고 낙관적인 시선과 적극적인 태도가 어떤 힘을 가져다주는지를 알고, 좋은 방향으로 일을 이끌어 나간다.

긍정의 마인드를 가지면 비단 태도뿐만 아니라 언어와 행동 그리고 운명까지도 바뀌는데, 이러한 긍정적 마인드로 자아를 실현한 대표적인 예가 바로 하버드대 출신들이라 할 수 있다.

미국 전 대통령 프랭클린 델라노 루스벨트는 거상의 집안에서 태어나 18세에 하버드대에 입학했다. 졸업 후 뉴욕시 상원의원에 당선되어 정계에 입문한 그는 훗날 해군차관보로 임명되며 인생의 탄탄대로를 달렸다. 그러나 그의 탄탄대로에 브레이크가 걸린 시기가 있었으니 바로 그가 39세 때였다. 당시 그는 가족들과 함께 캄포벨로섬으로 휴가를 떠났다. 그런데 그는 차가운 바다에 뛰어들어 수영을 즐기다 척추성 소아마비를 앓게 되었다. 다시는 일어나 걷지 못할 것이라는 의사의 진단은 그에게 청천벽력이 아닐 수 없었다. 이 일로 그는 자살을 생각할 정도로 큰 상실감에 시달렸다. 그러던 어느 날, 그는 방구석에서 우연히 커다란 거미줄을 발견했다. 그리고 날개도 없는 거미가 공중에 매달려 거미줄을 치고 있는 모습을 본 그는 순간 큰 깨달음을 얻었다.

'두 발로 걸을 수 없다고 해서 아무것도 못하는 것은 아니지 않는가?'

그날부터 그는 재활 의지를 불태웠다.

"그래. 설령 다시는 일어서지 못하더라도 마음까지 위축되어서는 안 되지. 내 이상을 이대로 멈출 수는 없어. 계속해서 앞으로 나아가자."

루스벨트는 자신만만한 모습으로 정계에 복귀해 뉴욕주지사에 당선되었고, 훗날 대통령 선거에 출마했다. 미국 역사상 장애인이 대선에 출마한 적이 없었기에, 한 기자는 그에게 도발적으로 질문을 던졌다.

"불편한 몸으로 대통령의 그 많은 업무를 감당할 수 있을까요?"

이에 그는 대답했다.

"날개 없는 거미도 공중에 매달려 거미줄을 만들 수 있는데, 저라고 왜 대통령의 업무를 감당하지 못하겠습니까? 정치에 필요한 것은 몸이 아니라 머리입니다."

선거 당일, 그는 지팡이를 내려두고 비틀대는 걸음걸이로 꿋꿋하게 연단에 올라 낙관적이고 확고한 의지를 표명하며 그 자리에 있던 모든 사람에게 감동을 안겨주었다.

루스벨트가 대통령에 당선되었던 시기는 마침 경제공황이 미국을 강타해 미국 전역이 실업, 파산, 도산, 폭락 등에 몸살을 앓으며 고통과 절망에 빠져 있을 때였다. 하지만 그는 시종일관 낙관적인 태도를 잃지 않았으며, 항상 품위 있고 온화하며 자신감 있는 모습으로 대중 앞에 섰다.

"우리가 겪고 있는 고난은 그저 물질적인 부분일 뿐이며, 이 때문에 고통스러워할 필요는 없습니다. 저의 모든 일에는 좋은 면이 나쁜 면보다 훨씬 더 많으니까요."

이후 그는 놀라운 에너지로 '뉴딜정책'을 펼쳤다. 그의 주도 아래 수하의 각료와 고문들은 발 빠르게 정책을 실행했고, 이내 미국은 위기의 늪에서 벗어났다.

당신이 불행하다고 느꼈던 순간이 과연 루스벨트가 겪은 시련보다 더 절망적이고 고통스러웠다고 할 수 있겠는가? 자신의 감정을 다스리는 법을 배워라. 적극적인 긍정의 마인드를 가지고 이를 유지할 수 있다면 인생에 이보다 더 큰 힘이 되는 것은 없을 것이다.

실제로 한 사람이 성공을 거둘 수 있느냐 없느냐는 긍정적이고 적극적인 마음가짐에 달려 있다고 해도 과언이 아니다. 성공인사들을 살펴봐도 긍정의 힘이 얼마나 대단한지를 알 수 있다.

젊은 철학자가 있었다. 그는 몇몇 친구와 함께 아주 작은 방에서 생활했다. 환경이 열악함은 말할 것도 없고, 생활하기 역시 불편했지만 그는 하루하루가 즐거웠다. 그런 그에게 한 이웃이 물었다.

"그렇게 여러 사람이 복닥거리며 사는데 대체 뭐가 그렇게 즐거운 겁니까?"

이에 그는 대답했다.

"언제든 생각을 나누고 감정을 교류할 수 있는 친구들과 함께하니 어찌 즐겁지 않겠습니까?"

시간이 흘러 친구들이 하나둘 이사를 가면서 방에는 젊은 철학자 혼자만 남게 되었다. 그런데 그는 여전히 즐겁게 생활했다. 그때 이웃이 또 물었다.

"외톨이처럼 홀로 남았는데 뭐가 그리 즐겁습니까?"

"혼자 있어 조용하니 독서에 집중하기에는 그만 아닙니까? 그러니 즐거울 수밖에요."

몇 년 후, 그는 7층짜리 건물의 1층으로 이사를 갔다. 1층에서의 생활환경은 열악했다. 위층 사람들이 틈만 나면 구정물이며, 다 떨어진 신발에 냄새나는 양말 등 온갖 잡동사니를 버렸기 때문이다. 하지만 그는 이에 상관없이 늘 즐거워했다. 그 이웃은 또다시 젊은 철학자에게 즐거운 이유를 물었다.

"1층에 살면 출입도 간편하고, 공터에 꽃을 심을 수도 있지요. 이렇게 소소한 즐거움이 셀 수 없을 만큼 많답니다!"

1년이 지나고 7층에 살던 노인이 반신불수가 되어 계단을 오르내리기 불편해지자 젊은 철학자는 1층을 노인에게 양보하고 7층으로 이사했다. 그런데도 그의 하루하루는 여전히 즐거움으로 가득했다. 이 모습을 본 이웃은 조롱하듯 그에게 물었다.

"7층에 살아도 좋은 점이 많은가 보죠?"

그가 말했다.

"그럼요! 더 이상 위층에서 방해할 사람이 없으니 밤낮으로 조용하고, 매일 계단을 오르내리니 건강에도 도움이 되질 않습니까? 빛이 잘 들어 책을 보고 글을 쓸 때도 눈의 피로감이 훨씬 덜하고요……."

"처한 환경이 썩 좋지도 않은데, 어떻게 그리 항상 즐거운 겁니까?"

이웃이 따져 묻자 그는 대답했다.

"제가 다른 사람은 통제할 수 없어도 제 자신은 얼마든지 다스릴 수 있고, 날씨를 제 손으로 어떻게 해볼 도리는 없지만 기분은 얼마든지 바꿀 수 있으니까요."

행복한 인생을 살지 불행한 인생을 살지는, 일과 사물을 대하는 당신의 마음가짐에 달려 있다. 삶이 우울하고 실망스럽고 고통스럽다면 이는 당신의 비관적인 마음가짐 때문이다. 그러니 조금씩 변화하는 법을 배워라. 긍정의 마인드로 문제를 바라보면 자연스레 고통의 무게가 덜어지고 조금씩 기분도 좋아져 행복하고 성공적인 삶을 향해 나아갈 수 있다.

모든 일이
'신의 한 수'임을 믿어라

"온 세상이 다 내 적인 걸까요? 순조롭게 되는 일이 하나도 없어요."
한 사람이 불만을 터뜨리자 에디슨이 말했다.
"참 비논리적이고 자기중심적인 생각이네요. 생각에 따라 똑같은 세
상이 지옥이 될 수도, 천국이 될 수도 있답니다."

일이 순조롭게 풀리지 않는다고 낙담하고, 내 뜻 같지 않다고 하늘
을 원망하는가? 때로는 세상에서 가장 불행하고 가장 불쌍한 사람이
나라고 여겨지는가? 아마도 많은 사람에게 이러한 순간이 있었으리라.
그렇다면 낙담하고 원망한 결과는 어땠는지 생각해보라. 자주 실망감
과 불안함, 초조함에 사로잡혀 삶에 희망이 없는 것처럼 느껴지지 않
던가?

만약 그렇다면 당신은 샤하르의 행복에 관한 강연을 들어볼 필요가 있다. 앞에서도 언급했지만 하버드대의 교수이자 미국 전역에서 가장 비싼 강의료를 받는 '행복전도사' 탈 벤 샤하르는 항상 말한다.

"우리 주변에서 일어나는 많은 일은 우리의 힘으로는 어쩔 수 없는 불가항력의 것들이 대부분입니다. 하지만 그 모든 일이 일어나는 데에는 나름의 긍정적인 의미가 있지요. 따라서 삶에 혼란스러워할 필요도, 아등바등할 필요도, 절망할 필요도 없습니다. 마음을 차분히 가라앉혀보세요. 그러면 곧 행복해질 겁니다."

옛날 중국 북부 국경 지방에 한 노인이 살고 있었다. 어느 날 그가 기르던 말이 국경을 넘어 오랑캐들의 땅으로 달아났다. 이에 이웃들이 위로의 말을 전하자 노인은 말했다.

"괜찮습니다. 이 일이 복이 될지 누가 압니까?"

그로부터 몇 달 후, 도망쳤던 말이 오랑캐의 준마 한 필과 함께 돌아왔다. 이웃들은 이를 축하했지만 노인은 기쁜 내색 없이 말했다.

"저는 좋은 일인 줄 모르겠네요. 이게 화가 될지 누가 압니까?"

아니나 다를까 평소 말 타기를 좋아하던 노인의 아들이 말을 타다 낙마하여 그만 다리가 부러지고 말았다. 이웃들은 이번에도 노인을 찾아와 위로했지만 노인은 말했다.

"저는 걱정 안 합니다. 이게 복이 될지도 모르니까요."

다시 1년이 지나고, 북방 오랑캐의 침략으로 나라에서는 징집령을 내려 신체 건장한 젊은이들을 모두 전장에 내보냈다. 그러나 노인의 아들은 다리가 부러진 탓에 징집 대상에서 제외되었고 결국 부자는 목숨을 보전할 수 있었다.

세상에는 절대적으로 좋은 일도, 나쁘기만 한 일도 없다. 나쁜 일이 좋은 결과를 불러오기도 하고, 좋은 일이 생기면 안 좋은 일이 따라오기도 한다. 한마디로 좋은 일과 나쁜 일은 일정한 조건 또는 상황 속에서 서로 돌고 돌며 나타난다. 물론 급작스레 변고를 당한다거나 곤경에 빠지는 것은 분명 '화(禍)'다. 하지만 이러한 '화'가 '복(福)'이 될 수 없다고는 그 누구도 장담할 수 없다.

그러니 각종 변수와 마주했다면 담담함을 잃지 말고 긍정적이고 적극적인 태도로 문제에 맞서라. 당장은 상황을 받아들이기 어려울지 몰라도 긍정의 마인드로 눈앞에 벌어진 일을 '좋은 일'로 가정해 실망감, 불안감, 초조함 등을 이겨내면, 당신이 마주한 모든 일이 사실은 '신의 한 수'였음을 발견하게 될 것이다.

'눈앞에 벌어진 나쁜 일을 좋은 일로 가정하라니 이건 또 무슨 터무니없는 소린가?' 싶을 수도 있다. 하지만 정말 효과적인 방법이니 속는 셈치고 한번 시도해보라.

해병대에 입대하라는 통보를 받은 푸트라. 그는 훈련 강도도 높고 위험하기로 소문난 해병대에 입대해야 한다는 생각에 제대로 먹지도, 자지도 못할 만큼 극도의 긴장감에 휩싸였다. 이러한 그의 모습을 본 아버지가 말했다.

"아들아, 걱정할 것 없어. 해병대에서는 내근직과 외근직으로 보직이 나뉘거든. 네가 만약 내근직에 배치가 된다면 지금의 걱정이 무색할 만큼 쉽고 편한 일들이 주어질 거야."

아버지의 말은 그러나 그에게 조금도 위로가 되지 않았다.

"어느 보직을 맡는지는 제 스스로 선택할 수 있는 게 아니잖아요. 만약 외근직에 배치되면요? 외근직은 작전도 수행해야 하고 자대환경도 열악하다고요."

그의 푸념에 아버지가 웃으며 말했다.

"그것도 별것 아니야. 외근직에 배치되더라도 너에게는 아직 두 가지의 옵션이 있거든. 하나는 미국 본토에 남는 것, 다른 하나는 해외 기지에 파병되는 것이지. 이 중 국내 기지에 배치되면 집에서 지내는 것과 별다를 게 없을 텐데 뭐가 걱정이니?"

그러자 그가 물었다.

"제가 해외 기지로 파견될 수도 있잖아요?"

"그래도 네게는 아직 기회가 있지. 첫째, 평화롭고 우호적인 나라로 파견되는 것. 둘째, 평화롭지도 우호적이지도 않은 나라에 파견되는 것! 전자의 경우는 무력 충돌이 발생할 확률이 거의 0퍼센트에 가까우니 행여 그곳에 파견되더라도 아무 일도 일어나지 않을 거야."

그는 여전히 불만을 터뜨리며 물었다.

"제가 전쟁 지역에 가야 하는 거면요? 그러면 전선에 나가야 할 텐데, 만에 하나 재수가 없어서 중상을 입고 손을 쓸 수 없는 상황이 되면, 그럼 전 끝이잖아요?"

아버지는 그의 말을 듣고 껄껄 웃으며 말했다.

"그럼 문제는 더 간단해지겠지. 네가 죽었는데 더 걱정할 게 뭐가 있겠니? 그리고 만약 네가 정말로 전사한다면 넌 나라의 영웅이 되어 많은 사람의 칭송을 받게 될 거야. 이런 명예는 아무나 가질 수 있는 것이 아니란다."

그 순간 생각이 트인 그는 자신감과 희망을 가득 안고 해병대에 입대했다. 그는 먼저 외근직에 배치되었다가 다시 전쟁 지역으로 파병되었다. 그는 이러한 조직의 결정에도 별일 아니라고 굳게 믿으며 기꺼이 명령을 받아들였다. 더 이상 걱정 때문에 제대로 먹지도 잠을 자지도 못하는 일은 없었다. 그 결과 그는 훌륭한 복무 태도를 인정받아 사관학교의 군관으로 진급했다.

이제는 어떠한 일과 마주하든, 그 일이 좋은 일이든 나쁜 일이든 그리 대단할 게 없다는 사실을 그도 잘 알고 있다.

인생무상이요, '인간만사 새옹지마(人間萬事 塞翁之馬)'이다. 그러니 당신도 지금 처한 상황이 좋지 않다고 해서 이에 비관하거나 두려워할 필요는 없다.

좋은 면을 기꺼이 받아들이는 것처럼 나쁜 면도 기꺼이 받아들여라. '행과 불행은 번갈아 온다(Good luck alternates with misfortune)'는 말처럼 언젠가 당신의 인생에도 변화의 바람이 불지 모른다.

그리스 철학자 제노는 원래 철학자라기보다는 장사꾼에 가까운 인물이었다. 자신이 가진 화물선으로 많은 수입을 벌어들이며 풍족한 생활을 했기 때문이다. 그런데 훗날 그의 화물선이 항해 중 폭풍우를 만나 바다에 침몰할 줄 누가 알았겠는가! 사고 소식이 전해졌을 때, 그는 조금도 슬퍼하거나 절망한 기색을 내비치지 않았다. 그는 오히려 크게 한숨을 돌리며 이렇게 말했다.

"운명의 신께 감사합니다. 당신 덕분에 앞으로 저는 오로지 철학자로서의 삶을 살 수 있게 되었군요."

그로부터 철학 연구에 매진한 결과 그는 대철학자가 되었다.

연꽃에게 진흙탕은 결코 저주가 아닌 축복이요, 나비에게 누에고치는 장애물이 아닌 보조 장치이다. 그러니 인생에서 어떠한 처지에 놓이든 믿음을 잃지 말고 힘을 내라. 그러면 언젠가 "역시! 모든 일이 신의 한 수였어!"라고 감탄할 날이 올 것이다. 물론 매사 실망감과 불안감, 초조함 등에 사로잡혀 삶에 대한 믿음을 잃는다면 당신은 점점 더 불행해질 것이다.

기억하라! 선택권은 오롯이 당신의 손에 달려 있음을! 운명은 당신의 손안에 있다.

원칙을 가지고
인내하라

해변에 두 종류의 블루 크랩이 있었다. 한 종은 충동적이고 승부욕이 강해 항상 주변의 블루 크랩과 충돌을 일으켰다. 그러나 다른 한 종은 참을성이 많아 어떠한 도발이 있든 마치 죽은 것처럼 모래사장에 누워 상대가 이리저리 날뛰는 동안에도 꼼짝하지 않았다.

세월이 흐른 후, 사람들은 난폭한 블루 크랩은 동종 간의 충돌과 싸움으로 개체수가 점점 줄어들어 멸종 위기에 놓인 반면, 항상 몸을 숨겨 정면 충돌을 피하던 블루 크랩은 멸종 위기를 맞기는커녕 더 왕성하게 번식하고 있음을 발견했다.

블루 크랩 이야기에서 당신은 무엇을 느꼈는가? 자연계의 '적자생존' 현상을 담은 이 이야기는 작은 일을 참지 못하면 큰일을 그르칠 수도 있음을 알려준다. 만약 우리가 사소한 일에 승부욕을 불태우며 충동적으로 일을 처리한다면, 난폭한 블루 크랩처럼 다른 사람과 싸움을 벌이다 결국 참패하고 말 것이다.

하버드대의 정치철학 교수 마이클 샌델은 말했다.

"사람이 사회생활을 하려면 '인내'가 참으로 중요합니다. 인내심이 없다면 아마도 우리의 삶은 끊임없는 보복과 원한으로 얼룩지겠죠."

이것이 바로 우리가 충동을 제어하고 자신의 행동을 다스릴 적당한 '인내'를 배워야 하는 이유다. 인내하는 법을 배우면 불필요한 손해를 피하고 생각지 못한 이익도 얻을 수 있다.

미국 제25대 대통령 윌리엄 매킨리는 한때 인사 문제로 의원들의 반대에 부딪힌 적이 있었다. 한번은 국회의회에서 한 의원이 공개적으로 폭언을 쏟아내며 그를 맹비난하기도 했다. 직권을 이용해 얼마든지 말을 막을 수 있는 상황이었지만 매킨리는 상대의 이 같은 무례한 행동에도 그저 침묵했다. 상대의 말이 모두 끝나자 그는 그제야 온화한 말투로 말했다.

"이제 화가 좀 가라앉았습니까? 원칙적으로라면 당신은 저를 문책할 권리가 없습니다. 하지만 기꺼이 설명을 해드리지요."

매킨리의 반응에 그 의원은 순간 부끄러워 얼굴이 화끈거렸다. 흥분을 가라앉히고 매킨리의 설명을 모두 들은 그 의원은 그제야 자신의 생각이 너무 극단적이었으며, 대통령의 결정이 적절했음을 깨달았다. 일촉즉발의 상황까지 연출했던 두 사람의 갈등은 일단락되었고, 그 의원은 매킨리를 마음속 깊이 존경하며 훗날 매킨리의 든든한 조력자가 되었다.

매킨리는 한 발 물러서는 방법으로 의원과의 갈등을 완화했고, 더 나아가 자신을 비난하던 상대를 진심으로 탄복시켜 자신의 지원군으로 돌려놓았다. 당시 매킨리가 그의 직위와 이론적 우위를 앞세워 감정적으로 반박에 나섰다면 어땠을까? 아무리 이치에 맞는 말이라도 먹히지 않았을 테고, 상대의 진심 어린 존경을 받는 일은 더더욱 불가능했을 것이다.

'인내'는 나약함과 무능함의 표현이 아니라 긍정적 마인드의 일종이요, 너그럽고 속 깊은 마음씨이자 강력한 힘이다. 사람들은 흔히 '인내[忍]는 가슴에 칼[刀]을 얹는 일'이라고 말한다. 잠깐의 화를 참아내는 일도 그만큼 아프다는 뜻이다. 하지만 그 찰나의 순간에 자아를 다스려 나를 위해 그리고 타인을 위해 생각할 여지를 남길 수 있다면 일시적인 아픔을 참아낼 가치는 충분하지 않은가?

순간의 화를 참지 못하고 내키는 대로 감정을 분출하는 사람은 분명 큰일을 할 그릇이 못 된다. 그러나 자제와 인내를 배워 자신의 감정을 다스리고 평정심을 유지할 수 있다면 일상생활 및 직장생활을 평탄하게 해나갈 수 있음은 물론, 성공을 거두는 날까지 조금씩 자신을 발전시킬 수 있을 것이다.

마크는 지극히 평범한 농부다. 그에게는 희한한 습관이 하나 있는데, 바로 다른 사람과 언쟁을 벌여 극도로 화가 날 때면 자신의 집과 땅 주변을 몇 바퀴씩 도는 것이었다.

"화가 날 때 왜 달리기를 하는 거죠?"

그를 아는 사람들은 모두 의아해했지만 그는 그저 웃어넘길 뿐 대답하지 않았다. 한편 인간관계도 좋은 편이고, 성실한 데다 능력까지 좋아 마크의 땅과 집은 날이 갈수록 넓어졌다.

어느 덧 그는 할아버지가 되었지만, 화가 날 때면 그는 여전히 지팡이를 들고 자신의 집과 땅 주변을 돌았다. 힘겹게 몇 바퀴를 돌고 나면 그는 가쁜 숨을 몰아쉬느라 정신이 없었다. 그의 손자는 이런 할아버지를 걱정하며 간곡하게 말했다.

"할아버지, 이제 연세도 생각하셔야죠. 화가 날 때마다 집과 땅 주변을 도는 일은 이제 그만하세요. 그런데 할아버지는 왜 화가 나면 집과 땅 주변을 도시는 거예요?"

손자의 애걸복걸에 못 이겨 그는 드디어 비밀을 털어놓았다.

"젊었을 때, 다른 사람과 언쟁을 벌이거나 싸움을 하거나 화가 나는 일이 생기면 나는 집과 땅 주변을 몇 바퀴씩 뛰었단다. '내 집이 이렇게 작고 내 땅이 이렇게 좁은데, 화내고 있을 시간이 어디 있나?'라는 생각을 하면서 말이야. 그렇게 달리기를 마치고 나면 화도 누그러져서 모든 시간과 에너지를 온전히 일에 집중할 수 있었단다. 그런데 이제는 집과 땅 주변을 돌면서 이런 생각을 한단다. '내 집이 이렇게 크고 땅도 이렇게나 넓은데, 다른 사람들과 승강이를 벌일 필요가 뭐가 있나?'라고 말이야. 그러다 보면 언제 그랬냐는 듯 화가 풀어진단다."

순간의 화를 참으면 혼란이 잦아들고 평안이 찾아오며, 어리석음이 사라지고 지혜가 한 뼘 성장한다.

사실 조금만 관심을 기울이면, 사람들의 존경을 한 몸에 받으며 영향력을 행사하는 사람들은 타인과의 언쟁으로 얼굴을 붉히는 일이 좀처럼 없음을 알 수 있다. 상대가 악담을 해도 그들은 이에 팽팽히 대립하는 대신 자신의 감정과 마음가짐을 다스려 평화롭게 문제를 해결한다. 바로 이러한 점 때문에 그들은 사람들에게 진심 어린 인정을 받고, 더 훌륭한 자아를 만들 수 있었다.

물론 인내에도 한계와 원칙이 있어야 한다. 그러니 마땅히 참아야 할 일과 참지 말아야 할 일 사이의 적정선에서 현명하게 줄타기를 하라.

긴장을 떨치고
'에몬스 징크스'에서 벗어나라

한 실험 결과에 따르면 바늘귀에 실을 꿰려고 정신을 집중할수록, 그리고 더 빨리 꿰려고 서두를수록 손이 떨려 실을 꿰기가 어려운 것으로 나타났다. 반면, 이런저런 방법을 모색하면서 마음을 편안하게 먹으니 실은 생각보다 훨씬 쉽게 바늘귀를 통과했다. 이처럼 마음을 먹고 무언가를 하려 할 때 갑자기 긴장되고 손이 떨리는 현상을 '목적성 떨림'이라고 한다.

∽

시험 혹은 면접을 볼 때 당신은 쉽게 긴장하는 편인가? 긴장은 누구나가 경험하는 감정으로 우리의 반응을 가속화하고 동작을 민첩하게 만들어 일 처리의 효율을 높이는 역할을 한다. 하지만 많이 긴장할수록 좋다고는 말할 수 없다. 지나친 긴장 상태에 있을 때 우리의 사고회로는 큰 간섭을 받고, 심지어 자기 자신을 제어하기 어려워지기도 하는데, 그러다 보면 평소답지 않은 행동들이 나오기 때문이다.

'에몬스 징크스'라는 말을 들어본 적 있는가?

2004년 8월 22일, 아테네 마르코폴로 사격장에서 50미터 소총 3자세 결선이 치러졌다. 당시 사람들이 보기에 금메달의 주인은 거의 확실한 듯했다. 미국 대표선수 매튜 에몬스가 줄곧 선두를 달리고 있었기 때문이다. 그가 마지막 한 발을 1점에만 맞혀도 우승은 그의 차지였는데, 이는 사격 명수인 그에게 손바닥 뒤집기만큼이나 쉬운 일이었다. 그런데 그가 총을 들어 조준을 하고 발사한 순간, 경기장과 TV 앞에 있던 관중은 모두 놀라 입이 떡 벌어지고 말았다. 그의 마지막 한 발이 옆에 있던 3번 선수의 과녁을 관통한 것이다. 결국 그의 마지막 한 발은 0점 처리가 되었고, 그는 눈앞에서 금메달을 놓치고 말았다. 그러나 그의 비극은 여기서 끝이 아니었다.

2008년 8월 17일, 베이징 올림픽 50미터 소총 3자세 결선에서도 에몬스는 선두를 달리고 있었다. 2위와 약 4점 차이였기 때문에 그가 마지막 한 발을 6.7점만 맞혀도 우승은 그의 차지였다. 하지만 그를 포함한 모든 사람의 예상을 깨고 그의 마지막 한 발은 4.4점을 기록했다. 이 한 발로 1위에서 4위로 전락한 그는 또 한 번 눈앞에서 금메달을 놓치는 아픔을 맛보았다. 같은 종목의 같은 상황에서 똑같은 결과가 나오자 해설자는 유감스럽다는 듯 말했다.

"때로는 놀라울 만큼 비슷한 역사가 존재하기도 하지요."

에몬스가 올림픽 결선에서 연이은 실수를 하게 된 이유는 무엇일까? 사실 조금만 생각해보면 금방 그 답을 알 수 있다. 바로 지나친 긴장감 때문이었다. 금메달을 향한 강한 열망으로 너무 긴장하는 바람에 자신의 평균 기량도 발휘하지 못하고 성공의 문턱에서 좌절하고 만 것이다. 심리학 전문가들은 이를 가리켜 '에몬스 징크스'라고 말하는데, 성공을 향한 지나친 갈망으로 긴장감이 생겨 중요한 순간에 실수를 저지름을 뜻한다.

당신에게도 '에몬스 징크스'가 나타난 적 있는가? 예를 들어 시험을 보다 예전에 틀렸던 문제를 발견하고 반드시 정답을 맞히겠다고 생각했지만 결국 예전과 똑같은 실수를 저질렀다든지, 무대에 오르기 전 분명 열심히 대사를 외웠는데 무대에 오르자마자 새까맣게 잊어버렸다든지, 고객과 중요한 계약을 앞두고 실수 없이 일을 처리하려 했지만 신경을 쓸수록 실수를 연발했다든지 하는 경험 말이다.

하버드대에서는 성공을 가로막는 가장 큰 장애물이 바로 '결과에 대한 사서 걱정'이라고 말한다.

"잘 못할까 봐, 다른 사람에게 웃음거리가 될까 봐 걱정하는 마음이 우리의 성공을 가로막습니다. 즉, 성공하고 싶다면 침착하고 차분한 마음가짐을 유지할 필요가 있지요. 변화에도 놀라지 않고 침착함을 유지하면 더 이상 긴장감에 사로잡힐 일이 없음을 명심하십시오. 급진적이지도 태만하지도 않은 태도로 차근차근 단계를 밟아간다면 분명 그에 따른 성과가 따라올 것입니다."

그렇다면 어떻게 과도한 긴장감을 예방하고 또 극복할 수 있을까?

방법은 간단하다. '에몬스 징크스'가 발생할 것 같다면 성공에 대한 지나친 갈망을 거두고, 초조함과 긴장감을 풀어 눈앞에 놓인 상황에만 집중하면 된다. 영국의 유명 물리학자 겸 연설가 마이클 패러데이가 그랬던 것처럼 말이다.

당초 마이클 패러데이의 강연은 그리 성공적이지 못했다. 오히려 엉망이라고 말할 수 있을 정도였다. 연단에만 오르면 긴장감과 불안감이 엄습해 할 말을 잊어버리는가 하면 혀가 꼬이기 일쑤라 그는 항상 얼굴이 홍당무가 된 채 연단에서 내려와야 했다. 온 마음을 다해 훌륭한 연설가가 되길 바랐던 게 오히려 독이 된 셈이었다. 당시 그는 오로지 어떻게 하면 청중의 갈채를 받을 수 있을까, 하는 생각뿐이었고, 청중에게 깊은 인상을 심어주려면 절대 실수해서는 안 된다는 강박이 있었다. 그런 탓에 긴장감은 더욱 커졌고, 커진 긴장감의 크기만큼 실수도 잦았던 것이다.

훗날 자신을 바꾸기로 결심한 그는 자신을 다독이며 말했다.

"긴장할 것 없어. 나는 강연을 하러 온 거야. 청중에게 진리를 알리러 온 거라고. 단지 청중이 내 관점을 받아들인다면 난 목적을 달성한 거야."

그러고는 덧붙여 말했다.

"그들은 아무것도 몰라."

그의 이 말은 청중을 무시하는 뜻이 아니라 청중이 자신의 실수나 문제점을 알아낼까 걱정할 필요가 없다는 의미였다. 강연을 하다 혹시 막히는 부분이 있더라도 안심하고 강연을 이어가라는 나름의 격려였던 셈이다.

이러한 마음가짐으로 그는 온전히 강연에만 정신을 집중했다. 청중의 반응에 신경 쓸 겨를이 없으니 편안하게 마음속의 부담과 긴장도 덜어낼 수 있었다. 연단에 선 그는 매우 자연스럽게 강연을 시작했고, 자연스럽게 청중과 눈빛도 교환했다. 마치 친구와 수다를 떨듯 했더니 그 결과는 대성공이었다. 그 후, 사람들이 그에게 성공적인 강연 비법을 물을 때면, 그는 웃으며 대답했다.

"자신을 충분히 보여주면 됩니다. 복잡하게 생각할 필요도 지나치게 긴장할 필요도 없습니다. 그냥 완전히 자신의 마음을 여는 것만으로도 충분히 좋은 강연을 할 수 있습니다."

성공한 연설가가 되겠다는 간절한 마음 때문에 지나치게 긴장한 나머지 자신의 진짜 실력조차도 제대로 발휘하지 못했던 마이클 패러데이는 마음을 가다듬어 긴장감을 덜어내는 데 성공했고, 그렇게 '에몬스 징크스'를 넘어서 자아를 실현했다.

당신이 성공하지 못하는 이유는 무엇인가? 혹시 과도한 긴장감이 당신의 발목을 붙잡고 있지는 않은가?

만약 그렇다면 어떻게 해야 긴장감을 떨쳐낼 수 있을까? 먼저 편안한 마음을 가져라. 마음을 가다듬어 자신의 장점을 찾아내고, 신념을 세워라. 다른 일로 집중력을 분산시켜 긴장감을 완화하는 것도 한 방법이다. 예를 들어 거울을 마주 보고 큰 소리로 '긴장하지 말자. 뭐든 잘 할 수 있어'라고 말해보거나 친구들과 모여 담소를 나누고, 간단한 몸 풀기 동작을 취하는 것도 긴장 완화에 도움이 된다.

하버드대 와이드너 도서관. 성공적인 교육의 명당이자 관광의 명소이다.
하버드대에는 90개 이상의 도서관이 있다.

하버드대 메모리얼 홀 / 샌더스 극장.
마이클 샌델 교수의 강의가 인기를 끌자 샌델 강당으로 명명하였다.

How
should
We Live?

잠자고 있는 잠재력을 끌어내라

인생에서 아무리 큰 실패를 했더라도 당신은 빈털터리가 아니다. 당신에게는 아직 자아를 실현할 가장 큰 밑천, 바로 무한한 잠재력이 있기 때문이다! 하버드대 출신 성공인사들이 평범함을 벗고 남다른 길을 걸을 수 있었던 이유는 단지 그들의 운이 좋아서가 아니라 그들이 자신의 잠재력을 중요시하고 이를 통해 자기 자신을 넘어섰기 때문이다.

스스로 정한
한계의 꼬리표를 떼라

과학자가 벼룩 한 마리로 실험을 했다.

벼룩을 책상 위에 올려놓고 책상을 내리칠 때마다 벼룩이 뛰어오르는 높이를 쟀더니 그 높이가 벼룩 몸길이의 100배 이상이었다. 다음으로 과학자는 벼룩을 뚜껑이 달린 병 안에 넣었다. 벼룩은 뛰고 또 뛰어 병을 벗어나려고 했지만 뚜껑이 달린 병을 벗어날 수 없었다. 그러나 벼룩은 포기하지 않고 계속해서 뛰었다. 30분 후, 병에서 벼룩을 꺼내 다시 책상에 올려놓았다. 벼룩은 여전히 뛰기를 반복했지만 그 최고 높이가 병뚜껑이 있던 위치를 벗어나지 못했다.

벼룩이 높이 뛰지 못하게 된 이유는 무엇일까? 기존의 점프력을 잃었기 때문일까? 절대 아니다. 병의 높이가 벼룩의 잠재의식에 영향을 주어 벼룩 스스로 점프 높이를 조절한 결과다. 즉, 스스로 한계를 정해 더 높이 뛰어오르지 못한 것이다. 움직이고자 하는 욕망과 잠재력이 자기 자신에 의해 말살되는 것! 과학자는 이러한 현상을 '자기불구화(Self-handicapping)'라고 정의했다.

자기불구화란 얼마나 무서운 일인가! 그런데 이 현상은 생각보다 많은 사람에게서 찾아볼 수 있다.

'나는 부끄러움이 많아.'

'나는 게을러.'

'나는 기억력이 나빠.'

'나는 사교적이지 못해.'

'나는 너무 덜렁대.'

'나는 잘 긴장해.'

'나는 천성이 이래.'

사람들은 이처럼 부정적이고 진취적이지 못한 '꼬리표'로 자기 자신을 정의하곤 하는데, 이러한 자기불구화는 우리 안에 잠자고 있는 무한한 잠재력을 억눌러 스스로를 지극히 평범한 사람으로 전락시킨다.

업계 모임을 앞둔 한 젊은이가 있었다. 꼭 참석해야 하는 자리였지만 평소 스스로 사교적이지 못하다고 생각하던 그는 모임에 참석하는 것이 썩 내키지 않았다. 그가 스스로 사교적이지 못하다고 생각하는 건 어쩌면 성격 문제일 수도 있고, 그의 지난 경험에서 비롯된 결론일 수도 있지만 중요한 건 그게 아니다.

자, 그럼 모임에 참석한 그의 모습을 살펴보자. 모임 장소에는 사람들이 삼삼오오 모여 한창 이야기꽃을 피우고 있었다. 그는 이 모습을 보고 '나도 이야기에 참여해야지. 업계 사람들과 친분이 생기면 좋은 점이 많을 거야'라고 생각했다. 하지만 그가 말을 떼 사람들을 향해 가려는 순간, '아니야. 난 못할 거야!'라는 생각이 그의 뇌리를 스쳤다. 이내 '왜 못한다고 생각해?'라고 자문했지만 그는 곧 답을 찾았다.

'그래. 난 사교적이지 않잖아!'

그는 자신이 사교적인 사람이 아니라는 인식을 더욱 굳건히 했다.

자기불구화란 바로 이런 것이다. 자신의 능력을 펼치려는 순간 불현듯 자신이 만든 '꼬리표'가 머리를 스쳐 바짝 움츠러들게 만든다. 무슨 일을 할 때 자신의 실력을 십분 발휘하지 못했다면 그런 경험들이 쌓이고 쌓여 결국 악순환이 되고, 성공과도 점점 멀어지게 된다. 이는 다른 사람이 1년의 시간을 투자해 완수할 수 있는 일을 당신은 5년을 투자해야 할지도 모른다는 의미다. 많은 사람이 부질없이 바쁘게만 시간을 보내다 결국 평범한 일생을 보내는 이유도 바로 이것이다.

현재의 상황을 바꾸고 싶다면 먼저 자신부터 돌아볼 필요가 있다. 스스로 설정해놓은 한계의 '꼬리표'를 떼어내고, 자신 또는 다른 사람들이 만들어놓은 틀에서 벗어나라. 그다음 한계를 생각하지 말고 끊임없이 자신에게 도전하라. 이때, 불가능할 거라는 생각은 접어라. 모든 사람은 잠재력이라는 보물을 지니고 있지 않은가! 이 보물을 발굴한다면 자신도 깜짝 놀랄 만한 힘을 발견하게 될 것임을 잊지 마라.

사람의 잠재력에 대해 에디슨은 이런 말을 했다.

"사람이 감추고 있는 잠재력은 무궁무진합니다. 한 사람이 어떤 일을 감당할 수 있을지는 아무도 모르지요. 직접 시도해보지 않으면 자신이 어떤 능력을 얼마만큼 가졌는지 영원히 모르고 살아갈 수밖에 없습니다. 기억하십시오. 나를 부정할 수 있는 사람은 아무도 없습니다. 그러니 자기 자신을 믿으십시오. 그러면 극복하지 못할 일이 없습니다. '난 못해, 안 돼, 방법이 없어, 안 통해, 절망적이야'라고 말하며 뒷걸음치지 마십시오."

하버드 음대에 아주 유명한 피아니스트가 새 지도교수로 부임했다. 피아니스트가 꿈이었던 한 학생은 수업 후 항상 교수를 찾아가 별도의 지도를 청했고, 3개월 동안 개별 레슨을 받기로 했다. 레슨이 있던 첫 날, 교수는 학생에게 악보 하나를 건네며 말했다.

"난이도가 좀 있는 악보인데, 일단 한번 쳐보게."

역시나 학생은 버벅거리며 연주를 마쳤다.

"확실히 아직 숙련이 안 됐군. 일주일의 시간을 줄 테니 가서 잘 연습해 와. 일주일 후에 다시 보자고."

학생은 교수의 칭찬을 듣고 싶다는 간절한 마음으로 열심히 연습에 임했다. 일주일 후, 학생은 자신만만하게 교수를 찾아갔다. 그런데 교수는 지난 레슨 과제 얘기는 꺼내지도 않고 그에게 새로운 악보를 건네는 것 아닌가?

"이 곡을 연습해오게. 이 주의 시간을 주지."

악보를 살펴본 학생은 불안함에 마음이 무거워졌다. 지난 번 악보보다 훨씬 어려운 곡이었기 때문이다. 하지만 학생은 이내 정신을 차리고 피아노 앞에 앉아 자신의 열 손가락을 부지런히 움직였다.

2주가 지나고 어느 정도 곡을 손에 익힌 학생은 교수를 찾아갔다. 그런데 학생이 피아노실에 도착했을 때 교수는 없었다. 그저 다른 악보 하나가 덩그러니 놓여 있을 뿐이었다. 악보를 살펴본 학생은 손을 떨며 혼자 읊조렸다.

"망했다. 이 악보는 읽지도 못하겠어. 너무 어려워."

피아노 연주에 대한 자신감이 바닥으로 떨어지는 듯했다. 그는 교수가 왜 이런 방법으로 자신을 골탕 먹이는지 이해할 수 없었다. 교수가 들어오자 학생은 참지 못하고 교수에게 항의하기 시작했다. 교수는 아무 말도 하지 않고 흔들림 없는 눈빛으로 학생을 바라보며 말했다.

"연주를 시작하지!"

화가 난 학생은 씩씩거리며 악보를 펼치고는 미친 듯이 연주를 시작했다. 순간 학생 스스로도 믿을 수 없는 일이 일어났다. 그가 그렇게 어렵다고 생각했던 곡을 자신이 아주 아름답고 섬세하게 연주할 수 있었던 것이다!

연주를 마친 학생은 아무 말도 하지 못했다. 교수가 입을 뗐다.

"만약 내가 자네의 바람대로 간단한 곡만 연주하게 했다면 자네는 이런 수준에 도달하지 못했을 거야."

사람은 항상 습관적으로 자신을 평가해 어떠한 일을 시작하기도 전에 미리 선을 긋는다. 하지만 우리가 자기 자신을 돌아보길 원한다면, 그래서 천천히 지난날을 살펴본다면, 자신의 한계를 초과하는 도전과 끝없이 어려워지는 요구들이 알게 모르게 자신의 많은 능력을 키워주고 있었음을 발견할 것이다.

자신의 한계를 넘어서는 일은 우리 모두에게 매우 중요한 일이다. 성공할 수 있느냐 없느냐, 얼마나 큰 성공을 거둘 수 있느냐 하는 문제의 답은 굳이 결과를 기다리지 않고도 얼마든지 알 수 있다. 어떠한 일을 시작할 때 문제를 대하는 사고가 바로 그 답이기 때문이다.

하버드대 출신들처럼 남다른 인생을 꿈꾸는가? 그렇다면 '내가 성공할 수 있을까?' 혹은 '한 번도 해본 적이 없는데'라는 생각을 할 게 아니라 지금 당장 자신이 만들어놓은 틀부터 깨라. 자신이 만든 틀을 깨고 자신이 그어놓은 선을 용감히 뛰어넘어 마음속의 무궁무진한 잠재력을 일깨우면 당신은 반드시 성공을 거머쥘 것이다. 명심하라! 우리는 누구나 무한한 잠재력을 지니고 있고, 용기 있게 도전하는 사람만이 더 뛰어난 나로 발전할 수 있다.

성공보다 중요한
성장

당신의 성공을 가로막는 사람이 있을 수는 있어도 당신의 성장을 저지할 사람은 없다. 즉, 평생 동안 성공하지 못한 핑계는 있어도, 성장하지 못한 핑계는 있을 수 없다.

본격적으로 이야기하기에 앞서 질문을 하나 하겠다.

"당신에게는 성장이 중요한가, 성공이 중요한가?"

분명 많은 사람이 성장보다는 성공이라고 답했으리라. 물론 개중에는 단번에 명성을 알리고 벼락부자가 되는 소위 '한 방'을 원하는 이들도 적지 않을 것이다. 그러나 이것은 모두 근시안적인 생각이다. 생각해보라. 성장하지 않고서 어떻게 성공할 수 있겠는가? 층수 올리기에만 급급해 기초공사를 튼튼히 하지 않는다면 좋은 건물을 지을 수 없

169

는 것과 같은 이치다. 기초가 탄탄하지 않은 건물은 언젠가 높이를 이기지 못하고 무너져내릴 것이 분명하다.

성공이란 무엇인가? 통속적 정의에 따르면 한 사람이 사회적으로 부와 명예와 지위 등을 얻었을 때 그것을 성공이라고 말한다. 하지만 이러한 성공의 정의 자체에 문제가 있다. 많은 유산을 상속받은 사람이나 복권에 당첨된 사람을 생각해보자. 이들은 사회적인 부를 얻으며 성공했지만, 결코 자신의 노력으로 성공을 얻은 것이 아니다. 이러한 성공이 과연 무슨 의미가 있을까? 반대로 '성장'은 신장이 커졌다거나 나이를 먹었음을 뜻하는 게 아니라 더욱 단단한 내가 되었음을 뜻한다. 즉, 생각과 경험이 더욱 풍부해지고, 능력이 향상되었으며, 더욱 굳건한 의지와 단단한 마음을 가지게 되었다는 의미다.

자아실현은 결코 어느 한순간에 '짠' 하고 이뤄지지 않는다. 언제, 그 누구에게든 자아실현은 하나의 과정으로 조금씩 단계를 밟아 누적되는 결과다. 따라서 본질적으로 얘기한다면, 성공이란 사실 무엇을 얻었느냐가 아니라 얼마만큼 성장했느냐에 달려 있다. 하버드대의 많은 사람 역시 성공을 다음과 같이 정의한다.

"어느 명문대학을 들어갔다고, '1등' 혹은 '2등'의 타이틀을 거머쥐었다고 성공하는 게 아니다. 진정한 성공이란 끊임없는 노력으로 자신의 잠재력을 최대한 발휘해 좀 더 강한 나를 만들고, 자신의 가치를 날로 높이는 것이다."

하버드대 졸업생 테리는 뉴욕 모 방송국의 광고영업 일을 하게 되었다. 그는 사회에 갓 발을 디딘 초년생이 광고영업이라는 치열한 경쟁사회에서 살아남고 또 성공하려면 엄청난 노력이 필요하다는 사실을 잘 알고 있었다. 그래서 그는 항상 능동적으로 업무를 찾아 하며 많은 일을 해냈다. 누가 시키지 않았지만 오래되어 낡은 회사의 고객 연락처를 새 전화번호부에 옮겨 적었고, 사장님이 고객의 자료를 인쇄해 오라고 하면 그는 항상 제일 먼저 프린터 앞에 가 있었다. 그가 입사해서 가장 많이 한 말은 바로 "주세요. 제가 하겠습니다"였다.

한번은 정치 광고영업 담당자 선정 문제로 회사가 어수선한 때가 있었다. 담당자 선정이 워낙 시급하기도 했지만, 이 일을 맡으면 다른 일보다 더 많은 시간과 에너지를 쏟아야 했고, 무엇보다 실적이 없으면 돈을 받을 수 없다는 게 문제였다. 아무도 손해 보고 싶어 하지 않는 상황이라 경험을 갖춘 담당자를 찾기란 쉽지 않았다. 회사가 이 '뜨거운 감자'를 누구에게 떠넘길지 고민에 빠져 있을 때, 그는 제 발로 사장을 찾아가 자신이 담당자가 되겠다는 뜻을 전하고 미래 업무 계획과 프로젝트에 대한 보고서를 제출했다. 대학 시절 정치와 관련한 책을 많이 읽어두었던 게 업무에 많은 도움이 될 것이라는 판단에서였다.

업무 초기, 그는 시장조사와 고객 개발에 적잖이 애를 먹었다. 그러나 그는 불평 한마디하지 않고 쉼 없이 동분서주했다. 한밤중까지 이어지는 야근에 하루 수면 시간이 다섯 시간도 채 되지 않는 날이 많았다.

그렇게 1년을 꼬박 노력한 끝에 테리는 해당 분야의 시장 정보를 전면적으로 파악하고, 상당히 많은 고객을 확보하게 되었다. 그 과정에서 풍부한 지식과 수완이 쌓였음은 물론이었고, 이를 바탕으로 왕성하게 일을 해냈다. 결국 그는 프리미엄 비즈니스 고객을 상대하는 영업 총괄 대표가 되었을 뿐만 아니라 사장의 총애를 한 몸에 받는 직원이 되어 일과 명예라는 두 마리 토끼를 모두 잡았다.

그의 성공은 성장이 낳은 필연적인 결과였다. 그는 성장을 중시하는 하버드대 출신답게 앞으로도 끊임없는 성장을 통해 더 큰 성공을 거머쥘 것이다. 테리의 경험에서도 알 수 있듯 사람의 성공은 성장과 직결

되어 있고, 성장을 통한 성공이야말로 지속적인 힘을 지니고 있어 더 나은 나를 만든다.

그렇다. 자아실현을 위해서는 인내심과 끈기가 필요한 멀고도 먼 여정을 거쳐야 한다. 성공인사들은 매일 조금씩 앞으로 나아가 이 긴긴 여정을 거친 사람들이다. 그들은 어제보다 오늘 더, 오늘보다 내일 조금 더 앞으로 나아갔고, 끊임없이 자신의 잠재력을 발굴한 끝에 성공인사의 대열에 진입할 수 있었다. 하버드대 교수들이 항상 학생들에게 강조하는 말처럼 말이다.

"성공은 단번에 이뤄낼 수 있는 일이 아닙니다. 1퍼센트라도 우리가 매일 조금씩 발전해나간다면 성공을 향한 우리의 발걸음을 막을 수 있는 것은 없습니다."

깡마른 작은 체구에 평범한 외모의 메이샨. 그녀는 전문대학을 졸업하고 운 좋게도 한 유명 외국계기업의 사무직으로 취직했다. 하지만 회사에 갓 입사했을 때 그녀의 회사생활은 그리 녹록지 않았다. 사장이 그녀를 잡무나 처리하는 보잘것없는 직원으로 취급했기 때문이다. 온갖 잡다한 일은 전부 그녀의 차지였고, 그녀는 단 한 번도 칭찬을 받지 못했다. 그녀는 자신이 학력도 낮고 경험도 부족하다는 사실을 잘 알고 있었지만, 그렇다고 자신의 인생을 참담하게 보내기는 싫었다. 그리하여 그녀는 주어진 업무를 완벽하게 처리하는 동시에 회사와 관련해 공부를 시작했다. 시간이 날 때마다 자신이 볼 수 있는 온갖 문서를 읽어 내용을 파악하기 시작한 것이다.

'매일 새로운 업무 하나씩만 익혀도 성공할 수 있어.'

그녀는 이렇게 굳게 믿으며 끊임없이 자기 자신을 다독였다. 1년 후, 그녀는 회사의 모든 업무를 거의 손바닥 들여다보듯 파악하게 되었고,

이는 그녀가 업무를 처리하는 데 매우 든든한 밑천이 되었다.

자신감과 전문성으로 무장한 그녀는 자신을 대하는 사장의 인식마저 완전히 바꿔놓았고, 얼마 후 사장의 비서로 발탁되었다. 사장의 비서란 각 부서의 재정을 조정하고 사장을 도와 각종 문제를 처리해야 함은 물론 배워야 할 것들도 많은 직책이었다. 이전에는 겪어보지 못했던 일들에 '어떻게 하지?'라는 막막함도 있었지만 그녀는 주저 없이 직업훈련학교에 등록해 비가 오나 눈이 오나 하루도 수업에 빠지지 않으며 열의를 불태웠다.

'오늘 또 새로운 지식을 배웠네. 장하다! 난 앞으로 점점 더 발전할 거야.'

훗날 사장은 그녀의 업무 능력을 100퍼센트 인정했고, 때론 그녀에게 조언을 구하기도 했다. 자신의 성공 비결에 대해 그녀가 내놓은 답은 이랬다.

"특별한 건 없어요. 그저 매일 조금씩 앞으로 나아갔을 뿐이죠."

매일 조금씩 앞으로 나아가는 것! 어쩌면 조금은 시시하게 들릴 정도로 심심한 답이다. 그러나 오늘 한 걸음, 내일 또 한 걸음 이렇게 조금씩 끊임없이 전진하며 내가 몰랐던 자신을 발견해간다면 분명 그 과정에서 비범한 기술과 능력을 쌓아 더 두둑한 밑천과 더 많은 기회를 얻을 수 있다. 그렇게 꾸준한 노력으로 진정한 성장을 이룩했을 때 비로소 성공과 마주할 수 있다.

성장을 통해 성공하길, 더 훌륭한 당신이 되길 응원한다!

성공은 또 하나의 출발점일 뿐 종착점이 아니다

세계 500대 기업에 이름을 올린 회사에 취업이 확정되어 이제 막 사회에 발을 내딛으려는 하버드대 졸업생이 있었다.

지도교수는 취업의 기쁨에 젖어 있는 그를 불러 당부했다.

"인생은 건축 과정과 같다네. 중간에 멈춰서면 인생은 실패작이 된다는 사실을 명심하게."

학생은 잠시 생각에 잠겼다. 그러자 지도교수가 말을 이었다.

"앞으로 나아가고자 하는 강렬한 욕망과 더욱 적극적인 노력이 더해진다면 자네가 지금 만족하고 있는 일도 더 잘해낼 수 있을 거라는 뜻일세."

실패 앞에서도 고개를 들고 계속 앞으로 나아갔고, 좌절을 겪었을 때에도 가슴을 펴고 당당하게 맞섰으며, 불행이 찾아왔을 때에도 이를 악물고 치열하게 노력해 이미 성공한 당신! 성공의 환호성과 승리의 개선가 속에서 당신이 다음으로 해야 할 일은 무엇일까? 그만하면 됐다고 한숨을 돌려야 할까? 만약 그럴 생각이라면 조심하라. 그 자리에 멈춰 평범한 삶을 살거나 실패하게 될지도 모르니까 말이다.

하버드대에 다녔던 미국의 심리학자 F. H. 올포트는 말했다.

"현재의 자신의 성공에 만족한다면, 그 만족감이 언젠가는 실망감과 불만으로 다가올 것이다."

살면서 성공을 종착점이라고 여기는 일만큼 비극적인 일도 없다. 현재의 생활과 일에 안주하고, 현재의 생각과 꿈에 만족하며, 현재의 성과에 머무르면 아무런 목적 없이 헛되이 여생을 보내게 된다. 인생에는 분명 내가 가진 것보다 또는 내가 이룬 것보다 더 아름답고 더 위대한 일들이 존재하는데, 이에 대해 아무런 관심 없이 살아간다면 이 얼마나 비극적인가!

그러니 좀 더 나은 내가 되기 위해서는 절대 성공 안에서 길을 잃어서는 안 된다. 미국의 저명한 변호사 호턴 윌리엄스는 이렇게 말했다.

"무슨 일을 하든지 체력, 지력, 정신력 등 자신이 가진 능력을 최대한 발휘하는 것이 곧 '성공'이라고 정의하고 싶군요. 순간에 만족하지 않고 자신의 능력을 모두 쏟아내 더 큰 만족감을 추구하는 사람. 그런 사람이 바로 제가 생각하는 성공한 사람입니다."

성공은 인생이라는 대장정에서 첫 번째 구간을 완주한 것에 불과하다. 즉, 개인의 능력을 발휘할 더 드넓은 세상이 존재한다는 뜻이다. 성공을 거뒀을 때 냉정함을 유지하는 사람은 자신이 현재 이룩한 성공이 보잘것없음을 깨닫고 또 다른 성공을 위해 나아간다. 진취적인 마음으로 더 많은 도전을 받아들이고, 더욱 훌륭한 내가 되기 위해 끊임없이 노력하는 것이야말로 가장 확실하고 또 영원한 성공이기 때문이다.

'향상심'은 더 빠르고 더 강하고 더 좋은 것을 추구하는 마음으로, 우리 안에 잠재되어 있는 가장 재미있고 신비한 에너지이자 성장의 동력이기도 하다. 이 힘으로부터 추진력을 얻었을 때 우리는 끊임없이 자아를 완성해가고, 더 성공적인 인생을 추구할 수 있다.

아이작 뉴턴이 3대 운동법칙을 정리했을 때, 사람들은 그를 역학의 아버지요, 역학의 대가라고 칭송했다. 그러나 어마어마한 성공 앞에서 그는 전혀 자만하거나 우쭐대지 않았다. 그는 말했다.

"다른 사람들 눈에 내가 어떻게 보이는지는 모르겠지만, 나는 그저 해변을 노니는 어린아이와 별반 다를 것 없습니다. 다른 조약돌보다 조금 더 빛나는 조약돌을 찾거나 보통 조개껍데기보다 더 예쁜 것을 찾으며 즐거워하지만, 정작 눈앞에 펼쳐진 드넓은 진리의 바다에 대해서는 아무것도 모르니까요."

그는 자신이 모르는 진리가 아직도 헤아릴 수 없을 만큼 많다며, 현실에 안주하지 않고 끊임없이 진리 탐구에 매진했다. 그렇게 지칠 줄 모르고 수년을 연구에 몰두한 끝에 그는 또다시 유명한 '만유인력의 법칙'을 발견했고, 광학과 미적분 연구에서도 역사적인 성과를 거두었다. 1687년에는 《자연철학의 수학적 원리(*Philosophiae Naturalis Principia Mathematica*)》를 발간해 현대과학의 발전에 기틀을 다지며 가장 위대하고 가장 영향력 있는 과학자라 불리게 되었다.

"과학은 무한하고 노력에는 끝이 없다"라는 뉴턴의 의미심장한 말은 성공을 바라보는 그의 냉철함과 겸손함, 그리고 쉼 없는 도전정신을 담고 있다. 성공을 종착점이 아닌 또 하나의 출발점으로 여겨 더 큰 성공을 향한 도전을 멈추지 않았던 뉴턴의 삶 자세는 그가 그토록 대단한 성과를 거둘 수 있었던 비결이기도 했다.

'열심히 앞으로 나아가자!'

이러한 마음의 소리가 귓가에 맴돈다면 주의를 기울여라. 나도 모르게 자신의 분발을 촉구하는 마음의 소리를 거부하려 한다거나 무시하려 한다면 더욱 주의를 기울일 필요가 있다. 내면의 자아가 하는 말에 귀를 기울이지 않는다면 이 소리는 점점 약해져 결국 사라지고 말 것이고, 그때가 되면 향상심마저 잃게 된다.

20세기 가장 위대한 '축구 황제' 펠레는 20여 년의 축구 인생에서 총 1,364번의 경기에 출전해 통산 1,282개의 골을 기록했다. 한 경기에서 홀로 여덟 개의 골을 넣은 기록도 보유하고 있다. 한 기자가 그에게 물었다.

"여태까지 넣은 골 중에서 어느 골을 가장 잘 찼다고 생각하십니까?"

펠레는 이렇게 대답했다.

"다음번에 넣을 골입니다."

성공에는 끝이 없다. 그저 시작이 있을 뿐이다. 그리고 이 시작의 문은 노력으로 열 수 있다.

그렇다. 조금 더 분발하라. 아직 더 큰 성공이 당신을 기다리고 있으니까 말이다.

생각의 울타리에서 벗어나라

월리엄은 여덟 살 난 아들에게 물리 지식을 알려주고 싶었다. 그는 물의 표면장력 때문에 바늘이 물 위에 뜰 수 있다는 사실을 알려주며, 아들에게 큰 바늘 하나를 건네 물에 넣어보라고 말했다. 하지만 어쩐 일인지 바늘은 물속으로 가라앉았다. 어렸을 때 같은 실험을 해봤던 그는 아들에게 작은 갈고리나 자석 등을 사용해 바늘을 꺼낼 수 있다는 팁을 주었다.

그런데 아들이 별 생각 없이 이렇게 말하는 게 아닌가!

"물을 얼려 얼음을 만들고 얼음 위에 바늘을 올려두면 될 텐데……."

월리엄과 아들에게는 다른 점이 있다. 바로 월리엄은 보편적 사고방식대로 철저히 지난 경험에 의존하여 아들을 가르치려고 한 반면, 아

들은 완전히 새로운 시각으로 현재 자신이 마주한 문제를 바라보고, 우리가 흔히 말하는 '혁신'적인 답을 내놓았다는 것이다. 요컨대 혁신 능력은 우리가 자아를 실현하는 과정에서 반드시 갖춰야 할 요소다.

보편적 사고방식은 자신이 겪었던 문제와 같거나 유사한 문제를 해결할 때, 고민하고 탐색하는 시간을 줄여 빠른 결정을 내릴 수 있게 해준다. 그러나 이러한 사고방식은 알게 모르게 보이지 않는 틀에 생각을 가두어 새로운 방법이나 시도를 할 수 없게 만들기도 한다. "망치만 사용하는 사람은 모든 문제를 못으로 바라본다"라는 한 심리학자의 말처럼 말이다.

과학자들이 다음과 같은 실험을 한 적이 있었다.

그들은 여섯 마리의 꿀벌과 같은 수의 파리를 각각 마개가 없는 유리병에 가둔 후, 병 바닥이 창문 쪽을 향하도록 유리병을 눕혀두었다. 몇 분 후, 두 개의 유리병을 확인한 결과 꿀벌들은 병 속에서 모두 죽은 반면, 파리들은 유리병 입구를 통해 전부 빠져나가고 없었다. 왜 이런 결과가 나온 걸까? 빛을 좋아하는 꿀벌들에게는 밝은 쪽에 출구가 있을 거라는 고정관념이 있었던 반면, 파리들은 빛의 방향을 고려하지 않았기 때문이다. 즉, 빛을 따라 병 바닥 쪽만 공략하던 꿀벌들은 결국 기력을 모두 소진하고 목숨을 잃었고, 사방팔방 무턱대고 날아다니던 파리는 우연히 출구를 발견해 자유와 새 삶을 얻을 수 있었다.

꿀벌과 파리의 이야기는 틀에 박힌 생각이 얼마나 위험할 수 있는지 또 혁신이 얼마나 중요한지를 잘 보여준다.

매년 많은 학생이 하버드대에 지원하고 있지만 하버드대의 합격률은 매우 낮은 편이다. 전 세계 수재들이 모이는 곳인 만큼 지원자 중에는 SAT(Scholastic Aptitude Test, 미국의 대학입학 자격시험) 만점자도 적지 않지만, 그들 중에서도 불합격자가 속출한다. 하버드대에서는 '사람이 일류가 되느냐 삼류가 되느냐는 그 사람에게 혁신 능력이 있느냐 없느냐로 판가름된다'라는 명언이 있을 정도로 비단 성적뿐만 아니라 학생의 혁신 능력을 매우 중요하게 여기기 때문이다.

그렇다면 혁신 능력이란 무엇일까? 하버드대의 한 총장은 다음과 같이 정의를 내렸다.

"혁신 능력이란 남과는 다른 각도와 시선으로 다른 사람은 미처 생각하지 못한 방법을 생각해내고, 다른 사람은 하지 못한 일을 해내는 능력입니다. 하버드대의 교육은 학생의 이러한 능력을 이끌어내 그들이 새로운 시선과 새로운 사고방식으로 문제를 바라보고 사회적 가치가 있는 성과를 만들어낼 수 있도록 하는 데 중점을 두고 있지요."

대학 졸업 후, 리 아이아코카는 포드에 입사해 세일즈맨으로 일했다. 당시 그의 주력 판매 상품은 1956년형 포드 신차였는데, 초반 몇 개월 동안 아이아코카의 판매 실적은 그야말로 바닥을 쳤다. 동료들 사이에서도 실적이 낮은 편이라 그는 저기압이었다.

'신차의 외형과 기능, 어느 하나 빠지지 않는데 왜 잘 팔리지 않는 걸까?'

열심히 판매 부진의 이유를 조사하던 아이아코카는 가격이 문제였음을 알아냈다. 신형차가 매력적이기는 했지만 높게 책정된 가격에 부담을 느낀 소비자들이 발길을 돌린 것이다.

'가격을 내려야 하나?'

하지만 이는 혼자서 결정할 수 있는 문제가 아닐뿐더러 판매 수익을 올리기에도 좋은 방법은 아니었다.

'어떻게 하면 좋을까? 판매가를 낮추지 않으면서도 합리적인 가격처럼 느껴지게 하는 방법은 없을까?'

골똘히 생각한 끝에 그는 드디어 아이디어를 떠올렸다.

'고객들이 일시불로 결제하는 것에 경제적인 부담을 느낀다면, 할부로 결제하게 하면 되지 않을까?'

그는 그 길로 사장실을 찾아가 자신의 의견을 피력했다. 자동차 구매 시, 전체 자동차 값의 20퍼센트만 우선 결제하고, 나머지는 매달 56달러씩 3년에 걸쳐 나눠 결제하는 방법을 도입하자는 것이었다. 그러면 서민들도 부담 없이 자동차를 구입할 수 있을 것이라면서 말이다. 그의 아이디어가 매우 훌륭하다고 생각한 사장은 그 즉시 '56년 신형 포드를 단돈 56달러에!'라는 카피로 광고를 시작했다.

아이아코카가 고안해낸 할부 결제방식은 자동차 구매에 대한 소비자의 부담감을 확실히 덜어주었고, '매달 56달러면 매우 합리적인 지출'이라는 이미지까지 심어주었다. 단 3개월 만에 그의 판매 실적은 수직 상승했다. 이를 지켜보던 다른 세일즈맨들도 그의 방법을 따라 하기 시작했고, 그 결과 해당 모델의 자동차는 단숨에 전국 최고 판매량을 기록하였다. 이를 계기로 이름을 날린 그는 얼마 후 워싱턴 지역 총괄 사장으로 승진하였다.

이 이야기에서도 알 수 있듯이 혁신 능력은 적극적이고 효과적인 행동을 이끌어내 좀처럼 풀리지 않을 것 같던 문제도 술술 해결되도록 하며, 완수할 수 없을 것 같던 업무도 순조롭게 진행시킨다.

당신에게는 다른 시선으로 문제를 생각하는 습관이 있는가? 남다른 사고방식으로 좋은 결과를 얻었던 경험이 있는가?

당신의 답이 '아니오'라면 자기 자신이 고정관념의 틀에 사로잡혀 있지는 않은지 곰곰이 생각해볼 필요가 있다. 스스로 쳐놓은 울타리가 있다면 그 울타리에서 벗어나는 법을 배워라. 고정관념에 연연하지 말고 발상을 전환해 창의력에 자유를 부여하는 것이다. 그러면 경험이 아주 풍부하지 않아도, 기술이 최고로 뛰어나지 않아도 자유를 얻은 당신의 혁신 능력이 당신에게 성공의 가속 엔진을 달아줄 것이다.

'내가 정말 될까?'라고 아직도 의문을 품고 있는가? '혁신'이 뛰어난 두뇌를 타고난 사람들의 전유물이라는 생각은 버려라. 혁신은 당신이 생각하는 것처럼 그렇게 어려운 일이 아니다. 당신에게도 혁신을 불러 올 능력이 충분히 있다. 혁신 능력은 잠재되어 있는 뇌 기능으로, 모든 사람이 지닌 잠재력의 하나이기 때문이다. 그저 대부분의 사람이 이를 어떻게 계발해야 할지 모르고 있을 뿐이다.

그러니 발산적 사고력을 키워보라. 발산적 사고란 '다각적 사고' 또는 '확산적 사고'라고도 하는데, 이는 문제 해결 과정에서 정보를 광범위하게 탐색하고 상상력을 발휘하여 다양한 해결책을 모색하는 것을 말한다. 하나의 정확한 답이 아니라 여러 개의 가능한 해답을 모색하다 보면 더욱 풍부하고 유연한 사고를 할 수 있고, 이로써 혁신 능력을 크게 높일 수 있다.

예를 들어 '벽돌의 용도는 몇 가지일까?'라는 문제에 당신은 몇 가지 답을 생각해낼 수 있는지 적어보자. 집을 짓고, 담장을 쌓고, 길을 만들고, 못을 박고, 무기로도 사용하고, 칼을 갈고, 받침대로도 사용하고…….

만약 당신이 이렇게 생각하기 시작했다면 당신은 이미 생각의 '울타리'를 넘어서서 좀 더 나은 내가 되어가고 있다는 뜻이다.

위대한 인생은
상상에서 시작된다

"당신은 정말 대단한 투자가시군요! 세계 투자역사상 어느 누가 당신을 따라가겠습니까? 시장 전문가이며 월가의 펀드매니저들에게는 정말이지 믿을 수 없는 기적을 만든 분이 바로 당신입니다."

어떤 이가 이렇게 칭찬을 건네자 워런 버핏은 말했다.

"사실 저의 성공에는 그리 거창한 비결이 없습니다. 군이 비결이라 한다면 항상 창업에 성공한 사람들의 이야기에 푹 빠져 사는 정도랄까요? 저는 그들의 이야기를 보면서 미래에 성공한 내 모습을 상상하는데, 그 상상이 저도 몰랐던 힘을 발견하게 해주고 또 쉼 없이 성공을 향해 달려갈 원동력이 되어준답니다."

하버드대 출신처럼 성공한 인생을 살고 싶은가? 이 책을 선택한 사람이라면 80~90퍼센트는 '그렇다'라고 대답했을 것이다. 그렇다면 어떻게 해야 그들처럼 성공한 인생을 살 수 있을까? 앞서도 이미 많은 이야기를 했지만, 여기서는 아주 간단한 방법을 소개할까 한다. 바로 자신을 하버드 엘리트라고 생각하고 그들처럼 행동하고, 공부하고, 일하는 것이다. 그렇게 하면 당신은 정말로 그들과 같은 사람이 될 수 있을 것이다.

이 방법에 의심이 든다면 한 심리학자의 실험 결과를 살펴보자.

심리학자는 비슷한 수준의 학생들을 세 그룹으로 나누고 각자 다른 방법으로 슛 연습을 시켰다. 첫 번째 그룹의 학생들에게는 별다른 지시 없이 매일 자유롭게 슛을 연습하도록 했고, 두 번째 그룹은 매일 오후 체육관에서 한 시간씩 연습을 하도록 했다. 그리고 세 번째 그룹 학생들에게는 매일 자신이 한 시간씩 슛 연습을 하는 상상을 하도록 했다. 자신이 던지는 공을 모두 골인시킨다는 가정을 하되, 상상 속에서 동작까지도 신경 쓰도록 한 것이다.

1개월 후, 세 그룹의 슛 테스트를 진행했는데, 그 결과가 가히 놀라웠다. 첫 번째 그룹은 마음대로 연습을 해서인지 평균 골인 확률이 39퍼센트에서 37퍼센트로 하락했다. 두 번째 그룹은 체육관에서 꾸준히 연습한 덕분에 평균 골인 확률이 39퍼센트에서 41퍼센트로 상승했다. 그런데 상상으로만 연습했던 세 번째 그룹은 평균 골인 확률이 39퍼센트에서 무려 42.5퍼센트로 높아졌다.

상상으로만 연습한 학생들이 체육관에서 실제로 연습한 학생들보다 더 골인 성공률이 높아지다니! 이게 어떻게 가능했을까? 사실 그 이유는 간단하다. 세 번째 그룹 학생들의 상상 속에서 그들이 던진 공은 언제나 골인이 되었기 때문이다. 즉, '성공하는 상상' 속에서 끊임없이 자신이 얻고자 하는 결과를 만들어내고 또 시뮬레이션한 것이 마음속의 잠재력을 일깨워 정말로 골인 확률을 높인 것이다. '상상'의 힘이 얼마나 대단하지를 증명하는 동시에 인간 두뇌의 무한한 잠재력을 보여준 실험이었다.

하버드대에서는 위대한 인생이 우리의 상상에서부터 시작된다고 말한다.

"자신을 실패자라고 생각하면 자꾸만 실패하게 되지만, 자신을 성공자라고 생각하면 끝없는 성공을 불러오게 된다. 위대한 인생은 우리의 상상에서부터 시작된다. 어떠한 사람이 될 것인지 정하고 구체적으로 자기암시를 하면 상상을 현실화할 의지 또는 동기가 생겨나 내가 하고자 하는 일을 할 수 있고, 또 내가 바라는 사람이 될 수 있다."

미국의 유명 패션디자이너 마담 아네트의 성공 스토리가 바로 그 좋은 예다.

가난한 집안에서 태어난 아네트는 성인이 된 후 뉴욕에서 일을 시작했다. 그녀가 어렵사리 구한 일자리는 5번가의 한 의상실 점원이었다. 꽤 고급 의상실이라 가게를 찾는 손님은 주로 상류사회의 부인들과 아가씨들이었는데, 단정하게 옷을 잘 차려입은 그녀들의 우아한 모습은 언제나 아네트의 마음을 설레게 했다.

'아! 여성이 마땅히 갖춰야 할 모습이란 바로 저런 거야!'

아네트의 마음속에서는 꼭 저들과 같은 삶을 살겠다는 강렬한 욕망이 꿈틀거렸다.

그 후 아네트는 매우 흥미로운 시도를 했다. 비록 궁핍한 생활에 티셔츠밖에 입을 수 없는 현실이었지만, 자신을 아름다운 옷을 차려입은 부인이라고 상상하기로 한 것이다. 그녀는 매일 일을 시작하기 전, 의상실의 거울 앞에 서서 온화하고 자신 있는 미소를 지어 보이며 웃는 연습을 했다. 손님들을 대할 때에도 항상 이 같은 모습을 유지하기 위해 노력한 결과 그녀는 손님들에게 호평을 얻었다. 손님들은 사장에게 "의상실 점원들 중에 이 아가씨가 제일 성격도 좋고 영리한 것 같네요"라며 입을 모았다.

아네트는 계속해서 주어진 일에 성실히 임했지만 언제까지고 점원으로 일하고 싶은 생각은 없었다. 이러한 그녀의 눈에 들어온 건 바로 의상실의 사장이었다. 가게를 찾는 손님들처럼 옷을 잘 차려입은 단정한 모습이었지만, 사장에게는 여느 손님들과는 다른 점이 있었다. 바로 명석함과 탁월한 사업 수완, 그리고 빈틈없이 일을 처리하는 꼼꼼함이었다.

아네트는 사장을 본보기 삼아 그녀를 닮아가려 노력하기 시작했다. 그녀는 항상 '내가 의상실의 주인이다'라는 생각으로 모든 일에 적극적으로 임했다. 스스럼없되 예의 바른 모습으로 고객들을 대했고, 사소한 일에도 열과 성을 다했다. 이를 눈여겨보던 사장은 그녀를 될성부른 나무라 생각해 이후 그녀에게 의상실관리를 맡기고 디자인 기술도 가르쳐주었다. 그렇게 조금씩 그녀는 패션디자이너로 성장했고, '아네트'라는 브랜드를 성공적으로 론칭하며 '마담 아네트'로 이름을 날리게 되었다.

아네트의 성공에는 여러 이유가 있었지만, 무엇보다도 가진 것이 아무것도 없는 상황에서도 용감하게 성공을 꿈꾸었기에 가능했다고 하겠다. 자신이 바라고 원하는 바를 머릿속에 하나하나 그려보고 이를 현실로 만들기 위해 끊임없이 자신을 담금질한 것이 잠재력을 끄집어냈고, 더 강력한 힘을 갖게 되자 자연스럽게 성공 횟수가 늘어나면서 결국 자신이 상상 속에서 그리던 모습으로 거듭날 수 있었던 것이다.

꿈을 꾸는 사람은 그 꿈을 닮아간다. 그러니 시간을 들여 곰곰이 생각해보라. 당신이 닮고 싶어 하는 것은 하버드대 출신들의 어떤 모습인지, 그들이 무엇을 생각하고 또 무엇을 했는지, 그들에게는 어떤 장점이 있는지를 말이다. 그다음에는 강인하고 용감했던 루스벨트 대통령이나 이성적이고 자제력 있는 존 교수 등과 닮아 있는 자신의 모습을 상상하라!

이러한 과정이 복잡하다고 느껴진다면 하버드대 출신들의 공통적 특징만을 모아 자신을 아주 성공한 사람으로, 적극적이고 열정적인 사람으로, 또 에너지 넘치는 행동파로 상상해도 좋다. 구체적인 상황들을 상상해 시뮬레이션해보는 것도 좋은 방법이다. 예컨대 번잡한 업무를 처리하느라 바쁜 상황이라든지, 사무실에서 누군가에게 인사를 건네거나 상사 또는 동료와 이야기를 나누는 상황, 회의에 참석한 상황 등을 말이다.

그럼 그다음 순간에는 자기암시가 불러온 놀라운 기적을 보게 될 것이다. 성공은 성공한 내 모습을 그리는 데서부터 시작된다는 것, 그리고 사람의 잠재의식으로는 불가능한 일이 없다는 것을 잊지 마라. 우리가 상상을 멈추지 않는다면 우리 안에 잠자고 있던 힘이 깨어나 우리를 조금씩 상상 속의 내 모습으로 만들어줄 것이다.

목표를 향해
나아가라

"어느 길로 가야 하는지 알려줄래?"

앨리스의 질문에 고양이가 말했다.

"넌 어딜 가고 싶은데?"

앨리스가 대답했다.

"난 어디든 상관없어."

고양이가 말했다.

"그럼 어느 길을 가든 상관없겠네."

"왜?"

앨리스가 묻자 고양이가 대답했다.

"네가 어디로 가야 할지 모른다면 넌 어디도 가지 못할 테니까."

《이상한 나라의 앨리스》에 나오는 이 구절은 어떠한 여정을 시작하기에 앞서 적어도 자신이 나아갈 방향은 분명히 해둬야 목적지에 도착할 수 있다는 기본적 상식을 말해주고 있다. 이는 인생이라는 여정에서도 마찬가지다. 목표를 세우고 방향을 정할 필요가 있다. 목표가 없는 사람은 발전할 수 없고, 발전하지 않는 사람에게 성공은 없다.

혹시 '송충이 실험'에 대해 들어본 적이 있는가?

송충이는 앞서가는 송충이가 가는 길을 무조건 따라가는 습성을 지니고 있어 나무 위를 기어 다닐 때면 항상 줄을 지어 다닌다. 그러다 앞장선 송충이가 먹이를 찾아 멈춰서면 그 뒤를 따르던 송충이들도 일제히 가던 길을 멈추고 만찬을 즐긴다.

장난기가 발동한 한 아이가 송충이들을 커다란 화분의 가장자리로 옮겨 맨 앞 송충이의 머리에 맨 뒤 송충이의 꼬리가 맞물리는 원형을 만들었다. 그리고 송충이 무리의 옆쪽에 송충이들이 가장 좋아하는 먹이를 두었다.

얼마 후, 송충이들은 서서히 앞서가는 송충이를 따라 움직이기 시작했다. 그것들은 마치 긴긴 시위 행렬처럼 꼬리에 꼬리를 물며 화분 둘레를 빙빙 돌았다. 아이는 가까운 곳에 먹이를 두었으니 금세 먹이를 향해 방향을 돌릴 것이라고 생각했지만, 아이의 예상은 완전히 빗나갔다. 대장 송충이가 눈앞의 송충이를 따라가느라 방향을 잃고 만 것이다. 결국 송충이들은 굶어 죽을 때까지 화분 둘레를 돌고 또 돌았다.

맹목적인 행동이 우리의 인생을 망칠 수도 있다는 교훈을 담은 이야기다. 처음부터 자신이 가야 할 목적지가 어디인지 모르면 갈팡질팡, 우왕좌왕하다 결국 하루를 허비하게 되고, 그런 날들이 이어지다 보면 아무리 성공을 갈망하더라도 또 아무리 굳건한 믿음이 있더라도 자신이 가고 싶은 곳에는 도달할 수가 없다.

하버드대 출신들이 항상 의기양양하고 생기발랄한 에너지를 내뿜는 이유는 장기적인 안목을 가지고 미래를 위해 투자하라는 하버드대의 가르침 덕분이라고 해도 과언이 아니다. 미래에 투자를 하려면 투자 방향, 즉 인생의 목표를 설정해야 하는데 그들은 일찍부터 인생의 목표를 세우고 그 목표를 향해 달려간다.

하버드대에서는 지적 능력과 학력, 처한 환경 등이 비슷한 한 무리의 젊은이들을 대상으로 목표가 인생에 미치는 영향에 대해 장기적인 조사를 진행한 바 있다. 첫 조사 결과, 조사 대상 중 목표가 없는 사람이 27퍼센트, 모호한 목표를 가진 사람이 60퍼센트, 뚜렷하지만 단기적인 목표를 가진 사람이 10퍼센트, 뚜렷하고도 장기적인 목표를 가진 사람이 3퍼센트였다. 20년 후, 하버드대는 다시 동일 학생들을 대상으로 추적 조사를 실시했는데, 그 결과 목표가 없던 27퍼센트의 사람들은 불평불만을 입에 달고 다니며 매우 불만족한 삶을 사는 것으로 드러났다. 한편 모호한 목표를 가지고 있던 60퍼센트의 사람들은 비교적 안정적인 직업을 갖고 안정적인 생활을 꾸렸지만 특별한 성과를 거두지는 못하고 있었다. 단기적 목표를 가지고 있었던 10퍼센트의 사람들은 자신의 목표를 실현해 각 분야의 전문가로 거듭나 있었다. 그리고 3퍼센트의 사람들은 20년 동안 한곳을 향해 끊임없이 노력해 거의 모두가 사회 각계에서 성공인사가 되어 있었으며, 그중에는 업계 지도자와 높은 사회적 지위를 차지한 사람도 적지 않았다.

20년 전, 자신이 가장 하고 싶은 일이 무엇인지를 잘 알고 있느냐 모르고 있느냐의 차이가 이처럼 다른 인생을 만든 것이다.

당신에게는 뚜렷한 인생의 목표가 있는가? 5년 또는 10년 후, 아니면 더 먼 미래에 당신은 어떤 인생을 살고 있을까? 자신의 목표를 종이에 적어보라. 인생이라는 망망대해에서 목표는 항해도가 되어 당신이 나아갈 방향을 일러줄 것이다.

에디슨은 "자신의 목표를 향해 끝없이 전진하는 사람에게는 온 세상이 길을 내어줄 것이다"라고 말했는데 확실히 일리 있는 말이다. 뚜렷한 목표가 있으면 동기가 부여되어 잠재력이 발휘되는데, 이 힘은 다시 끊임없이 목표를 향해 매진할 원동력이 된다. 물론 그 과정이 조금은 길어질 수도 있지만 언젠가는 반드시 성공할 수 있다는 사실에는 틀림이 없다.

미국 뉴욕 메트로폴리탄지구 철도 회사의 이사장 프랭크가 바로 그 산증인이다.

프랭크가 아직 13세 소년이었을 때, 그는 어려운 가정 형편 탓에 학업을 중단하고 일찌감치 사회생활에 발을 들였다. 당시 그는 반드시 성공하겠다고 마음먹었고, 뉴욕 메트로폴리탄지구 철도 회사의 이사장이 되겠다는 목표를 세웠다. 이 목표를 위해 그는 얼음 배달 일을 하면서도 어떻게든 철도 회사와 가까워지려 노력하는 한편, 공부도 게을리하지 않았다. 그가 드디어 철도업계에 발을 들인 때는 18세 되던 해였다. 지인의 소개로 롱아일랜드레일로드의 야간화물차에서 하역 인부로 일하게 된 것이다. 짐을 오르내리는 고된 일이었지만 그는 항상 목표를 되새기며 열심히 일했고, 결국 성실함을 인정받아 그가 꿈에 그려 마지않던 뉴욕 메트로폴리탄지구 철도 회사에 들어가게 되었다. 그곳에서 그는 우편열차 수동제동 업무를 맡았다.

정식으로 일을 시작하자마자 프랭크는 이사장의 직무부터 파악했다. 기본적으로 이사장은 모든 부서의 상황을 꿰고 있어야 한다는 사실을 알게 된 그는 열차별 수익 상황과 엔진 소모량, 운행 현황, 화물과 여객의 수량 등 각종 데이터 정리를 시작했다. 그런 다음 각 부서에서 진행 중인 사업을 구체적으로 정리한 자료를 살폈다. 한 친구는 이런 그를 이해할 수 없다며 왜 그렇게 필사적으로 일을 하냐고 물었다.

"이사장이 되는 걸 목표로 일하고 있거든. 그만한 실력을 갖추려면 전반적인 업무 상황을 이해하고 있어야 할 것 같아서!"

그 후, 자신이 이미 어느 정도 관리자의 자질을 갖추었다는 확신이 들자 프랭크는 회사의 한 팀장을 찾아가 관리부에서 일하게 해달라고 간청했다. 관리부의 어떤 일이든 상관없다며 심지어 보수를 받지 않아도 좋다고 말했다. 팀장은 그의 진지함에 감동을 받아 그에게 작은 일을 맡기며 한번 해보라고 했다. 비록 지위는 낮았지만 프랭크는 자신의 목표를 되뇌며 열심히 전문 지식과 경험을 쌓아나갔고, 빠른 속도로 성장해 끝내 이사장이 되었다.

프랭크는 자신의 목표를 명확하게 알고 있었다. 뚜렷한 목표는 그의 노력의 근거이자 채찍이요, 격려가 되어주었다. 그렇게 몇십 년을 한결같이 치열하게 노력하며 끊임없이 목표를 향해 전진한 결과, 그는 정말로 몸담은 업계의 지도자가 되었다.

우리가 앞으로 어떤 인생을 살지는 바로 우리의 '선택'에 달렸다. 우리가 어떤 목표를 선택하느냐에 따라 앞으로의 인생은 달라질 것이다. 그러니 더 이상 고민하지 말고 당신이 나아갈 방향을 설정하고, 목표를 세워라. 그런 다음 꾸준히 노력하라. 단, 목표는 반드시 구체적이고 명확해야 하며 실현 가능한 것이어야 한다. 목표가 구체적이지 않으면 목표를 향해 자신이 얼마나 나아갔는지 알 수 없고, 그러면 우리의 잠재력을 효과적으로 발휘할 수 없을 뿐만 아니라 적극성을 떨어뜨려 결국 실망을 안고 포기하게 될 수 있다.

잠재력을 최대로 끌어내는 경쟁

지금 이 순간에도 상대는 쉴 새 없이 책장을 넘기고 있다.

당신은 경쟁을 두려워하는가? 사실 경쟁을 두려워하는 것은 인간의 본능이다. 그래서 업무에 뒤처지지 않으려고 서로 경쟁하는 상황이나 이익과 명예를 다투는 과정에서 상대에 대한 적개심과 경계심, 두려움 또는 도망가고 싶은 마음이 생기는 것이다. 하지만 우리가 알아야 할 사실이 하나 있다. 바로 '적당한 경쟁은 촉진제와도 같아서 우리 안의 잠재력을 최대한 이끌어낸다'는 점이다.

노르웨이 사람들은 정어리를 즐겨 먹는다. 하지만 정어리는 매우 예민해서 포획 후 수조에 넣으면 얼마 지나지 않아 죽어버린다. 일찍 죽은 정어리는 그만큼 맛도 떨어지기 때문에 어민들은 어떻게든 정어리를 항구까지 살아 있는 상태로 운반해 좋은 값에 판매하려고 한다. 그 래서 생각해낸 방법이 바로 정어리를 넣은 수조에 정어리의 천적인 참 다랑어를 함께 넣는 것이었다. 참다랑어가 수조에 들어가 사방팔방으 로 먹이를 찾아 움직이면, 정어리는 생존 본능에 의해 필사적으로 헤 엄치며 왕성한 생명력을 유지했다.

요컨대 대자연에 존재하는 이 같은 '적자생존'의 법칙은 우리에게도 적용된다. 경쟁 상대가 없으면 '향상심'이 떨어져 진취적인 삶을 살 수 없지만, 한두 명의 경쟁 상대가 있으면 얘기는 달라진다. 그들의 존재 로 우리는 긴장의 끈을 놓지 않고 매 순간 충만한 원동력을 가지게 된 다. 정어리에게 참다랑어가 그랬듯이 말이다.

"지금 이 순간에도 상대는 쉴 새 없이 책장을 넘기고 있다!"

하버드대 도서관에 가면 볼 수 있는 글귀다. 하버드대 교수들은 학 생들에게 항상 이렇게 말한다.

"사회가 빠르게 변화할수록 여러분은 경쟁 상대와 마주할 순간이 많 아질 것입니다. 상대와 마주했다면 숨지도, 피하지도, 뒤로 물러서지 도 말고 당당하게 맞서십시오. 상대는 항상 앞으로 나아가고 있기 때 문에 조금만 방심해도 상대에게 뒤처질 수 있습니다."

매년 하버드대에서는 약 20퍼센트의 학생들이 시험에 통과하지 못 해서 또는 학점을 채우지 못해서 유급이나 퇴학을 당한다. 이와 같은 아웃제도는 긴장감을 늦추지 말라고 대학이 학생들에게 전하는 일종 의 경고로, 하버드대 재학생들에게는 부담인 동시에 성장의 계기가 된 다. 그들이 빡빡한 스케줄을 정해 입학 첫날부터 졸업하는 날까지 타 이트한 생활을 하는 것도 '뒤처지면 죽는다'는 생각 때문이다. 그들에 게 한가하게 보낼 시간이란 없다. 그들이 유일하게 할 수 있는 일은 시 간을 쪼개 학업에 정진하고 쉼 없이 앞을 향해 달려가는 것뿐이다.

경쟁은 상대보다 빠르게 뛰고 싶다면 더 많이 노력해야 한다는 데 그 의미가 있다. 즉, 상대와 경쟁을 치러나갈수록 내 안에 잠자고 있던 잠재력을 좀 더 쉽게 발견할 수 있고, 의욕을 불태울 수 있으며, 자신의 능력을 향상시켜 조금씩 성장할 수 있다는 뜻이다. 그렇다. 우리는 경쟁 속에서 성장하고 경쟁 속에서 성공한다.

링컨은 미국 역사상 가장 영향력 있는 대통령으로 손꼽힌다. 그가 이처럼 위대한 성공을 이룰 수 있었던 이유는 탁월한 리더십과 더불어 그가 유력한 경쟁자 샐먼 체이스를 중시한 데 있었다.

1860년 대통령에 당선된 링컨은 재무장관으로 상원의원인 샐먼 체이스를 지명하고자 했다. 하지만 그의 생각은 다른 많은 상원의원의 강력한 반대에 부딪혔다. 링컨은 이에 의아하다는 듯 물었다.

"샐먼 체이스는 매우 뛰어난 인재입니다. 그런데 왜 여러분은 그가 내각의 일원이 되는 것을 반대하는 겁니까?"

그러자 의원들이 대답했다.

"그는 아주 거만한 자입니다. 최고 지도자가 되어 백악관의 주인이 되려고 안달이 난 사람이라는 말입니다. 게다가 속으로 대통령보다 자기가 훨씬 더 잘났다고 생각하고 있다니까요!"

이에 링컨이 웃으며 물었다.

"오! 그럼 누가 또 나보다 자기가 더 잘났다고 생각하던가요?"

의원들은 링컨이 왜 이런 질문을 하는지 몰라 어리둥절했다.

그러자 링컨이 말을 이었다.

"나보다 자기가 더 잘났다고 생각하는 사람을 알고 있다면 즉시 내게 알려주십시오. 나는 내가 꾸리는 내각에 그들을 모두 앉히고 싶으니까요."

결국 링컨은 샐먼 체이스를 재무장관으로 임명했다. 실제로 체이스는 매우 능력이 있었고, 특히 재정과 예산, 거시적 통제에 뛰어났다. 하지만 최고 권력을 원했던 그는 줄곧 링컨을 눈엣가시로 여기며, 호시탐탐 링컨을 밀어낼 기회를 노리고 있었다. 링컨의 친구들은 모두 그에게 체이스를 직위 해제하라고 입을 모았지만 링컨은 그저 체이스에 대한 고마움을 이야기하며 파면할 수 없다고 웃어넘겼다.

링컨은 친구들에게 이런 이야기를 들려주었다.

"한번은 동생과 켄터키 고향에서 옥수수 밭을 간 적이 있었어. 나는 말을 끌고 동생은 쟁기를 잡았지. 원래는 참 게으른 말이었는데 어쩐 일인지 그날은 밭에서 쏜살같이 뛰는 거야. 그 바람에 하마터면 나도 말을 놓칠 뻔했고. 그런데 밭두렁에 도착해보니 커다란 말파리가 말의 몸에 달라붙어 있는 거야. 나는 바로 말파리를 떼어냈지. 그러니까 동생이 왜 말파리를 떼어냈냐고 묻더라고. 나는 말파리에게 말이 물리는 모습을 차마 볼 수 없어 그랬다고 대답했는데, 동생이 뭐라고 했는지 알아? '아이고, 그 녀석 덕분에 모처럼 말이 빨리 뛰었던 건데…….'"

링컨은 의미심장하게 말했다.

"지금 '대통령 병'에 걸린 말파리가 나를 물고 있어. 그래서 나는 시시각각 긴장을 늦추면 안 된다고 스스로 주의를 환기시키지. '내 할 일에 최선을 다하고 계속해서 앞으로 나아가야 한다. 그러지 않는다면 다른 사람이 내 자리를 대신할 거야'라고 말이야."

경쟁자는 우리가 긴장의 끈을 당겨 정신이 해이해지지 않도록 하고, 원동력을 잃지 않게 도와준다. 즉, 경쟁 상대가 존재해야 우리의 잠재력이 발휘되고, 경쟁 상대가 존재해야 우리가 성장할 수 있으며, 경쟁 상대가 존재해야 성공을 앞당길 수 있다. 따라서 우리는 경쟁 상대를 배척하고 미워하는 소극적인 태도를 버리고 적극적으로 그들과 마주할 필요가 있다.

물론 정면 대결할 생각으로 상대의 도전을 맞이할 때에는 승리에 대한 자신감과 패배에 대한 준비가 필수다. 승패가 갈리는 건 당연하고, 이기든 지든 모두 지극히 정상적인 일이니 설령 패배하더라도 실망하고 의기소침할 필요는 없다. 다른 사람이 나보다 더 강하다는 사실을 인정하고 받아들여라. 그리고 더 강한 내가 되기 위해 계속해서 노력하라. 그러면 패배의 경험에서 비롯된 잠재력이 더 큰 폭발력을 가지게 되어 패배가 성공의 시작이 될 수 있다.

How should We Live?

현재에 안주하지 않는 법을
배워라

"제 성과는 이것밖에 안 되는 걸까요?"

한 하버드대 재학생이 지도교수에게 물었다.

"과연 교수님 말씀처럼 더 좋아질 수 있을까요?"

이에 교수는 이렇게 대답했다.

"사실 우리는 우리가 알고 있는 것보다 훨씬 더 아름답고, 더 똑똑하고, 더 강하고 또 더 능력 있는 존재란다. 우리가 가진 잠재력의 족쇄를 풀어 제 힘을 발휘할 수 있도록 폭발력을 더한다면 얼마든지 더 나은 내가 될 수 있지."

똑같은 일을 처리하는 데에는 이미 도가 튼 당신! 하지만 당신은 여기에 만족하는가? 만약 그렇다면 당신은 아직 하버드대 출신의 엘리트들을 따라가려면 멀었다. 잊지 마라. 우리 안에 숨겨진 잠재력이라는 에너지는 그 크기를 가늠할 수 없을 만큼 막대하다. 다만 잠재력이 휴면 상태의 거인처럼 우리 안에 잠들어 있기 때문에 그 존재를 제대로 알아차리지 못하는 것뿐이다.

모세의 노모는 한때 워킹맘이었고 성실하며 진취적이었지만 줄곧 평범함을 벗어나지는 못했다. 그러나 83세 때, 그녀는 버스정류장에서 친구를 기다리다 자신이 몰랐던 재능을 발견하게 되었다. 당시 그녀는 기다림의 무료함을 달래기 위해 펜을 꺼내 노트에 손이 가는 대로 그림을 그리기 시작했다. 그리고 몇 분 후, 그녀는 아름다운 한 폭의 그림을 완성했고, 이를 친구들에게 보여주었다. 그러자 친구들은 A급 화가가 따로 없다며 입이 마르게 그녀의 그림 실력을 칭찬했다.

사실 그녀의 그림 그리는 재주는 80세가 넘어서 갑자기 생긴 것이 아니라 이미 몇십 년 전부터 지니고 있던 것일 가능성이 크다. 그동안에는 재주를 펼칠 기회가 없어 그녀 자신조차도 그런 재주가 있었는지 몰랐을 뿐일 텐데, 이는 정말로 안타까운 일이 아닐 수 없다. 만약 모세의 노모가 일찍이 자신의 예술적 재능을 발견했다면 그녀는 평범한 삶을 사는 대신 훌륭한 예술가가 되었을지도 모를 일 아닌가!

이처럼 잠재력은 계발도 중요하지만 무엇보다 사용하는 것이 관건이다. 우리가 이미 어떠한 능력을 지니고 있더라도 이를 사용하지 않고 내버려두면, 이는 그저 잠재되어 있는 능력일 뿐 인생에 아무런 도움이 되질 않기 때문이다.

그럼 더 빨리, 더욱 나은 자아를 실현하고 더 큰 성공을 거두려면 어떻게 해야 할까? 방법은 간단하다. 잠재력을 일깨우는 것을 목표로 우리가 가진 미지의 능력과 꼭꼭 숨어 있는 좀 더 나은 모습의 자아를 계발하면 된다. 하버드대 출신들이 위대한 여러 이유 중 하나는 그들이 용감하게 자아를 탐구해 잠재력을 최대한 이끌어낸 데 있다.

빌 게이츠는 특히나 자기계발을 매우 중시했는데, 그는 항상 자신이 할 수 있는 일을 반복하기보다는 해본 적 없는 새로운 일을 시도했다. 이미 알고 있는 일을 그대로 답습하는 사람은 얼마 못 가 경쟁력을 잃는다고 생각했기에 그는 가능한 한 많은 일을 경험해보려고 노력했다. 설령 어떤 시도가 실패로 끝나더라도 시도해보지 않은 것보다는 훨씬 낫다는 게 그의 지론이다.

근대 심리학의 창시자인 윌리엄 제임스 역시 보통 사람은 자신이 가진 능력을 10퍼센트도 채 쓰지 못하는데, 이는 대부분의 사람이 자신이 어떠한 재능을 가졌는지 알지 못하기 때문이라며, 자신이 가진 능력을 충분히 발휘하고 싶다면 현실에 안주하거나 매너리즘에 빠지지 말고 뭐든 용감하게 많이 시도해봐야 한다고 말했다. 직접 몸을 움직여 겪어봐야 잠재력을 최대한 계발할 수 있고, 더 나은 내가 될 수 있다는 것이다. 시도해보고 실행에 옮겨봐야 잠재력을 최대한 계발할 수 있고, 더욱 훌륭한 내가 될 수 있다.

휴렛패커드 최고경영자였던 칼리 피오리나는 원래 수줍음이 많고 조용한 걸 좋아하는 성격이었다. 안정적인 삶이 최고라고 생각했던 그녀는 첫 번째 결혼생활이 남편의 배신으로 끝나자 이에 큰 충격을 받았고, 예전과는 다른 인생을 살겠다고 결심했다. 지식이 인생을 바꾼다는 믿음으로 그녀는 학교로 돌아가 사학과 철학 학사 학위 및 MBA 석사 학위를 취득했다. 지식이 축적되는 만큼 그녀의 교양 역시 높아졌고, 그녀는 명쾌한 언변과 깔끔한 일 처리 능력을 갖춘 커리어우먼으로 조금씩 변모해갔다.

졸업 후, 그녀는 AT&T에 네트워크 시스템 영업직으로 입사했다. 비록 전공과는 맞지 않았지만 그녀는 위축되지 않았다. 살아남으려면 용감하게 시도하고, 변해야 한다는 사실을 잘 알고 있었기 때문이다. 업무에 적응하기 위해 그녀는 항상 업계의 동향을 살폈고, 실무 경험과 소통 능력, 업무 처리 능력 등을 쌓는 일도 게을리하지 않았다. 때로는 성적 차별을 당하기도 하고 그녀를 두고 왈가왈부 많은 소문이 있었지만 그녀는 단 한 번도 꼬리를 내리지 않았고 오히려 더 악착같이 공부해 업무 능력을 키웠다. 이러한 노력에 힘입어 그녀는 루슨트테크놀로지의 분사 작업을 성공적으로 이끌었고, HP와 컴팩의 합병을 성사시켰으며, 결국 HP의 대표이사 겸 최고경영자 자리에 올랐다.

이렇듯 그녀는 끊임없이 탐구하고 시도하며 쉴 새 없이 잠재력을 계발해 뛰어난 능력을 가지게 되었다. 그녀의 경험에서도 알 수 있듯이 한 번도 해본 적 없는 일을 처음부터 잘해내는 사람은 없다. 우리는 모두 어떠한 일을 하는 실제 과정에서 그 일을 하는 방법을 배운다. 즉, 다른 사람과의 교류를 통해 소통하는 법을 배우고, 강연을 하는 중에 강연 노하우를 쌓으며, 기획을 하는 과정을 통해 기획 방법을, 업무를 처리하는 과정에서 업무 처리 방법을 배운다. 그리고 이는 단언컨대 가장 효과적인 학습 방법이다.

우리가 평범함을 벗어나지 못하는 가장 큰 이유는 자기계발의 노력이 부족하기 때문이다. 이제 새로운 시선으로 자신을 살펴보라. 당신은 당신의 잠재력이 충분히 발굴되었다고 생각하는가? 당신이 더 계발해야 할 능력은 무엇인가? 우리가 흔히 천재라고 말하는 사람들을 떠올려보고, 그들이 남긴 화려한 업적을 돌아보며 이제는 당신이 용감하게 시도할 차례다. 우선 평소 시도할 가치가 없다고 생각했던 작은 일부터 시작해보라. 이 작은 시도가 새로운 삶을 개척하는 힘이 되어 당신을 성공의 길로 안내할 것이다.

안락 지대에서
벗어나라

사람들은 좀처럼 자신을 바꾸지 못한다. 그 원인에 대해서는 여러 의견이 분분하지만 하버드대 심리학 교수 로버트 케건과 리사 라스코우 라헤이는 이렇게 지적한다.

"우리는 스스로 변하려고 굳이 애를 쓰지 않습니다. 달리 말하면 되는 대로 살아가지요. 물론 우리가 이러한 모습을 보이는 이유는 다양합니다. 하지만 그중에서도 근본 원인을 꼽자면 바로 우리의 안락 지대(Comfort Zone) 때문입니다."

'안락 지대'란 익숙한 환경과 자신이 잘하는 일, 친한 사람들과의 교류 등 한 개인이 살면서 편안함을 느끼는 범위를 말하는데, 사람은 일단 이곳을 벗어나면 불편함을 느낀다. 《누가 내 치즈를 옮겼을까》에 나오는 생쥐는 은신처에서는 잘 지내가다도 밖으로만 나가면 공포와 무력감에 시달려 외출을 꺼렸는데, 이 생쥐에게는 은신처가 바로 안락 지대였던 것이다.

물론 인간은 더욱 안락하고 편안한 삶을 추구하며, 이것이 삶의 목표라 해도 과언이 아니다. 그러나 때로는 이 '안락함'이 오히려 독이 될 수도 있다.

왜냐? 탈 벤 샤하르는 이렇게 말했다.

"사람들은 대부분 많은 순간을 안락 지대에 머물고, 또 그곳에서 편안함을 느낍니다. 안락한 인생을 산다는 건 아주 좋은 일이지요. 하지만 그렇다고 줄곧 안락 지대에만 머문다면 변화가 줄어들어 성장의 기회 역시 사라진다는 사실을 알아야 합니다."

한 사람의 성장과 발전이 더뎌지면 잠재력의 발전이 제약을 받아 그 사람이 얻을 수 있는 성과 역시 한계가 생긴다. 혹시 '끓는 물속 개구리 (Boiling Frog)' 이야기를 들어본 적 있는가? 뜨거운 물에 개구리를 집어넣으면 개구리는 뜨거움을 느끼고 단번에 물속에서 뛰어나오지만, 따뜻한 물에 집어넣으면 물속에서 그 따뜻함을 즐긴다. 물을 조금씩 가열해도 빠져나올 생각을 안 하다가 결국 개구리는 영원히 물 밖으로 빠져나오지 못한다. 자신도 모르는 사이에 죽기 때문이다.

안락 지대에 연연하는 사람은 따뜻한 물에 미련을 두는 개구리와 다를 바 없다. 빠져나오려고 생각하는 순간에는 이미 늦는다는 뜻이다.

생각해보라. 안락 지대 때문에 당신은 소중한 것들을 얼마나 많이 잃었는가? 게으름이 습관이 되어 앞으로 나아가길 포기했고, 안정적인 수입을 위해 창업의 열정을 저버렸으며, 집이 주는 편안함에 세상을 누비겠다는 포부를 접지는 않았는가?

이에 혹자는 안락 지대를 벗어나서 우리가 얻을 수 있는 것은 또 뭐냐고 반문할지도 모르겠다. 그 답은 2001년 하버드 의과대학에서 레지던트로 일했던 미국의 유명 작가 스펜서 존슨의 저서 《누가 내 치즈를 옮겼을까》에서 찾을 수 있다.

'삶은 변화의 연속이다. 그러니 지금의 편안함에 안주하지 마라. 편안함에 익숙해지면 바보나 멍청이가 되어 아무 일도 이룰 수 없게 될 테지만, 지금의 편안함을 과감히 포기할 줄 알면 분명 달콤하고 신선한 치즈가 당신을 기다리고 있을 것이다.'

한 교수와 그가 지도한 여덟 명의 대학원생이 졸업을 앞두고 한자리에 모였다. 각자의 길을 걷기에 앞서 함께 식사도 하고 이야기도 나눌 겸 마련된 자리였다. 한창 분위기가 무르익을 무렵 학생들은 교수에게 한 말씀을 부탁했다. 따지자면 그들의 마지막 수업인 셈이었다.

교수는 아무 말 없이 종이 한 장을 꺼내더니 그 위에 원을 하나 그리고 중앙에 사람을 한 명 세운 다음 다시 그 원에 집 한 채를 그려넣었다. 그러고는 말했다.

"자, 이 원 안에는 집이나 가족처럼 여러분에게 매우 중요한 것들이 있습니다. 그리고 여러분은 이곳에서 자유와 편안함을 느끼지요. 그런데 어느 날, 이 원을 벗어난다면 어떤 일이 생길까요?"

이에 한 학생이 대답했다.

"위험한 일이 일어날 것 같아요. 두려움도 생길 것 같고."

그러자 또 다른 학생은 말했다.

"잘못을 저지른 기분이지 않을까요?"

교수가 고개를 가로젓자 학생들은 쥐 죽은 듯 조용해졌다. 교수는 펜을 들더니 더 큰 원 하나에 더 큰 집을 그렸다. 그러고는 말했다.

"안락 지대를 떠난 후, 여러분은 이전에는 미처 몰랐던 것들을 배워

식견을 넓히고 더 부유한 사람이 될 겁니다."

안락함을 탐하는 마음을 극복하라. 자신의 안락 지대에서 벗어나 예전에는 하지 못했던 특별한 일을 해야 끊임없이 자신을 뛰어넘을 수 있고, 자기를 계발할 수 있으며 인생의 가치를 실현할 수 있다. 한 사람의 성장 과정은 곧 안락 지대를 끊임없이 넓혀가는 과정이자 '불편함'과 '편안함'을 반복하는 여정이다.

여기 하버드대생들의 존경을 한 몸에 받는 미국 여성이 있다. 자식 교육을 매우 중요시했던 그녀의 어머니 덕분에 그녀는 3세 때부터 피아노를 배우기 시작했고, 금세 어머니와 함께 오르간을 합주할 수 있게 되었다. 4세 때, 그녀는 피아노곡 몇 곡을 마스터하여 그녀의 첫 번째 연주회를 열었고, 그 후 각종 행사에 초대를 받아 피아노 연주 실력을 뽐냈다. 그리고 16세 때 덴버대학 음대에 입학해 피아니스트를 꿈꿨다. 하지만 대학에 들어가 듣게 된 국제학 강의가 그녀의 꿈을 바꿔놓을 줄 누가 알았겠는가? '레닌의 계승자 스탈린'이라는 주제로 진행된 강의는 그녀를 정치의 매력에 흠뻑 빠뜨렸다. 그녀는 전공을 변경해 음악 대신 국제정치학을 공부하리라 마음먹었다.

당시 그녀의 어머니는 그녀의 결정에 반대하며 말했다.

"십여 년 넘게 배우고 또 노력했던 일이지 않니. 게다가 피아노를 그렇게나 잘 치는데 지금 포기하기엔 네 실력이 너무 아깝구나!"

하지만 그녀는 그럼에도 국제정치학으로 전과해 정치학과 러시아어를 공부했다. 러시아의 면면을 이해하기 위한 그녀의 노력은 남달랐다. 강의를 통해 배운 지식에만 만족하지 않고 그녀는 틈만 나면 도서관으로 달려가 자료를 찾아 읽었고, 각종 뉴스에도 주의를 기울였다. 그렇게 19세 때, 그녀는 정치학 학사 학위를 취득했고, 26세에는 박사 학위를 받았다. 그 후 그녀는 스탠퍼드대의 국제안보 및 군비통제센터에 들어가 학자로서의 명성을 얻었고, 국제정치학에 대한 정확한 인식과 견해로 정계에 진출해 결국 미국 역사상 최초의 흑인 여성 국무장관이 되었다. 그녀는 바로 콘돌리자 라이스다.

안락 지대를 넓혀가는 과정을 통해 우리는 자기 자신을 더욱 잘 이해하게 된다. 예컨대 자신에게 적합한 일이 무엇인지, 어떤 특기가 있는지를 알 수 있다. 만약 우리가 안락 지대를 벗어나 기꺼이 새로운 사물과 새로운 생활을 접한다면, 우리는 성장과 발전을 거듭하며 입지를 넓혀가게 될 것이고, 넓어진 입지는 새로운 기회를 얻을 가능성을 높여 새로운 나로 거듭나는 발판이 되어줄 것이다. 반대로 끊임없이 노력하여 꾸준히 안락 지대를 넓혀가지 않는다면, 우리는 매너리즘에 빠져 퇴보하게 될 것이다.

사실 웬만한 신념과 노력 없이 자신의 안락 지대에 도전하기란 매우 힘든 일이다. 수많은 내적 갈등과 좌절을 수반하기 때문이다. 하지만 시도해보기 전에 지레 겁먹지 말고 일단 자신의 마음의 벽부터 조금씩 허물어보자. 안락 지대에 대한 미련을 버리고 안락 지대 바깥 세상에 대한 두려움을 거둬보자. '불편하거나 부자연스럽다는 생각이 드는 일이 있더라도 그 일을 피하지 말자!'라는 다짐으로 두려워도, 힘들어도, 하지 못하는 일이라도 부딪쳐보는 것이다. 그렇게 눈 딱 감고 버티다 보면 어느새 새로운 상황과 도전에 익숙해져 더 이상은 긴장하지도 두려워하지도 않는 자신을 발견하게 될 것이다. 매일 나를 불편하게 하는 일들을 하나씩만 처리해나가도 1년 후 당신은 놀라운 변화를 경험하며 성공에 한 발 더 다가갈 수 있을 것이다.

하버드 야드로 가는 게이트 중 하나. 27개의 게이트가 있다.

: 제6강 :
열정 가득한 삶을 살아라

하버드대 출신들이 하나같이 멋진 인생을 사는 이유는 뭘까? 이는 그들이 매사에 혼신의 힘을 다하고, 항상 자신의 삶에 충실하려 하기 때문이요, 그 열정 가득한 순간들이 곧 자아가 실현되는 순간이기 때문이다. 아무리 가혹하고 고달픈 상황에 처하더라도 열정과 희망과 감사하는 마음을 품고 용감하고 당당하게 앞으로 나아가라.

열정으로
마음을 채워라

미국의 한 잡지에서 사업에 성공한 경영인과 경영대학에 재학 중인 우수 학생 들을 대상으로 설문 조사를 진행한 적이 있었다. 성공에 가장 도움이 되는 것은 무엇인지를 묻는 이 조사에서 그들이 공통적으로 내놓은 답은 바로 '열정'이었다.

맥아더 역시 열정을 매우 중요시했는데, 이는 그의 좌우명에서도 고스란히 드러난다.

'나이는 숫자에 불과하다. 세월은 피부를 주름지게 하지만, 열정을 잃으면 영혼이 시든다. 사람은 신념과 함께 젊어지고, 회의와 함께 늙어간다. 사람은 자신감과 함께 젊어지고, 두려움과 함께 늙어가며, 희망과 함께 젊어지고, 실망과 함께 늙어간다.'

매일 천편일률적인 일을 반복하며 단조롭고 기계적인 삶을 사는 당신! 만성피로에 시달리며 좀처럼 기운을 차리지 못하는가? 무슨 일을 해도 재미가 없는가?

"일을 해도 재미가 없고, 안 해도 재미가 없고, 돈이 있어도 없어도 모두 재미가 없어."

"연애를 해도 재미가 없고, 연애를 안 해도 재미가 없고……."

이런 말들을 입버릇처럼 하고 있다면 하버드대에서 자주 거론되는 미국 보험 세일즈의 전설 프랭크 베트거의 이야기를 함께 살펴보자.

한때 프로 야구선수로 활동했던 프랭크 베트거는 입단 후 얼마 지나지 않아 인생에서 가장 충격적인 일을 겪었다. 바로 팀에서 방출된 것이다. 움직임에 힘이 없고, 전반적으로 기운이 빠져 있는 모습이 프로답지 못하고 팀과도 어울리지 않는다는 게 구단주의 이유였다. 크게 상심한 그는 모든 일에 흥미를 잃게 되었다.

그런 그를 일으킨 건 데일 카네기의 한마디였다.

"하는 일에 아무런 열정이 없는데 어떻게 잘할 수 있겠니?"

정곡을 찌른 충고에 그는 자신을 바꾸기로 결심했다. 이후 뉴헤이븐 팀에 입단한 그는 가장 열정적인 야구선수가 되겠다고 다짐하고, 이를 실행에 옮겼다. 기력을 한껏 충전한 용사처럼 온 경기장을 누볐다. 누구보다도 빨리 뛰려 노력했고, 있는 힘껏 공을 때렸다. 그의 열정은 팀의 모든 선수에게 좋은 자극이 되었을 뿐만 아니라 경기장의 관중까지도 열광케 했다. 코치는 그의 활약에 칭찬을 아끼지 않았고 얼마 지나지 않아 그의 월급은 25달러에서 185달러로 급상승했다. 심지어 가장 열정적인 선수로 선정되기도 했다.

야구선수에서 은퇴한 후, 프랭크 베트거는 보험 세일즈맨으로 변신했다. 그러나 처음 10개월 남짓은 그에게 정말로 힘든 시간이었다. 고객은 그가 말을 채 끝내기도 전에 그를 쫓아내기 일쑤였고, 그는 자신이 선택한 직업에 이루 말할 수 없을 만큼 실망감을 느끼며 매일을 스트레스에 시달렸다. 직업을 바꿔야 하나 고민에 빠질 정도였다. 이에 그의 스승인 카네기가 그를 타일렀다.

"프랭크, 보험 상품을 판매할 때 자네 말에는 생기가 없어. 내가 고객이라도 자네가 판매하는 보험을 구매하지 않았을 거야."

이러한 충고에 그는 야구선수 시절의 경험을 돌아보게 되었다. 자신의 실적이 왜 좋지 않은지를 알고 난 후 그는 야구를 하던 열정으로 보험을 제대로 팔아보겠다고 결심했다. 그는 고객과 대면할 때면 항상 미소 띤 얼굴로 친절함을 잃지 않았고, 그 결과 그는 새로운 기적을 일으키며 세계적으로 유명한 세일즈의 대가가 되었다.

프랭크 베트거의 성공은 그의 재능 때문이라기보다는 열정 덕분이라고 볼 수 있다. 그는 열정을 불사르며 열심히 일했고, 그 열정에 기대 세일즈맨이라는 지극히 평범한 직업에서 빛나는 성과를 거두며 새로운 세상을 일궈냈다.

역사적으로도 열정 없이 성공한 사례는 없었다. 하버드대 심리학 교수 윌리엄 제임스의 말처럼 말이다.

"열정은 타인과 일, 사회 그리고 온 세상을 대하는 한 사람의 태도를 바꿔놓을 수 있습니다. 열정은 자신의 삶을 더욱 사랑하게 만들기도 하지요. 어떤 일을 할 때 열정을 가지고 임한다면, 당신이 지어 올릴 성공이라는 빌딩의 기반을 튼튼히 할 수 있을 것입니다."

열정은 강력한 힘으로, 이를 이용하면 이익을 얻을 수 있다.

그렇다면 왜 열정이 이처럼 강력한 힘을 가진다고 말하는 걸까?

간단히 말해서 열정은 마음에서 우러나는 아드레날린이기 때문이다. 즉, 온몸의 세포를 깨워 새로운 마음을 가지고 더 적극적으로 행동하게 만든다. 또한 열정은 전염성이 있다. 필승의 믿음을 전달해 다른 사람이 자신도 모르는 사이에 당신을 지지하게 만들고 또 당신을 따르게 만드는 힘이 있다.

빌 포터는 매우 불행한 사람이었다. 유년 시절 대뇌를 다쳐 신경계에 장애가 생기는 바람에 기분이 마음대로 통제되지 않았고 혼자서는 생활할 수 없게 된 것이다. 성인이 된 후, 복지기관은 그를 '고용 부적합자'로 분류했고, 그가 지원했던 몇몇 회사는 모두 무정하게 그를 거절했다. 하지만 그는 스스로를 원망하거나 자신의 처지를 한탄하지 않았다. 그는 단 한 번도 살아갈 용기와 열정을 잃지 않았다. 그는 모든 회사에 적극적으로 자신을 추천했고, 결국 그의 열정에 감동한 왓킨스의 한 인사 담당자가 그를 받아주었다.

1954년부터 미국 오리건주 포틀랜드 주민들의 눈앞에는 매일 다음과 같은 모습이 펼쳐졌다. 트렁크를 든 그가 한 집 한 집 힘겹게 이동하는 모습이었다. 그는 힘겹게 계단에 올라 벨을 누르고 인내심 있게 기다렸다. 얼굴에는 이미 겸손한 미소가 배어 있었다. 심사숙고해 인사말도 준비했다. 문을 열어주지 않거나 문을 열었다가 이내 닫아버리면 그는 발길을 돌려야 했지만 그래도 여전히 미소를 잃지 않았다. 그는 웃으며 다음 집으로 향했다.

그의 방문판매 일은 그리 순조롭지 않았다. 첫 번째 집의 고객은 그의 물건을 사주지 않았고, 두 번째, 세 번째 집도 마찬가지였다. 하지만 그보다 더한 것은 빌이 매일 일을 하러 이동을 하는 데 14시간을 소비해야 한다는 점이었다. 저녁에 집에 돌아가면 그는 어김없이 파김치가 되었다. 관절통과 편두통도 늘 그를 괴롭혔지만 그는 절대 실망하지도 포기하지도 않았다. 그는 매일 자신의 담당 지역으로 가서 열정적으로 고객에게 상품을 판매했다.

"안녕하세요. 당신의 친구 빌입니다."

"오늘 날씨가 참 좋네요. 제가 당신을 봤을 때의 기분처럼 말이죠."

그렇게 시간이 흐르자 빌을 낯설게만 여기던 사람들은 조금씩 그를 친숙하게 여기게 되었다. 그들은 성실하고 따뜻하며 강인한 의지를 가진 빌의 상품을 기꺼이 구매하기 시작했다. 물론 그들이 빌이 판매하는 상품을 매번 필요로 했던 것은 아니었지만 그들은 세상엔 빌 같은 사람이 필요하다는 사실을 인식하고 빌을 지지하고자 했다. 빌은 실적이 날로 높아졌고 결국 왓킨스 창사 이래 장애인 최초로 최고의 명예인 '올해의 영업왕' 상을 받았다. 그렇게 그는 왓킨스의 간판 세일즈맨이 되었다.

더 이상 열정의 신비한 힘을 의심하지 마라. 열정은 우리의 개인적인 영향력을 발전시키고 그 결과 주변 사람들을 감동시켜 당신이 성공과 행복을 거머쥘 수 있도록 도와준다.

'열정이 있는 사람은 타인의 적개심보다는 마음을 얻는다.'

하버드에서 오래전부터 전해 내려오는 이 말은 단순히 듣기 좋은 말이 아니라 성공의 길로 나아가는 이정표다.

당신의 삶이 아무리 무미건조하고 단조롭더라도 오늘부터는 절대 되는 대로 살아가지 마라. 열정으로 마음을 가득 채워 하루하루를 살아라. 그러면 얼마 지나지 않아 활력 넘치는 자신을 마주하게 될 것이며, 당신의 미래 역시 무한한 가능성으로 가득해질 것이다.

희망을 안고
시작하라

한 하버드대 재학생이 말했다.

"운명의 여신이 제 편이길, 그래서 기적이 일어나길 바랍니다. 하지만……."

그러자 교수가 그의 말을 끊으며 말했다.

"그럼 희망을 버리지 마세요. 아무것도 가진 게 없어도 희망을 간직한 사람은 모든 것을 가질 수 있지만, 모든 것을 갖고도 희망이 없는 사람은 자신이 지금 가지고 있는 것마저 몽땅 잃을 수 있으니까요."

순간순간 인생은 우리에게 크고 작은 그림자를 드리운다. 삶은 현실이기 때문이다. 우리 삶에는 가난과 질병, 삶의 무게, 여러 어려움과 좌절이 존재하는데, 우리는 이를 피할 수 없다. 당신은 이러한 삶의 그림자들을 어떻게 대하는가? 당신이 어떻게 하든 당신에게 알려주고 싶은 한 가지가 있다. 절대 이 때문에 불평하거나 위축되지 말고 마음속에 희망을 간직하라는 것이다.

"희망은 한 사람의 삶을 더욱 가치 있게 하고, 심지어 우리의 생존에 없어서는 안 되는 요소이다."

"희망과 믿음을 가진 사람들에게는 불행이 잘 찾아오지 않는다."

이는 하버드대 교수들이 학생들에게 건네는 충고다. 하버드대에서는 강의 시간에 미국 작가 오 헨리의 《마지막 잎새》가 자주 거론되는데, 이는 '희망'에 대해 이야기하기 위해서다.

무명의 여류화가 존시가 심한 폐렴에 걸려서 사경을 헤맨다. 그녀는 친구의 격려도 아랑곳없이 삶에 대한 희망을 잃고 만다. 병상에 누워 창밖의 담쟁이덩굴 잎이 하염없이 떨어지는 모습을 보고 있던 그녀는 '마지막 잎이 떨어질 때면 나도 떠나야겠지'라고 자신의 처지를 비관하며 삶의 의지를 잃고 말았다. 같은 집에 사는 친절한 노화가가 나뭇잎 하나를 벽에 그려 심한 비바람에도 견디어낸 진짜 나뭇잎처럼 보이게 한다. 그녀는 이 마지막 잎사귀를 보며 살고자 하는 의지를 되찾고 삶에 대한 희망을 품는다.

존시는 심각한 폐렴에 걸려 살 가능성이 10퍼센트이며, 그것도 온전히 본인의 의지에 달렸다는 진단을 받았다. 그녀는 지지 않는 담쟁이덩굴 잎사귀 덕분에 작은 희망을 품었고 그 결과 기적을 경험했다. 희망의 힘은 이렇게나 강력하다. 생존에 대한 욕망을 일깨우고 정신적인 버팀목이 되어주는 것이 바로 희망이다. 삶에 대한 믿음이 가득하면 마음속에 희망이 생기고 희망이 생기면 기적이 일어난다.

희망은 성공을 만드는 필수품이다. 이는 하버드대 출신의 성공인사들이 모두 '희망'이라는 덕목을 갖추었다는 사실만 봐도 알 수 있다.

예컨대 하버드대 출신의 저명한 시인 로버트 프로스트의 삶은 불행과 고통으로 가득했지만 그는 시 짓기를 사랑하며 단 한 번도 절망해본 적이 없었다. 그는 말했다.

"희망은 시인정신을 진작시킵니다."

한편 하버드대 교수 윌리엄 제임스는 줄곧 건강 상태가 좋지 않았다. 허약 체질을 타고나 어려서부터 병치레가 잦았고 천연두에 걸린적도 있었다. 하지만 그는 여전히 삶과 일에 대한 희망으로 가득했다. 자신의 진정성과 창의력을 믿는다고 말하던 그는 결국 여러 질병을 이겨내고 끝내 이름을 날리는 심리학자가 되었다.

그러니 어떤 상황에서든 작은 희망은 남겨두라. 그리고 스스로에게 말하라. 눈앞의 어려움과 고난은 아무것도 아니라고, 일시적인 일일뿐이니 언젠가는 지나갈 것이라고 말이다. 우리가 희망을 버리지만 않는다면 우리에게 안 되는 일, 불가능한 일, 할 수 없는 일이란 없다. 앞을 향해 나아가는 우리의 한 걸음 한 걸음에 희망의 에너지가 추진력이 되어 자아실현을 앞당겨줄 것이다.

그렇다고 마음속에 희망만 품고 있다면 아무것도 하지 않고 놀고먹어도 가만히 앉아 성공의 기쁨을 누릴 수 있을까? 아니다! 이러한 희망은 진정한 희망이 아니라 공허한 환상일 뿐이며, '날조된 희망은 곧 절망'과 같다. 희망하는 일에는 반드시 노력과 성실함이 뒷받침되어야 한다. 그렇지 않으면 희망은 그저 물거품일 수밖에 없다.

유명한 할리우드 영화 〈쇼생크 탈출〉에서 앤디의 이야기가 이를 입증한다.

이야기는 1947년으로 거슬러 올라간다. 젊은 은행가 앤디는 아내 살해범으로 지목되어 무기징역을 선고받는다. 이는 그가 남은 인생을 쇼생크 감옥에서 보내야 한다는 의미였다. 억울하게 누명을 쓴 앤디는 자신의 결백을 증명할 단서들을 찾아 헤맨다. 그러나 아내 살인 사건의 진상과 교도소장의 음모를 알아차린 후, 자신이 정상적인 절차를 통해서는 누명을 벗을 수 없음을 직감한다. 그는 스스로 자유를 찾겠다며 탈옥을 결심한다.

앤디의 계획을 들은 쇼생크의 다른 재소자들 역시 크게 동요한다. 평생을 햇빛도 제대로 들지 않는 곳에 갇혀 지내고 싶은 사람은 아무도 없었기 때문이다. 하지만 쇼생크의 삼엄한 경비를 뚫고 탈옥하기란 거의 불가능해 보였기에 대부분의 재소자는 앤디의 계획을 실현 가능성 없는 그저 꿈같은 이야기로만 여겼다.

그러나 앤디는 희망을 버리지 않았다. 그대로 주저앉을 수 없었던 그는 자유에 대한 희망의 끈을 놓지 않고 매일 밤 남들이 잠든 틈을 타 숟가락으로 벽을 조금씩 파내 통로를 만들었다. 발각되지 않으려고 앤디는 통로의 입구에 포스터를 붙였고, 벽을 파면서 나온 돌들은 잘게 부숴 점심 산책 시간을 이용해 몰래 운동장에 내다 버렸다. 그렇게 장장 20년을 준비한 끝에 앤디는 드디어 바깥세상으로 나갈 통로를 완성해 탈옥에 성공한다. 그가 그렇게 갈망해 마지않던 자유와 희망을 얻은 것이다. 앤디는 다른 나라로 건너가 새로운 이름과 신분으로 그가 오랫동안 꿈꿔왔던 어부의 삶을 살기 시작한다.

"사람은 모두 자신의 '신'이다. 그런데 만약 내가 나를 포기하고 멍청히 앉아 죽기만을 기다린다면, 누가 나를 구해줄 수 있겠는가……. 희망과 믿음은 내게 자유를 느끼게 해주는 무적의 존재다. 강한 자는 스스로를 구한다."

앤디의 독백이다. 그의 마음속에는 희망이 가득했고, 그는 몸소 희망의 무서운 힘을 증명했다.

강한 자는 스스로를 구한다. 세상을 살아가는 우리에게는 마주봐야 할 문제들이 있다. 고난이 찾아왔다고 하늘을 원망하거나 남을 탓하지 말고, 궁지에 몰렸다고 쉽게 포기하지 마라. 희망을 안고 능동적으로 적극적인 행동을 취할 때 막다른 길에서 진짜 희망을 보게 될지니!

아무리 아파도
미소를 잃지 마라

허름한 행색의 한 여인이 딸아이를 데리고 길을 걷고 있었다. 5세 정도 되어 보이는 여자아이의 얼굴에는 땟물이 흐르고, 옷은 낡아 있었다. 아이는 길가의 즉석사진기를 발견하고 한참을 눈을 떼지 못하더니 급기야 엄마의 손을 잡아끌며 애원하기 시작했다.

"엄마! 나, 사진 찍고 싶어. 우리 들어가서 딱 한 장만 찍자. 응?"

그러자 아이의 엄마는 허리를 굽혀 딸아이의 앞머리를 한쪽으로 쓸어 넘기며 말했다.

"찍지 말자. 옷이 너무 낡았잖아."

엄마의 말에 잠시 침묵하던 아이는 이내 고개를 들며 말했다.

"하지만 엄마! 나 그래도 웃을 건데!"

아이의 말이 그리 특별하지 않을지도 모르지만 실생활에서 미소를 잃지 않기란 쉬운 일이 아니다. 아마 생각보다 훨씬 더 많은 사람이 잔뜩 찌푸린 얼굴을 하고 있거나 푸념을 늘어놓고 있거나 심지어 고통 속에서 허덕이고 있을 것이다.

확실히 고통은 우리가 있는 힘껏 피하고 싶은 존재다. 하지만 피하려 해서 효과가 있던가? 그저 시간과 에너지 낭비일 뿐 이는 아무런 도움이 되지 않는다. 고통과 마주했을 때, 우리에게 가장 필요한 것은 바로 미소다. 마음에서 우러나오는 진심어린 미소라면 아픔을 없앨 수 있고, 고통을 느끼는 강도는 온전히 개인에게 달려 있다.

하버드대에서 진행한 한 조사 결과에 따르면 하버드대 재학생 중 80 퍼센트가 최소 한 번의 극심한 고통을 겪었으며, 그중 47퍼센트의 학생이 고통으로 인해 정상적으로 일을 할 수 없었던 경험이 최소 한 번은 있었으며, 10퍼센트의 학생이 자살을 생각했던 적이 있는 것으로 나타났다. 보라! 근사해 보이는 하버드대의 학생들도 고통을 받는다. 이에 탈 벤 샤하르는 이렇게 말했다.

"고통 역시 우리가 경험해야 할 인생의 일부입니다. 괴로워하며 견디기보다는 담담하게 즐기는 편이 낫지요."

고통을 즐기는 게 낫다니, 확실히 독특한 조언이기는 하다. 하지만 곰곰이 생각해보면 일리가 있는 말이다. 고통의 아름다움을 경험하지 못했다면 어떻게 즐거움을 느낄 수 있겠는가? 이별을 겪어보지 못한 사람은 만남의 기쁨을 알지 못하고, 눈물을 흘려보지 않은 사람은 미소가 주는 감동을 알 수 없다. 이는 고통을 많이 겪어본 사람일수록 삶의 깊이와 행복이 더해진다는 의미이기도 하다.

그렇다. 고통을 즐길 줄 알고, 고통 속에서 즐거움을 느낄 수 있는 사람이라면 그가 바로 진정한 '강자'다.

제2차 세계대전 당시, 북아프리카를 손에 넣은 연합군의 승리를 축하하던 날이었다. 미국 오리건주 포틀랜드에 살던 엘리자베스는 국방부에서 보낸 전보를 받았다. 그녀의 유일한 피붙이이자 하나뿐인 아들이 전사했다는 소식이었다. 엘리자베스는 갑자기 날아든 잔인한 소식을 받아들일 수 없었다. 슬픔으로 갈기갈기 찢긴 마음에 한때 자살을 생각할 만큼 삶이 무의미하게 느껴지기도 했다. 그리하여 그녀는 일을 그만두고 고향을 떠나 사람이 없는 곳에서 조용히 여생을 보내기로 결심했다.

그런데 엘리자베스는 가방을 꾸리다 우연히 몇 년 전 아들이 전선에 도착한 후 그녀에게 보냈던 편지를 발견했다. 편지에는 이렇게 쓰여 있었다.

'어머니, 걱정 마세요. 저는 절대 어머니의 가르침을 잊지 않을 겁니다. 어디를 가든 어떤 어려움을 만나든 웃으며 이겨낼게요. 항상 어머니의 모습을 거울 삼아 영원히 어머니의 웃는 얼굴을 기억하겠습니다.'

엘리자베스는 아들의 편지를 읽고 또 읽었다.

"그래. 아들의 말대로 살아야지. 웃는 얼굴로 뭐든 이겨내자……."

이렇게 결심한 그녀는 적극적으로 삶과 마주했다. 웃는 얼굴로 주변 사람들을 대해 많은 친구를 사귀었고 덕분에 그녀는 더 이상 외롭지 않게 되었다. 독서를 즐기게 된 것도 그 무렵이었다. 특히 문학 작품을 사랑하던 그녀는 훗날 직접 책을 집필해 단숨에 영향력 있는 작가가 되었다.

그 후, 누군가 엘리자베스에게 아들과의 이별이 아직도 고통스러운 경험이냐고 묻자 그녀는 대답했다.

"아니오. 그렇지 않습니다. 그 일은 제게 너무나도 중요한 일이었고, 또 제 새로운 인생의 시작점이기도 했습니다."

그러고는 이렇게 덧붙여 말했다.

"사람은 고통의 구렁텅이에 빠졌을 때 스스로 헤어날 줄 알아야 합니다. 그러니 바꿀 수 없는 현실과 마주했다면 그 일이 아무리 고통스러워도 또 아무리 자신이 무능력하게 느껴져도 용감하게 맞서십시오. 따뜻한 미소를 잃지 말고, 그 미소로 고통을 묻어 자신이 가야 할 길을 찾아갔으면 합니다."

인생의 고통은 불가피한 일이라 아무리 피하려 발버둥을 쳐도 소용이 없다. 그러니 피할 수 없다면 즐겨라! 고통에도 미소 지을 수 있어야 진정한 강자가 될 수 있고, 그래야 새로운 세상과 마주해 더 나은 내가 될 수 있다.

우리가 미소를 잃지 말아야 할 또 한 가지 이유! 온종일 인상을 찌푸리고 있는 사람은 그 누구에게도 환영받지 못하기 때문이다. 사람은 항상 즐거움을 좇는 동물이기에 태양처럼 밝은 사람에게 끌리게 마련이며, 시종일관 미소를 잃지 않는 사람은 타인에게 해피바이러스를 전파해 모두를 기분 좋게 만든다.

그런 의미에서 프랑스의 유명 여배우 사라 베르나르는 피할 수 없는 고통에 어떻게 대처해야 하는지를 누구보다 잘 아는 사람이었다.

사라 베르나르는 프랑스뿐만 아니라 전 세계적으로 사랑받은 배우였다. 하지만 71세 때 대서양 횡단 여행 도중 갑판에서 넘어져 다리에 심각한 부상을 입었다. 훗날 정맥염과 다리 경련으로 다리를 절단해야만 하는 상황에 놓였다. 의사는 배우인 그녀가 이 사실을 받아들이지 못할까 걱정이었다. 하지만 의사가 조심스럽게 다리를 절단해야 한다고 말했을 때, 그녀는 의외로 담담하게 말했다.

"그렇게 할 수밖에 없다면 그렇게 해야죠."

무시무시한 수술을 앞두고 그녀는 줄곧 자신이 출연했던 한 연극의 대사를 외웠다. 누군가 그녀에게 물었다.

"스스로 기운을 북돋으려고 그러시는 건가요?"

그러자 그녀가 대답했다.

"아니요. 의사와 간호사 들의 부담을 덜어주고 싶어서요. 그들을 기쁘게 해주면 어떨까 생각했어요."

그녀는 그녀 옆에서 울고 있는 아들을 미소 띤 얼굴로 위로하기까지 했다.

"걱정 마. 금방 끝내고 웃으며 나올 거니까."

수술 후, 그녀는 오른쪽 다리를 잃었다는 사실에 괴로워하기는커녕 하루하루를 즐겁게 생활했다. 이렇게 열정적인 태도 덕분에 그녀는 빠르게 회복되었다. 그 후 그녀는 예전처럼 세계를 여행했고, 활발한 작품 활동으로 무대에 올랐다. 제1차 세계대전 중에는 전선으로 달려가 공연을 하기도 했다. 이렇게 그녀는 대중에게 밝고 매혹적인 모습을 드러내며 해피바이러스를 전파했다.

고통을 느꼈을 때 거울로 자신의 모습을 들여다보자. 거울 속 '당신'은 어떤 표정을 짓고 있는가? 미간을 찌푸리고, 잔뜩 흐린 얼굴을 하고 있는가? 웃어라! 모든 일을 미소 띤 얼굴로 대하는 법을 배워 고통을 멀리멀리 날려 보내라. 그러면 마음속의 고통이 사그라지고 무한한 즐거움을 얻은 자신을 발견할 것이다.

호기심을
잃지 마라

철학자 조지 에드워드 무어의 학생이었던 버트런드 러셀과 루드비히 비트겐슈타인은 모두 어느 정도 명성을 날리기는 했지만 러셀이 한 수 위였다.

그러던 어느 날, 누군가 무어에게 물었다.

"당신에게 최고의 학생은 누구인가요?"

그러자 무어는 조금의 망설임도 없이 대답했다.

"비트겐슈타인입니다."

"왜죠?"

"내 모든 학생 중에서 호기심이 가장 강한 사람이 바로 그이기 때문입니다. 비트겐슈타인은 항상 끊임없이 질문하거든요."

호기심이란 무엇인가? 호기심은 잘 모르는 일에 대한 일종의 신기함이자 흥분으로, 주로 새로운 일에 대한 관심으로 나타난다. 그 일의 인과관계를 파악하기 위해 제기하는 각종 문제도 호기심이다.

우리는 아이들이 '이건 뭐야?', '왜'라는 말들을 입에 달고 살 만큼 호기심이 강하고 또 실제로 이처럼 왕성한 호기심이 아이들에게 매우 중요하다는 사실을 잘 알고 있다. 그런데 지금의 당신은 어떤가? 당신은 여전히 주변의 사물이나 사건에 왕성한 호기심을 유지하고 있는가? 아마도 이미 너무 많은 것을 알고 있어 더 이상 궁금할 게 없다고 생각하는 사람이나 호기심 어린 질문을 던지는 자체를 유치하다고 생각하지는 않는가?

이유야 어떻든 실제로 많은 사람이 나이를 먹을수록 호기심을 잃어가고 있고, 그 결과 기계적으로 반복되는 매일을 보낸다는 느낌에 무기력하게 생활하고 있다. 그 어떤 일에도 궁금증이나 의심을 품지 않고, 그 어떤 일에도 흥미가 생기지 않는 순간이 있었는지 돌이켜보라. 만약 그런 때가 있었다면 당신은 계속 호기심이 없는 채로 모든 일에 흥미를 잃은 채 살 것인가? 아니면 변화할 것인가?

하버드대 제26대 총장 루덴스타인은 '세계 유명대학 총장포럼'에서 이런 말을 했었다.

"호기심이라는 동력이 없었다면 인류와 사회에 크게 기여한 가치 있는 발명들은 나올 수 없었을 것입니다."

호기심을 가지고 이를 유지하는 것이 얼마나 중요한지를 여실히 보여주는 말이다.

성공을 일군 하버드대 출신들이 바로 '성공은 호기심에서 비롯된다'

라는 말을 몸소 증명한 산증인들이다. 그들에게는 특별한 재주나 타고 난 재능보다도 더 강력한 '호기심'이라는 무기가 있었고, 새로운 일이 든 그렇지 않은 일이든 마주하는 모든 일에 대한 의문이 풀릴 때까지 열심히 고민한 결과 성공을 거머쥐었다.

빌 게이츠가 아직 어린 소년이었을 때 책과 사랑에 빠진 그는 과학 책부터 비즈니스, 인문, 언어학, 소설에 이르기까지 내용과 분야를 막 론하고 다양한 책을 섭렵했다.

'왜 바다에서는 하루에 두 번씩 밀물과 썰물을 볼 수 있는 걸까?'

'소비자가 제품을 구매하는 데 결정적인 영향력을 미치는 요소는 뭐 지?'

그는 거의 모든 것에 흥미를 가지고 무엇이든 더 깊이 알고 싶어 했 다. 그 덕분에 여름 학기가 시작될 때마다 학교에서 열리는 퀴즈 대회 에서 그는 항상 1등을 차지하였다.

사춘기에 접어들어 빌 게이츠의 호기심은 '컴퓨터'라는 새로운 분야 로 옮겨갔고, 컴퓨터를 향한 그의 넘치는 호기심은 놀랄 만한 성과가 되어 돌아왔다. 호기심을 풀고자 밤을 새워가며 컴퓨터 지식을 연구하 는 데 몰두한 끝에, 다트머스대학교에서 개발한 컴퓨터 프로그래밍 언 어 베이직(BASIC)에서 아이디어를 얻어 소형 컴퓨터에 쓰일 새로운 버 전(Altair Basic)을 개발해낸 것이다. '호기심은 제품 연구 개발의 원동 력'이라고 믿었던 그는 마이크로소프트웨어 창립 후 '생각 주간(Think Week)'이라는 사내제도를 만들어 직원들이 회사의 제품에 호기심을 갖 고 더 많은 질문을 할 수 있도록 독려했다.

"왜 제품을 이렇게 설계해야 하죠?"

"어느 부분을 더 보완할 수 있을까요?"

"이 제품보다 더 좋은 제품을 생산할 수 있을까요?"

빌 게이츠는 이처럼 강렬한 호기심으로 사업을 일구고 성공을 거뒀다. 이미 일선에서 물러난 지금도 그는 여전히 쉼 없이 공부하며 전 세계의 생태 균형과 경제 발전, 교육, 건강 등의 문제에 주목하고 있는데, 이에 대해 그는 이렇게 말했다.

"이 지식들은 현재 내가 살고 있는 세상을 이해하는 데 도움을 줍니다. 저는 아직도 궁금한 것들이 많은데, 지금처럼 관심을 가지고 하나하나 그 호기심을 풀어가다 보면 끝내는 제가 기대하는 답을 찾을 수 있겠죠."

빌 게이츠의 성공 사례에서 알 수 있듯이 호기심은 깊이 있는 연구와 탐구로 이어진다. 매일 하는 일이 별다를 것 없더라도 호기심이 있다면 아무리 사소한 일에서도 그 안에 숨겨진 다름을 발견할 수 있다. 점에서 선, 선에서 면에 이르기까지 탐구할 가치가 있는 일들은 무척이나 많다. 그러니 평범해 보이는 일 또는 사물 속에서 가치 있는 무엇을 배워라.

그뿐만 아니라 호기심은 언제나 개방적인 사고와 젊음을 유지할 수 있게 해준다. 사람이 주변 사물에 호기심을 유지할 때, 체내에서 모종의 호르몬이 분비되어 기분을 상쾌하게 만드는데, 이미 많은 연구 결과에서 이것이 단순한 심리적 작용을 넘어 실제로 피부 노화를 늦추고 몸도 더 건강하게 만든다는 사실이 입증되었다.

따분하고 지루한 인생을 살고 싶지 않다면 호기심을 키워라!

매일 달라진 자신과 마주하길 바란다면 호기심을 키워라!

하버드대 출신들처럼 훌륭한 사람이 되고 싶다면, 아무리 많은 일을 겪었어도 절대 자신의 호기심을 말살하지 마라!

'이건 뭐지?', '왜 그런 걸까?', '어떻게 된 거지?' 등등…… 아이들처럼 많은 질문을 해도 좋다. 그러다 보면 바깥일에는 도통 관심이 없던 사람도 시간이 흐를수록 조금씩 호기심을 키워 단 한 번도 해본 적 없는 일을 시도하게 될 것이다. 물론 꼭 해보지 않은 일에만 호기심을 가질 필요는 없다. 머리를 굴려 생각을 하게 만드는 일이면 충분하다.

어떤 일에든 호기심으로 열정 가득한 삶을 산다면, 그래서 자신이 가진 에너지를 마음껏 발산한다면, 어느새 본인도 알지 못했던 더 다양한 모습의 '나'를 발견하고 삶의 매 순간이 다채로워짐을 느낄 수 있을 것이다.

꼭 부유해야 행복한 건 아니다

행복이란 무엇인가? 어떤 이는 자신이 하고 싶은 대로 하는 것이 곧 행복이라 말하고, 어떤 이는 집과 차, 권력, 돈이 있는 것이 행복이라고 말하며, 또 어떤 이는 꿈을 이루는 것이 행복이라고 말한다. 그런데 탈 벤 사하르는 자신의 저서 《해피어》에서 남다른 관점을 제시했다. 그는 행복이란 지속적이고 안정적인 만족감으로 주관적인 느낌이자 인식이요, 경험이라고 말했다.

살면서 당신은 얼마나 많은 욕구와 욕망을 가지고 있는가? 고연봉의 직업을 가지고, 넓은 집에 살며, 멋진 차를 몰고 다니는 삶을 꿈꾸는가? 사람들은 모두 이런저런 욕구와 윤택한 삶을 향한 욕망을 가지고있고, 이는 그리 비난받을 일이 아니다. 그러나 여기에도 '정도'는 필

요하다. 그렇지 않으면 욕망은 수렁으로 변해 이를 평평하게 메우려고 할수록 더욱 깊은 수렁을 만들게 될 것이다.

알렉산드로 푸시킨의 《어부와 황금 물고기》가 말해주듯 욕심이 지나치면 결국 아무것도 얻지 못한다. 물론 이런 사람이 삶의 즐거움을 논할 수 있을 리 없다. 살면서 순간의 욕심에 사로잡혀 욕망만을 좇지는 않았는지, 만족할 줄 모른 채 삶이 불행하다며 불평하지는 않았는지 한번 돌이켜보라. 만약 그랬다면 당신의 인생이 행복하지 않은 이유도, 당신이 성공하지 못한 이유도 모두 당신이 만족할 줄 모르기 때문이다. '욕망과 바람'을 혼동해 필요 이상의 것에 삶의 의미를 두니 만족하기가 어렵고, 만족하지 못하니 자연스럽게 불평이 늘어나면서 삶이 우울해지는 것이다.

이게 바로 득보다 실이 많은 경우가 아니고 무엇이겠는가! 매슬로의 욕구단계이론에 따르면 인간의 욕구는 생리적 욕구, 물질적 욕구, 안전 욕구, 사회적 욕구, 존경 욕구, 자아실현 욕구 등 다섯 단계로 나뉜다. 여기서도 드러나듯 물질에 대한 욕구는 가장 기초적 욕구에 불과하며, 우리가 최종적으로 추구해야 하는 바는 바로 자아실현이다. 그런데 우리가 가장 기초적인 물질적 욕구를 충족하는 데에만 매달린다면, 언제 에너지와 시간을 쏟아 자아실현을 이룰 수 있겠는가?

'지나친 욕망은 고통의 근원이요, 만족의 즐거움이야말로 가장 큰 자산이다.'

이는 하버드대의 저명한 교수 콜브란이 견지하는 관점이다. 그가 하버드대의 요청에 응해 교편을 잡았을 당시, 그가 제시한 숙소 조건은 침대 하나, 책상 하나 그리고 의자 하나 있는 방이었다. 학교는 물론 그의 요구를 100퍼센트 만족시켜주며, 그에게 학교의 한 고층 건물 꼭대기 층에 위치한 방 두 개짜리 숙소를 마련해주었다. 작고 낡은 방이었지만 그는 기뻐했다.

"이 정도면 충분하지 뭐가 더 필요하겠습니까? 다른 건 아무것도 필요 없습니다."

그 후, 학교의 여건이 좋아져 담당자가 여러 차례 그에게 고급주택으로 거처를 옮길 것을 권했으나 그는 한사코 이를 거절했다.

"저는 꼭대기 층에 사는 게 좋습니다. 조용해서 저와도 잘 맞고요. 잘 살고 있으니 걱정 마세요."

콜브란은 그야말로 만족의 즐거움을 아는 삶을 살았다. 그래서 그는 항상 편안하고 자유로웠는데 이것이 바로 그의 성공 비결이었다. 그가 부귀와 공명을 중요하게 여겨 더 큰 집과 더 많은 돈만 생각했다면, 아마 학술 연구에 전념할 시간이 충분하지 않았을 테고, 더욱이 따분한 교육 사업에 몸 바칠 에너지도 없었을 것이다.

몇 차례나 세계 최고 부호의 자리에 올랐던 빌 게이츠는 조언을 구하는 사람들에게 항상 이렇게 말했다.

"더 많은 돈을 가져야 보통 사람들이 누리지 못하는 즐거움을 누릴 수 있을 거라고 생각한다면 오산입니다. 돈은 일정 액수가 넘어가면 그저 숫자화된 자산 지표에 지나지 않을 뿐, 정말이지 아무런 의미가 없습니다. 그보다도 만족에서 오는 즐거움이 훨씬 의미 있지요."

사실 아무리 많은 것을 욕심내고 또 아무리 많은 것을 얻어도 정작 우리에게 필요한 물건에는 한계가 있다. 생각해보라. 과시를 위해서도 좋고 가치를 높이기 위해서도 좋지만 과연 집을 몇 채씩 가질 필요가 있을까? 집값이 오르내릴 때마다 마음도 함께 흐렸다 맑았다를 반복하며 그저 걱정을 더할 뿐이다. 옷장 한가득 옷이 있어도 결국 즐겨 입는 옷은 몇 벌에 지나지 않지 않는가!

그러니 넘치는 욕구와 욕망을 버려라. 만족할 줄 아는 마음을 가지고 열정적으로 하루하루를 살아가다 보면 좀 더 쉽게 삶의 행복을 느낄 수 있고, 나아가 더욱 큰 성공을 거둔 더 뛰어난 나로 거듭날 수 있을 것이다.

'지어지선(止於至善)'이란 어떻게 노력해야 가장 이상적인 경지에 도달할 수 있는지를 알고, 자신이 어떠한 위치에 있을 때가 가장 좋은지를 알아야 함을 말한다.

한 상인이 부단한 노력으로 거액의 재산을 모아 현지에서 유명한 거상이 되었다. 하지만 그는 조금도 행복하지 않았다. 현재의 사업 규모에 만족하지 않을뿐더러 인생을 즐기기엔 가진 돈이 아직 턱없이 모자라다고 생각해 쉴 새 없이 일만 했기 때문이다. 그러던 어느 날, 거상이 배를 타고 외지에 나갔다가 한 어부가 해변에 누워 일광욕을 즐기는 모습을 보았다. 그 옆의 배 한 척에는 대어가 가득 들어 있었다. 거상은 어부가 잡은 물고기 양에 감탄하며 물었다.

"매일 몇 시간을 일해야 이렇게 많은 물고기를 잡을 수 있습니까?"

그러자 어부가 대답했다.

"잠깐이면 잡을 수 있습니다."

거상은 이상하다는 듯 물었다.

"그럼 왜 고기를 더 잡지 않고 여기서 일광욕을 하고 있나요?"

"그렇게 많이 잡아서 뭐하게요?"

어부는 이해할 수 없다는 듯 반문하며 이내 말을 이었다.

"이 정도면 우리 식구가 먹고살기에 충분합니다!"

그러자 거상이 물었다.

"그럼 남은 시간에는 뭘 하십니까?"

어부는 대답했다.

"매일 오전 바다에 나가 물고기 몇 마리를 잡으면 이렇게 모래사장에서 일광욕을 하지요. 그러다 점심 때 즈음 집으로 돌아가 밥을 먹고 아이들과 놀다 낮잠을 잡니다. 해질 무렵이 되면 친구들과 만나 술도 한잔하고, 제가 가장 좋아하는 기타도 치지요. 이렇게 내실 있고 바쁘게 하루를 보낸답니다!"

이에 거상은 고개를 가로저으며 어부에게 훈수를 두었다.

"고기를 잡는 데 조금 더 시간을 쓰셔야겠네요. 그런 다음 돈을 모아 더 큰 배를 한 척 구입하는 겁니다. 그러면 더 많은 물고기를 잡을 수 있을 테고, 어선을 몇 척 더 살 수 있을 겁니다. 어선이 늘면 선원들을 고용할 수 있고, 늘어난 노동력만큼이나 점점 더 많은 돈을 벌게 되겠지요. 그렇게 10년 정도 지나 은퇴를 하면 자유롭게 해변에서 일광욕도 하고, 가족들과도 많은 시간을 보내고, 한가로이 친구들과도 어울리면서……."

이때 어부가 도무지 이해할 수 없다는 듯 반문했다.

"제가 지금 살고 있는 삶이 바로 그런 모습이지 않습니까?"

거상은 이 말을 듣고 순간 말문이 막혀 아무 말도 할 수 없었다.

이야기 속 거상과 어부 중 과연 누가 더 행복할까? 물론 사람마다 행복에 대한 이해와 기준이 다르기에 간단히 답할 수 있는 문제는 아니다. 그러나 어부가 거상처럼 거액의 재산을 가지고 있지는 않았지만 만족의 기쁨을 누리며 현재를 즐겁고 의미 있게 살고 있다고 자부했고, 실제로도 거상이 줄곧 꿈꿔왔던 안락한 행복을 누리고 있음에 주목할 필요가 있다.

그렇다. 부의 크기가 행복의 절대적인 조건은 아닌 것이다. 즉, 삶의 행복은 우리가 만족을 하느냐, 하지 못하느냐에 달려 있다. 이에 대해 하버드대 출신의 한 학자는 다음과 같은 재미있는 말을 했다.

"세계 최고의 부자와 세계 제일의 가난뱅이를 제외한 모든 사람이 내 위에 있는 이보다는 처지고, 내 아래에 있는 이보다는 앞선 위치에 있습니다. 다만 행복한 사람들은 아래와 비교를 하는 반면, 불행한 사람들은 위와 비교를 한다는 차이가 행복과 불행을 가르지요."

행복한 사람이 되기 위해 꼭 세계 최고의 부자가 될 필요는 없다. 행복은 온전히 마음먹기에 달려 있음을 명심하라.

감사할 줄 알아야
삶의 고됨도 달콤해진다

삶에 감사하는 마음을 가지고 매사를 대하는 것이 곧 인생의 의미이
자 즐거운 삶의 원천이다.

평소 당신은 불평불만이 잦은 사람인가? 일이 조금만 내 맘 같지 않
게 돌아가면 '투덜이'로 변신해 잔뜩 불평을 늘어놓고, 다른 사람이 내
뜻대로 행동하지 않으면 자신과 대립하고 있다는 생각에 눈에 쌍심지
를 켜고……. 아마도 삶이 힘들어진 원인을 자기 자신에게서 찾고 싶
지 않아 불평불만을 늘어놓는 것이겠지만, 한 가지 알아야 할 사실이
있다. 불평불만은 우리를 억울하고 불쌍한 사람으로 만들 뿐, 문제 해
결에는 아무런 도움이 되지 않으며, 오히려 자아실현을 향해 나아가는
우리의 발목을 붙잡는다는 것이다.

이 말이 과장되었다고 생각한다면 먼저 이 이야기를 들어보라.

재능 넘치는 젊은 시인이 있었다. 그에게는 마음씨 따뜻하고 아름다운 아내와 명랑하고 귀여운 아들, 그리고 스스럼없이 지내는 친구들도 있었다. 하지만 젊은 시인은 왠지 항상 수심에 잠겨 한숨을 쉬기 일쑤였다. 이를 이상하게 여긴 한 천사가 시인에게 그 이유를 물었고, 그는 대답했다.

"내 아내는 마음씨가 따뜻하고 아름답지만, 나와는 공통된 이야깃거리가 없어요. 아들은 너무 말썽꾸러기라 종일 내 혼을 쏙 빼놓고요. 친구들은 한 술 더 뜨죠. 툭하면 집으로 몰려와 나를 방해한다니까요."

아내와 아들, 친구들 모두가 시인을 즐겁게 하기는커녕 오히려 그를 침울하게 하다니, 천사는 도무지 이해가 가지 않았지만 다시 그에게 말했다.

"그렇군요. 그럼 제가 당신의 불만을 해결해드리죠."

그런 다음 천사는 시인 주변의 모든 사람을 데리고 가버렸다. 처음에 시인은 혼자만의 생활이 매우 즐겁고 자유로웠다. 하지만 며칠 지나지 않아 그는 자신을 살뜰히 챙겨주는 아내와, 말썽꾸러기 아들 그리고 자신을 찾아와주는 친구들이 없는 삶이 얼마나 처량한지를 깨닫게 되었다. 창작 의욕마저도 잃게 된 그는 그제야 자신이 원래 누리던 생활이 얼마나 소중했는지를 뼈저리게 느끼며 후회를 금치 못했다.

왜 우리는 무엇인가를 잃은 후에야 그 소중함을 깨닫게 되는 걸까? 그 이유는 간단하다. 우리가 불평불만이 습관이 되고, 받는 것에만 익숙해져서 자신이 가진 모든 것에 감사하는 마음을 갖지 못하기 때문이다. 감사하는 마음은 은혜에 대한 표현이자 긍정의 마인드이다. 이는 하버드대에서도 매우 중요시하는 부분으로, 많은 학생을 행복과 자아실현의 길로 이끈 요소이기도 하다.

하버드대에서는 프랭클린 루스벨트에 관해 전해지는 이야기가 하나 있다.

어느 날, 루스벨트의 집에 도둑이 들어 많은 물건이 사라졌다. 이 소식을 들은 한 친구는 루스벨트에게 너무 마음에 담아두지 말라는 위로의 말을 담은 편지를 보냈다. 이에 루스벨트는 이렇게 답장을 썼다.

'친애하는 친구에게. 위로 고마워. 하지만 나는 개의치 않아. 오히려 도둑에게 감사하는걸. 왜냐고? 첫째, 도둑이 내 목숨이 아니라 내 물건을 훔쳐갔으니까. 둘째, 내 물건 전부가 아니라 일부만 훔쳐갔으니까. 그리고 셋째! 무엇보다 가장 다행인 건 도둑이 된 게 내가 아니라는 사실일세.'

그 누구라도 도둑맞으면 원망을 늘어놓을 테지만, 그는 오히려 자신이 감사해야 하는 이유 세 가지를 찾아냈다. 이처럼 주변의 모든 사람과 일에 감사하는 마음을 가지면 수많은 불만과 불행을 없애고 긍정적으로 매 순간을 적극적이고 진취적이게, 활기차게 살 수 있다.

스티븐스는 취업을 위해 한 회사에 면접을 보러 갔다. 그는 사전에 많은 준비를 했음에도 워낙 경쟁이 치열했던 탓에 불합격의 고배를 마셨다. 하지만 그는 면접 경험을 통해 자신이 얻은 점이 많다고 생각했다. 면접 중에 받은 날카로운 질문들에 눈과 귀가 번쩍 뜨였기 때문이다. 그래서 그는 회사에 감사의 마음을 전하는 편지를 썼다. 그 후, 조금씩 이 일을 잊어갈 무렵 그가 면접을 봤던 회사에서 예쁜 연하장을 보내왔다. 회사에서 개최하는 기념 파티에 스티븐스를 초대한다는 내용이었는데, 사실은 회사의 한 부서에 결원이 생겨 그를 채용하기 위한 것이었다. 그 후 10여 년 동안 그는 뛰어난 업무실적으로 회사의 부사장의 자리까지 올랐다. 이 회사는 바로 마이크로소프트였다.

스티븐스의 경험이 말해주듯 감사할 줄 아는 사람은 삶이 선사하는 모든 것을 이해하고 받아들여 이를 끊임없는 원동력으로 만들고 끝내 성공을 이룬다. "감사하는 마음을 가진 사람은 만물을 신이 내린 선물로 여긴다. 우리 마음속에 감사하는 마음이 가득할 때 세상은 비로소 아름다워지고 고난도 달콤해진다"라는 하버드대 출신들의 말처럼 말이다.

이에 혹자는 왜 감사하는 마음을 가져야 하냐고 말할 것이다. 나는 다른 사람이 나를 도와줬다고 느낀 적이 한 번도 없고, 삶도 딱히 나에게 관대하지 않은 것 같으니, 오늘 내가 가진 모든 것은 스스로 일구어 낸 마땅히 가져야 할 것들이라고 생각하는 것이다. 그렇다면 지금 내가 가진 것이 정말로 그렇게 당연한 것인지 생각해보자.

낳아주시고 길러주신 부모의 은혜는 마땅히 감사해야 할 일이 아닐까? 학교에서 가르침을 주신 선생님의 은혜는 어떤가? 이 역시 감사해야 마땅한 일이 아닌가? 또한 내 기분이 좋지 않을 때, 기꺼이 시간을 내주고, 곁에서 인내심 있게 내 말에 귀를 기울여주며 조언도 아끼지 않은 친구에게는 감사하는 마음을 가져야 하지 않을까? 눈부신 햇살과 신선한 공기를 제공해주는 대자연은 또 어떤가?

우리가 이처럼 많은 은혜를 받았고 또 우리 곁에 이런 사람들이 있다면 과연 삶이 우리에게 관대하지 않았다고 말할 수 있을까? 비록 일과 생활에 치여 피곤하더라도 지금에 감사하라. 어쨌든 지금의 경험들이 당신의 성장과 발전에 밑거름이 되어주고, 당신의 앞날에 소중한 자산이 되어줄 것이기 때문이다.

언제 어디서든 감사하는 마음을 가져보라. 살면서 만나는 모든 사람과 일에 감사하라. 그들이 있기에 우리의 인생은 비로소 무미건조함에서 벗어나 온갖 경험을 할 수 있으니까 말이다. 그리고 감사할 줄 알

야야 마음속 깊은 곳에서부터 삶의 아름다움을 느끼고 매 순간을 활기 넘치게 살 수 있다.

내가 다른 사람에게 감사함을 표현했을 때 또는 다른 사람이 나에게 감사함을 표현했을 때 어떤 느낌이었는지를 떠올려보자. 누군가 진심을 다해 당신의 도움에 감사 인사를 할 때, 그 사람이 일면식도 없는 낯선 사람이더라도 마음 한편이 따뜻해지고, 그 속에서 유쾌함과 만족감을 얻어 상대에게 더 많은 호의를 베풀고 기쁨의 보답을 하게 되지는 않았는가? 이렇듯 감사하는 마음은 선순환을 형성한다.

그렇다면 어떻게 감사하는 마음을 키울 수 있을까? 시도해볼 만한 몇 가지 방법을 추천하겠다.

- 지나친 욕심은 버리고 항상 자신의 현재 상황에 대해 감사하는 마음을 갖는다.
- 매일매일 당신의 마음을 움직인 일들을 꾸준히 적어보자.
- 다른 사람에게 무엇을 해달라고 요구할 때, 당신은 그 사람에게 무엇을 해줄 수 있는지를 생각해보자.

오늘에 그리고 지금에
충실하라

죽음을 앞둔 사람에게 어떤 이가 물었다.

"다시 태어난다면 어떤 삶을 사시겠습니까?"

이 사람은 한참을 생각하더니 이렇게 대답했다.

"다시 살 기회를 얻는다면 꼭 더 많은 순간을 누릴 겁니다. 여행도 더 많이 하고, 더 많은 산에 오르고, 강도 더 많이 건너보고, 춤도 더 많이 추고, 회전목마도 더 많이 타보고, 꽃구경도 더 많이 하고요. 그 순간의 달콤함을 하나하나 느낄 수 있다면 다른 것은 더 바라지 않을 겁니다."

어제, 오늘, 내일 중 당신이 더 신경 쓰는 순간은 언제인가?

이 질문을 받고 순간 잘 모르겠다는 생각이 든다면 당신이 출근했을 때, 또는 하루 일과를 마치고 침대에 누웠을 때 당신이 어떤 생각을 하는지 되짚어보라. 출근해서는 퇴근 후 저녁 메뉴를 고민하거나 어제 저녁에 본 TV 드라마의 한 장면을 떠올리고, 잠자리에 누워서는 낮에 있었던 일을 떠올리며 잠 못 이루고, 내일 상사에게 불려가 혼날지도 모른다는 걱정을 하지는 않는지……. 이러한 많은 행동이 당신이 '오늘'보다는 '어제'와 '내일'을 더 신경 쓰고 있음을 보여주는 증거들이다.

하지만 명심하라. 인생은 단 한 번뿐인 지금의 순간순간이 모여 완성되며, 지난날은 되돌릴 수 없고 앞날을 예측할 수 없다. 다시 말해서 지금의 순간에 비하면 어제 어떤 일이 있었고, 내일 어떤 일이 일어날지는 그리 중요하지 않다는 뜻이다. 그런데 만약 우리가 지난 일이나 오지 않은 내일을 생각하느라 정작 현재 자신에게 주어진 시간을 소홀히 한다면 어떻게 될까? 오늘을 허투루 보내는 것은 물론이거니와 항상 조급한 마음에 지금의 즐거움을 느끼지 못할 것이 자명하다.

'네가 헛되이 보낸 오늘은 어제 죽은 자가 그토록 갈망하던 내일이다.'

하버드대 도서관 벽에 걸려 있는 이 글귀는 하버드대에서 공부하는 수많은 학생에게 지금의 시간을 소중히 여겨야 함을 일깨워주고 있다. 지금이 없으면 미래도 없기에 누구든 지금의 일분일초를 소중히 여겨 현재에 충실해야 한다는 것! 이것이 바로 하버드대가 우리에게 주는 가르침이다.

한 철학자가 여행 중 폐허가 된 어느 고성을 지나게 되었다. 세월을 이기지 못하고 성지는 황폐하게 변했지만 철학자는 날카로운 안목으로 과거 찬란했던 성의 모습을 꿰뚫어볼 수 있었다. 성지의 흥망성쇠를 생각하고 있자니 철학자의 머리는 수많은 생각으로 가득 찼다. 그는 손이 가는 대로 돌 하나를 집어다가 이를 의자 삼아 자리에 앉았다. 그가 한참 감상에 젖어 있을 때 어디선가 갑자기 사람의 목소리가 들려왔다.

"선생님, 뭘 그리 생각하고 계십니까?"

철학자는 사방을 둘러보았지만 주위에는 아무도 없었다. 이후 그는 자신이 깔고 앉은 돌이 목소리를 냈음을 알게 되었다. 그 돌은 두 얼굴을 지닌 석상이었는데, 그동안 두 얼굴의 신을 본 적이 없던 철학자는 이상하다는 듯 물었다.

"당신은 왜 두 얼굴을 가지고 있나요?"

그러자 두 얼굴의 신이 말했다.

"두 얼굴을 가져야 한쪽 얼굴로는 어제를 살펴 지난날의 교훈을 제대로 마음에 새기고, 또 다른 얼굴로는 미래를 내다봐 아름다운 미래를 그릴 수 있으니까요."

철학자는 이 말을 듣고는 크게 웃으며 말했다.

"신이라더니, 뭘 모르시는군요. 과거는 현재의 흘러간 시간이라 다시는 붙잡을 수 없고, 미래는 현재의 연속이라 지금은 얻을 수 없지 않습니까? 현재를 눈에 두지 않는데, 아무리 지난날을 훤히 들여다보고 있고 또 미래를 통찰한들 무슨 의미가 있겠습니까?"

철학자의 말에 두 얼굴의 신은 통곡하며 말했다.

"선생님의 말을 들으니 이제야 알겠군요. 왜 내가 오늘날 이러한 신세가 되었는지 말입니다."

철학자는 물었다.

"왜죠?"

그러자 두 얼굴의 신이 대답했다.

"아주 오래전, 내가 이 성지를 지킬 때 나는 지난날을 살피는 동시에 미래를 내다볼 수 있다고 자랑하면서도 정작 현재의 시간을 제대로 보지 못했습니다. 그 결과 성지는 함락되었고, 아름답고 찬란했던 성은 순식간에 사라졌지요. 그래서 나 역시 욕을 먹으며 이 폐허에 버려졌고요."

미래를 예견하고 과거를 통찰하는 능력을 바라지 않는 사람이 누가 있을까? 그러나 두 얼굴의 신의 비극은 바로 이러한 능력 때문에 일어났다. 그렇다면 굳이 돌이킬 수 없는 어제 때문에 미간을 잔뜩 찌푸리고, 예견할 수 없는 내일에 마음을 졸일 필요가 있을까?

이에 대해 하버드대 심리학 교수 람 다스는 이렇게 말했다.

"우리는 항상 일어날 일을 일어나게 두지 못하고, 지난 일을 지나간 대로 두지 못한다. 이것이 이 시대를 살아가는 사람들의 가장 큰 수수께끼다."

람 다스는 이러한 수수께끼를 풀기 위해 몇 년에 걸쳐 《지금 여기에 (Be Here Now)》라는 책을 집필했고, 이를 통해 대중에게 다음과 같은 메시지를 전했다.

'기쁨과 성취감 그리고 지혜를 얻는 열쇠는 바로 과거와 미래에 대한 많은 생각을 멈추고 매일 자신에게 '오늘이 내 인생 최고의 날'이라고 알려주는 것이다.'

열정적인 사람은 분명 오늘을 아낄 줄 알고, 자신이 충실할 수 있는 시간이 바로 오늘, 바로 지금 뿐이라는 사실을 잘 알고 있기에, 지금을 살고 이 순간을 온전히 누린다.

'지금'이란 바로 현재 내가 하고 있는 일, 머물고 있는 곳, 내 주변에서 함께 일하고 생활하는 사람들을 말하며, 내가 살고 있는 도시와 가정, 그리고 매 시간이다. 따라서 지금을 산다는 것은 당신의 모든 지혜와 열정을 다해 전심전력으로 이 순간의 삶을 받아들이고, 그 속에 빠져들어 경험하며, 시간을 낭비하지 않는다는 의미다.

미래에 무슨 일이 생길까에 대해 의미 없는 상상과 걱정을 하지 않으면 근심이 사라지고, 과거에 이미 일어난 일에 연연해하지 않으면 후회도 사라진다. 그러니 근심과 후회 없이 지금을 살아라. 어제와 내일에 대한 생각에 사로잡히지 않으면 몸과 마음이 모두 편안해진다. 밥을 먹을 때는 식사에만 집중하고, 놀 때는 노는 일에 흠뻑 빠져라. 이렇게 일분일초를 알차고 활기차게 보내면 자연스레 삶의 기쁨을 느낄 수 있다.

리나는 최근 연이은 악재에 시달렸다. 남편이 세상을 떠난 지 얼마 되지 않아 아들마저 추락 사고로 그녀의 곁을 떠난 것이다. 마음이 산산조각 난 그녀는 한동안 우울증에서 헤어나지 못했다. 얼마 후, 산 사람은 살아야 한다며 겨우 마음을 추슬렀지만 앞으로 살아가야 할 길이 막막했다. 힘을 내 일자리를 찾아야겠다고 결심했을 때 이미 자신의 나이가 50세를 훌쩍 넘었다는 사실이 그녀를 또 한 번 좌절하게 만들었다.

'누가 나처럼 나이든 여자에게 일할 기회를 주려 하겠어?', '설령 그런 사람이 있더라도 지금 이 나이에 내가 뭘 할 수 있을까?'로 시작된 그녀의 걱정은 다른 사람들이 나이 많은 자신을 달갑게 여기지는 않을까, 행동이 느려 제대로 일을 하지 못하는 것은 아닐까 등등의 생각으로 꼬리에 꼬리를 물었다. 걱정이 많아질수록 지난날에 대한 그리움은 짙어만 갔고 결국 그녀는 남편이 살아 있던 시절, 아들의 살뜰한 보살핌을 받던 시절을 그리워하다 몸져눕고 말았다.

그녀의 병세와 상황을 파악한 주치의는 이렇게 말했다.

"병세가 심각해 장기 입원 치료가 필요한데 경제적 상황도 좋지 않으니, 이렇게 하시죠. 오늘부터 저희 병원에서 아르바이트를 하시는 겁니다. 매일 병실을 청소해 부인의 치료 비용을 충당하십시오."

자신이 살기 위해서는 이보다 더 좋은 방법도 없었고, 또 달리 선택의 여지도 없었기에 그녀는 그날로 청소 도구를 쥐고 청소를 시작했다. 그녀는 매일 부지런히 움직이면서 조금씩 걱정거리를 덜어냈고 마음의 안정을 되찾자 어느새 몸도 기적처럼 회복되었다. 게다가 청소를 하며 환자들과 많은 시간을 보낸 만큼 환자들의 마음을 잘 헤아리게 된 그녀는 얼마 후 병원의 심리상담사로 채용되기까지 했다. 새로운 인생을 시작하게 된 그녀는 사무실 벽에 '어제는 이미 지나갔고, 내일은 아직 오지 않았다. 내 인생 최고의 날은 바로 오늘이다'라는 문구를 붙여두었다.

리나의 이야기를 듣고 뭔가 깨달은 바가 있는가? 만약 당신에게 이와 유사한 경험이 없다면, 한번 가정을 해보라. 영화〈2012〉에서처럼 세상이 곧 멸망한다면 얼마 남지 않는 시간 동안 당신은 무엇을 하겠는가? 지난날에 저지른 잘못을 후회하고, 불확실한 미래를 내다보며 걱정하겠는가? 아니면 지금 당장 할 수 있는 모든 것을 즐기겠는가?

하버드대의 한 철학과 교수는 말했다.

"당신이 붙잡을 수 있는 시간은 오늘뿐이다."

그렇다. 우리가 붙잡을 수 있는 건 오늘뿐이고, 오늘이 바로 최고로 좋은 날이다. 이 하루를 어떻게 보내야 할지 모르겠다면 하버드대 학생들의 사랑을 한 몸에 받고 있는 유명 교육가 데일 카네기의 생활방식을 본보기로 삼아보라. 그는《인간관계론》에서 오늘을 소중히 하고, 오늘을 낭비하지 말며, 오늘에 충실하게 생활하는 것을 핵심으로 하는 계획을 세웠는데 그 내용은 다음과 같다.

나는 오늘 부지런히 몸을 움직여 일에 열중하겠다.

마음을 살찌울 수 있도록 공부를 하겠다.

몸과 마음에 유익한 책을 읽어 나의 교양을 높이겠다.

나는 오늘 타인을 위한 일과 예전에 하기 싫어했던 일

그리고 그동안 할 엄두를 내지 못했던 일을 각각 하나씩 하겠다.

내가 이 세 가지 일을 하는 목적은

나의 용기와 성실함을 키워 나태해지지 않기 위함이다.

나는 오늘 나를 더욱 돋보이게 만들겠다.

옷을 잘 차려입고, 품행을 단정히 하고, 우아한 말씨를 사용할 것이다.

남을 비판하기보다는 칭찬을 많이 할 것이다.

불평불만을 하거나 다른 사람의 결점을 들추지 않겠다.

나는 오늘 내 몸과 마음을 다해 하루를 살겠다.

내 인생 전체를 생각하지 않겠다.

하루에 열두 시간 일하는 것도 좋지만

평생을 이렇게 보내야 한다면 나 자신조차 두려워진다.

오늘 나 자신에게 침묵할 시간 30분을 주어

내 인생에 대해 생각해보겠다.

나는 오늘을 즐겁게 보낼 것이다.

지금 행동해야

앞으로의 나에게 무한한 행복과 즐거움을 가져다줄 수 있다.

: 제7강 :
나만의 커뮤니티를 만들어라

'커뮤니티'는 한 사람의 가치와 지위를 결정한다. 하버드대의 최대 강점은 전문
성도 학술 전통도 아닌, 바로 하버드대 출신 엘리트들이 형성한 거대한 인맥 네
트워크다. 설령 부자 부모님이나 하버드대 졸업이라는 스펙이 없더라도 지금부
터 하버드대 출신들의 방법에 따라 열심히 노력해보자. 그러면 더 나은 내가 될
수 있을 것이다.

누구를 알고 있느냐가
더 중요하다

일본의 작가 오카지마 에츠코는 하버드대에서 MBA 과정을 이수한 바 있다. 누군가 그녀에게 하버드대에서 공부한 소감을 묻자 그녀는 이렇게 대답했다.

"제가 하버드대에서 배운 가장 중요한 과목은 인맥 수업이에요. 하버드대에서는 인맥을 쌓는 게 공부를 하는 것보다 중요하죠. 당신이 누구를 알고 있느냐가 당신이 누구인지보다 훨씬 중요해요. 하버드대 학생들은 입학 첫날부터 자신의 인맥 네트워크를 구축하기 시작한답니다. 집안 배경이 어떻든지 학교에서는 모두 평등한 위치에 놓이니 동일한 출발선에서 각자의 인맥을 찾는 거죠."

어느 날 문득 일에서 제자리걸음만 반복하고 있음을 깨달았다면 당신은 가장 먼저 무엇을 점검하겠는가? 아마 인맥을 넓히거나 개선해야겠다는 생각보다는 학원에 등록하거나 다시 학교로 돌아가 학위를 따야겠다고 생각할 것이다. 즉, 일의 진전이 없는 이유를 자신의 재능이나 지식 부족 때문이라고 판단해 전문 지식을 높여야겠다고 생각하는 것이 보통이다.

전문 지식도 중요하지만 인맥의 중요성을 결코 무시할 수 없다. 하버드대가 벨연구소의 톱 연구원을 대상으로 인간관계가 한 사람의 성공에 어떠한 역할을 하는지 조사한 결과에서도 인맥이 얼마나 중요한지가 잘 드러났다. 조사 결과 전문적 능력에 기대 성공한 사람이 조사 대상 중 26퍼센트, 집안 배경에 기대 성공한 사람이 5퍼센트, 인간관계에 기대 성공한 사람이 무려 69퍼센트로 나타난 것이다.

사실 하버드대 자체가 인맥 형성을 위한 하나의 훈련 캠프라고 해도 과언이 아니다. 학교에서는 신입생이 입학하면 아주 방대하고 긴밀한 동문 네트워크를 제공한다. 물론 동문 대부분은 학교에서 엄선한 세계 일류 성공인사다. 그런 다음 과외 스터디나 동문회, 방학 중 인턴십 등의 방식을 통해 서로 소통하고 교류할 계기를 마련해준다. 따라서 하버드대에 들어가는 것은 곧 수만 명의 성공한 동문을 보유하는 것이요, 그들의 성공 경험을 나누고 인턴으로 일할 기회를 얻는 등 동문들이 제공하는 여러 혜택을 누릴 수 있다는 뜻이다.

이는 매우 단순한 결론으로 귀결된다. 바로 완벽한 자아실현을 원한다면 반드시 자신의 커뮤니티 구축이 필요하다는 사실이다.

인맥은 직접적 재산은 아니지만 자아실현에 촉매제 역할을 해줄 수 있다. 대부분의 사람이 어려움이 닥치거나 잘 모르는 일이 생겼을 때 주변 친구에게 도움을 구한다. 어떤 사람들은 친구의 소개로 새로운 친구의 도움을 받기도 한다. 이렇게 하면 당신의 문제는 쉽게 해결될

뿐만 아니라 더 많은 친구도 사귀게 된다. 인간관계가 좋을수록 인맥은 더욱 넓어지고, 하는 일이 훨씬 수월해지며, 좀 더 쉽게 재산과 명예와 성공을 얻는 길로 접어들 수 있다.

하버드대 출신의 성공인사들이 '일반인'과 다른 점이 있다고 한다면, 첫 번째는 바로 그들이 평소 인맥관리를 자기 업무의 핵심내용으로 여겨, 무슨 일에 종사하든 항상 인맥을 쌓고, 항상 '사람'과 '관계'를 생각한다는 점이다. 하버드대 출신인 전 미국 대통령 빌 클린턴은 "성공의 첫 번째 요소는 인간관계를 잘 맺고 이를 잘 유지하는 것이다"라고 말한 바 있다.

하버드대에서는 하비 맥케이의 이름이 자주 거론된다. 그는 '세계 제일의 인맥 전문가'라고 불릴 만큼 인맥을 효과적으로 이용해 사업을 일군 전형적인 인물이다.

하비 맥케이는 대학을 졸업한 날부터 일자리를 찾기 시작했다. 그런데 야심만만하던 그는 면접 때마다 번번이 미역국을 먹었고, 이는 그에게 적잖은 충격이었다. 한편 그의 아버지는 기자라 정계와 재계의 중요한 인물들과 친분이 있었다. 그중에는 세계 최대의 달력·카드 제작 회사의 회장 찰리 워드라는 사람이 있었다. 아버지의 인맥으로 그는 워드의 회사에서 편지봉투를 판매하는 직업을 얻었다. 일을 하면서 하비는 경영 프로세스를 익혔고, 조작방식을 이해하게 되었으며, 영업기술을 배웠다. 하지만 그는 아는 사람이 너무 적어 편지봉투 판매 실적이 생각만큼 좋지 않았다. 벌이도 좋지 않아 일반 아파트 임대료조차 낼 수 없을 정도였다. 그런 와중에 불행이 찾아왔다. 그의 어머니가 세상을 떠나고 가세마저 기울었던 것이다. 그는 하루빨리 성공의 지름길을 찾고 싶었다.

훗날 그는 미니애폴리스의 컨트리클럽이 회원수가 300여 명 정도이며 골프연맹에서 줄곧 하위권 성적에 머물고 있다는 정보를 듣게 되었다. 그는 홀로 클럽 회장을 찾아가 자신을 무료로 가입시켜달라고 부탁했다. 왜 무료로 해달라고 부탁했을까? 왜냐하면 그곳의 입회비가 놀라울 만큼 비쌌기 때문에 그로서는 도무지 부담할 수가 없어서였다. 그는 간곡하게 말했다.

"회장님, 저는 골프를 잘 칩니다. 예전에 시에서 두 번이나 우승했었고, 주립고등학교 시합에서 준우승도 했지요. 제가 가입해서 클럽의 발전에 더 좋은 계기가 되었으면 좋겠습니다. 예를 들어 클럽을 시 연맹 챔피언십에 진출시켜 클럽의 평판과 몸값의 빠른 상승을 돕고, 더 많은 수익을 거둘 수 있게 말이지요. 부디 저에게 기회를 주십시오."

클럽 회장은 아는 사람도 없고 나이도 고작 22세인 젊은이가 매우 미심쩍었지만 결국 기회를 주기로 결정했다. 하비가 한 말처럼 클럽을 챔피언십에 진출시키면 무료 가입을 시켜주겠다고 약속한 것이다. 하비는 확실히 실력이 있었다. 그는 적극적으로 경기 준비를 할 뿐만 아니라 상대의 경기 스타일을 연구해 클럽의 작전을 세우기도 했다. 결국 그해 챔피언십의 승리는 그 클럽의 차지가 되었고, 하비 역시 무료 클럽 가입이라는 바람을 이뤘다. 300여 명의 회원이 있는 클럽에 가입했다는 건 곧 그에게 300여 명의 잠재적 고객이 생긴 셈이었다. 실제로도 이들 중 일부는 이후 하비의 사업에 매우 중요한 역할을 하여 그가 미국 전역에서 가장 유명한 편지봉투 회사 맥케이 엔블롭을 창업하는 데 큰 도움을 주었다.

만약 당신도 당신의 인맥을 넓히고 싶다면, 그래서 다른 성공인사들처럼 각종 업계에 종사하는 친구들의 도움을 받고 싶다면, 지금 무슨 일에 종사하고 있든지 자신만의 인간관계를 구축하라. 어렵다고 생각할 필요는 없다. 정확한 방법만 파악하면 분명 '인맥 자산'을 굴려 '인맥 달인'이 될 수 있을 테니까 말이다.

그럼 그 정확한 방법이란 무엇일까?

첫째, 적극적으로 사람을 사귀어라.

더 많은 친구를 사귀고 싶다면 그래서 더 풍부한 인맥 자원을 얻고 싶다면 절대 가만히 앉아 감이 떨어지기를 기다리지 말고 능동적이고 또 적극적으로 행동하여야 한다. 소심함, 게으름, 성가심 등은 인맥을 관리하는 데 가장 큰 장애물이다. 열린 마음을 가지고, 거절당할 것을 두려워하지 말며, 체면을 구길까 걱정하지도 마라. 적극적으로 사람을 사귀다 보면 언젠가 뜻이 맞는 친구를 만날 수 있다.

둘째, 선택적이고 차별화된 대우를 하라.

여기서 강조하는 것은 유익한 인간관계의 중요성이지, 절대 밑도 끝도 없이 무작정 많은 관계를 만들라는 뜻이 아니다. 실속 없이 관계만 확장해놓으면 그 많은 관계에 대처하느라 오히려 내 일에 쏟을 시간과 에너지를 낭비하게 된다. 그러니 인맥관리에도 선택과 집중을 하라. 예를 들면 자신의 생활이나 일과 연관이 있는 사람을 선택한 후 자신의 수요에 따라 나에게 가장 중요한 사람, 비교적 중요한 사람, 차선책인 사람을 분류해 차별 대우를 하는 것이다.

셋째, 자주 연락을 하고 지내라.

자신만의 커뮤니티를 구축한 후에는 의식적으로 자주 연락할 필요가 있다. 이는 인맥을 유지하는 매우 중요한 조건이다. 통신 도구가 발달한 요즘, 휴대전화 문자메시지나 메신저, 이메일 등 당신을 도와줄 도구는 얼마든지 있다. 반년 이상 연락을 하지 않는다면, 어쩌면 당신은 이 친구를 잃을 수도 있다. 그러니 도움이 필요한 일이 생겼을 때만 친구를 떠올리지 말고 평소에도 친구들과 자주 연락을 주고받아라. 그런다면 분명 건강한 인간관계를 유지할 수 있을 것이다. 물론 당신이 도움을 필요로 할 때 상대가 도움의 손을 내밀지는 친구 마음이지만 말이다.

자, 방법을 알았다면 이제 서둘러 행동에 나서라. 당신이 어떤 직업을 가지고 있든 또는 어떤 삶을 살고 있든 커뮤니티 구축은 빠르면 빠를수록 좋다. 학력, 재산, 배경, 기회……. 어쩌면 이 모든 것을 당신은 아직 가지지 못했을지도 모른다. 하지만 괜찮다. 이러한 자원들을 손에 쥔 친구들을 둔다면 당신도 서서히 이 모든 것을 갖게 될 것이다.

혼자서도 살 수 있지만
함께해야 발전할 수 있다

〈하버드 비즈니스 리뷰〉에서는 '위대한 지도자가 반드시 갖춰야 할 세 가지 기술' 중 첫 번째로 팀을 잘 관리해 진정한 팀을 만드는 기술을 꼽는다. 당신의 아이디어가 아무리 뛰어나도 팀이 힘을 보태지 않으면 당신의 노력은 그저 물거품처럼 사라지게 될 것이기 때문이다.

당신이 아무리 재주가 좋고 능력 있다 해도 절대 혼자 힘으로 성공할 수 있을 거라는 믿음은 버려라. 다른 사람과 힘을 합쳐 일하길 원치 않거나 이를 하찮게 여기며 뭐든 혼자서 감당하려는 습관은 일찌감치 버리는 게 좋다. 타인에게서 완전히 벗어나 홀로 어떠한 일을 완수할 수 있는 사람은 없기 때문이다. 이는 당신이 천재라고 해도 마찬가지다.

하버드대 심리학 교수 조지 하워스는 다년간의 연구를 통해 한 사람의 성공과 실패는 개인의 능력 정도가 아니라 '팀워크'를 얼마만큼 잘 해내느냐에 달려 있다는 이론을 도출해냈다. 그는 '동료와의 진정한 협력'을 성공의 9대 요소 중 하나로 꼽았다. '괴팍한 언행과 협력에 서툰 모습'을 실패의 9대 요소 중 첫 번째로 분류하며 이러한 사람은 사회생활에 적응하기도 힘들다고 지적했다.

제너럴모터스의 인력자원부에서 일하던 스콧 로젠. 대기업 근무 패턴에 염증을 느끼던 그는 1995년 사표를 제출하고 로젠을 설립한다. 텔레마케팅을 주로 하는 회사였는데, 그의 열성적인 노력에 힘입어 단 6개월 만에 4만 달러의 수익을 올렸다. 그 후, 그는 영업사원을 채용했고 회사의 업무량은 날이 갈수록 늘어났다. 2000년 연 매출이 760만 달러에 육박했고, 이는 그가 홀로 일하던 때의 최고 수익보다 배 이상 늘어난 실적이었다.

그러나 2001년 회사에 위기가 닥쳐 매출액이 처음으로 하락했다. 모든 영업사원이 두 배 이상으로 노력했지만 판매 실적은 여전히 나아질 기미가 보이지 않았다. 얼마 후, 그는 실로 놀라운 결정을 내렸다. 먼저 영업사원의 절반을 해고하더니 이후 아예 회사의 모든 직원을 해고해 혼자 힘으로 재기하겠다고 결정을 내린 것이다. 사람들이 그에게 큰 실수를 저지른 것이라고 말할 때마다 그는 '내 영업 능력이 얼마나 뛰어난지 사람들에게 꼭 보여주고 말겠어'라며 자기 자신을 위로했다. 그는 혼자서도 얼마든지 적자를 흑자로 돌리고 재기할 수 있다고 믿었다. 그는 매일 아침 일찍부터 늦은 저녁까지 바쁘게 뛰어다녔다. 하지만 시장 경쟁이 치열해지면서 혼자만의 힘으로 영업을 하기에는 턱없이 힘이 모자랄 수밖에 없었다. 그가 매일 체결하는 계약 건수는 가련할 정도로 적었고, 결국 회사의 파산을 선포했다.

요컨대 혼자서도 살아갈 수 있지만, 함께해야 발전할 수 있다.

하버드대에서는 수업 준비의 효율을 높이기 위해 학생들이 자발적으로 스터디 그룹을 결성한다. 많은 학생이 이러한 스터디 그룹을 운명공동체로 여기고 있으며, 철저한 팀워크를 바탕으로 한다. 누군가 자신의 몫을 다하지 않으면 구멍이 생길 수밖에 없기에 그룹을 위해 자신이 맡은 바 최선을 다해 수업을 준비한다.

팀워크가 이처럼 중요한 이유는 무엇일까? '십시일반', '백지장도 맞들면 낫다' 등의 속담이 있다. 이 속담들은 우리에게 여러 사람의 힘과 지혜에 기대 집단의 성과를 거둬야 비로소 개인의 능력이 돋보이고 결국 자아를 실현할 수 있다는 이치를 알려준다.

한 사람의 지혜와 능력에는 한계가 있고, 사람과 사람이 머리를 맞대고 힘을 모으면 그만큼 큰 지혜와 힘을 발휘할 수 있다. 사람들은 보통 팀워크가 '1+1=2' 또는 기껏해야 '1+1>2' 정도의 결과를 가져올 거라고 생각한다. 하지만 우리가 팀 안에서 장점을 취하고 단점을 보완한다면, 그리고 사람들의 의견을 잘 취합해 적절히 사용한다면 팀 전체가 가진 능력과 지혜 등의 자원을 동원할 수 있다. 그러면 한 사람이 창출 가능한 가치보다 훨씬 많은 가치를 창출할 수 있음은 물론이요, 어쩌면 '1+1=11'만큼의 결과를 가져올 수도 있다.

혼자서 어떠한 문제를 연구한다고 가정해보자. 당신은 다섯 번을 생각해도 여전히 동일한 사고방식을 벗어나기 힘들다. 그러나 이를 하나의 집단에서 연구한다면 타인의 발언 속에서 어쩌면 단번에 자신이 다섯 번을 고민해도 생각해내지 못했던 답을 얻을 수도 있다. 또한 타인의 생각이 자신에게 영감을 주어 발상의 전환이 이뤄지고 좀 더 빠른 자기 발전과 진보를 이룰 수 있을 것이다.

빌 게이츠도 이에 대해 깊은 공감을 표한 바 있다. 그는 사람들이 그에게 어떻게 세계 제일의 부자가 되었느냐고 물을 때마다 이렇게 대답했다.

"제가 저의 일을 도와줄 사람으로 저보다 똑똑한 사람들을 모았기 때문이죠. 좋은 팀을 가진 것이 그 비결이라고 생각합니다."

그렇다. 마이크로소프트가 Windows XP를 개발할 때, 500명의 엔지니어가 2년의 시간 동안 함께 머리를 맞댄 끝에 5만 열의 코드가 완성되었다. 만약 협력정신이 없었다면 성공하기 어려웠을 것이다.

이처럼 팀과 개인의 관계는 마치 물과 물고기의 관계와도 같다. 우리 모두가 물고기라면 우리가 속한 팀이 바로 물이다. 한 사람의 성공은 절대 팀을 떠나서는 생각할 수 없다. 타인과의 협력에 능하고 타인의 지혜를 빌릴 줄 아는 사람은 팀에도 도움이 될 뿐만 아니라 자기 스스로도 성공의 길에 들어서서 결국 타인의 호감과 믿음을 얻는다.

소니의 부사장 이부카 마사루는 대학 졸업 후 소니에 입사해 운 좋게도 중임을 맡게 되었다. 소니의 사장 모리타 아키오의 눈에 들어 신제품 연구 개발에 대한 전권을 부여받은 것이다. 그런데 이부카 마사루는 자신의 능력을 자신했고, 또 이러한 중임을 맡길 원하기도 했지만 한편으로는 조금 망설여지기도 했다. 어쨌든 이 업무는 혼자만의 힘으로 잘할 수 있는 일이 아니었기 때문이다.

주저하는 이부카 마사루의 모습을 본 모리타 아키오가 말했다.

"자네 혼자 신제품 연구 개발을 책임진다는 건 비현실적이라는 걸 잘 알고 있네. 하지만 우리에겐 숙련되고 조화로운 팀이 있지 않은가? 이것이 우리의 장점이기도 하지. 만약 자네가 그들과 잘 어울려 지혜를 한데 모을 수 있다면, 이겨내지 못할 어려움이 어디 있겠는가?"

이부카 마사루는 순간 눈앞이 환해지는 것 같았다.

'그래 맞아. 어떻게 나 하나만 생각을 했지? 20여 명의 동료들이 있는데 말이야. 그들과 함께 노력하면 되잖아?'

그 후, 그는 영업부의 동료를 찾아가 제품의 판로가 좋지 않은 이유에 대해 가르침을 구했다. 그러자 동료가 말했다.

"우리 카세트 녹음기가 잘 안 팔리는 이유는 첫째, 너무 무거워서고, 둘째는 가격이 너무 비싸서예요. 조금 더 가볍고 저렴한 카세트 녹음기를 만드는 쪽으로 생각해주시면 좋겠어요."

이부카 마사루는 그러겠노라며 고개를 끄덕였다. 그는 다시 기술부로 가서 의견을 물었고, 동료는 그에게 말했다.

"요즘 미국에서는 이미 트랜지스터 생산 기술을 응용하고 있어요. 덕분에 원가도 크게 낮아졌고 가볍기까지 하죠. 우리도 이쪽에 조금 더 많은 노력을 기울이면 어떨까 싶어요."

이 말을 듣자 그는 무척이나 기뻤다. 연구 개발 과정 중, 그는 생산 일선의 직원들과도 긴밀하게 협력하여 함께 기술적 난관을 극복해 나아갔다.

그 결과 1954년, 이부카 마사루는 일본 최초의 트랜지스터 라디오를 출시하면서 단번에 이름을 날렸고, 소니 역시 이를 계기로 신기원을 열게 되었다. 그리고 그는 소니의 부사장으로 임명되었다.

한 사람의 힘으로는 부족한 순간이 반드시 있다. 협력만이 산을 옮기고 바다를 메울 수 있다. 하버드대의 경영 전문가들이 생각하는 것처럼 말이다.

'팀은 직원과 관리의 층으로 이뤄진 하나의 공동체다. 이 공동체는 모든 구성원의 지식과 기술을 합리적으로 이용해 시너지를 만들고, 함께 문제를 해결해 공동의 목표에 도달한다.'

당신이 얼마나 뛰어난 사람이든 영웅주의에 젖어 홀로 고군분투한들 많은 것을 이뤄낼 수는 없다. 적절히 팀에 녹아들어 주변 사람과의 조화로운 교류에 집중하라. 그런 다음 타인과의 협동과 협력을 통해 좀 더 나은 나를 실현하고 '1+1=11'의 신세계를 열어라.

개인 브랜드를 만들어
자신을 더욱 빛나게 하라

사람은 누구나 성공의 기회를 얻어 자기 인생의 가치를 실현하고 싶어 한다. 그렇다면 어떻게 해야 성공을 거머쥘 수 있을까? 혹자는 천재와 같은 지혜를 지녀야 한다고 말하고, 어떤 이는 기회를 잡아야 한다고 말하며, 또 누군가는 성실히 노력해야 한다고 말한다.

하지만 이는 모두 가장 중요한 요소가 아니다. 성공을 거머쥘 열쇠는 사실 자기 자신을 하나의 브랜드로 만드는 것이다.

∽

'개인 브랜드(Personal Brand)'란 뭘까? 감이 잘 오지 않는다면 특수한 인물을 떠올려보라. 순간 그의 이름이 기억나지 않는다면 그를 묘사해봐도 좋다. '쾌활하고 입담이 좋다', '영업직 종사자' 등의 말로 그 사람을 형용했을 때, 당신이 말하는 사람이 누구인지를 다른 사람이 대략적으로 추측할 수 있다면? 이것이 바로 '브랜드화'의 간단한 예다.

하버드대 출신의 유명인사들은 '개인 브랜드'를 매우 중요하게 생각한다. 하버드대 면접관 매니는 말했다.

"하버드대의 입학 조건은 매우 까다롭습니다. 그 조건을 꼭 말로 표현하자면, 지원자가 얼마나 강력한 개인적 매력과 리더십을 갖추고 있는지를 중점적으로 보지요."

오늘날처럼 인재가 넘쳐나고 경쟁이 치열한 환경 속에서 자신의 브랜드를 가지고 있지 않다면 당신이 아무리 능력 있다 해도 타인의 인정을 받기가 어렵고, 결국 군중 속에 파묻힐 가능성이 높다. 필사적으로 일했는데 알아주는 사람이 없었다거나, 다른 사람에게 자신의 뛰어남을 알리고 싶지만 방법을 찾을 수 없어 고심 중이라든가, 타인과 협력하고 싶은데 신뢰가 두텁지 않다든가, 인지도가 낮아 당신이 누구인지 아는 사람이 없다든가……. 이처럼 곤란한 상황을 경험한 적이 있는가?

이는 모두 개인 브랜드의 부재로 생기는 결과들이다. 인간관계가 좁으면 성과가 제한적이고 자아 발전 역시 한계가 있다. 그러니 제때 자신을 바꿔 자신만의 개인 브랜드를 만드는 법을 배워라.

오카지마 에츠코는 자신의 저서에서 하버드대에 대해 이러한 말을 했다.

'하버드대 경영대에서의 공부 경험이 내게 알려준 한 가지는, 개인 브랜드를 가져야 더 확실하게 사회에 자리 잡을 수 있고 더 빛나는 성과를 거둘 수 있다는 점이다.'

하버드대에 갓 들어갔을 때, 오카지마 에츠코는 다른 모든 학생이 그렇듯 스터디그룹에 가입해 몇몇 동기와 항상 함께 공부하고 토론을 했다. 처음 스터디그룹에 들어가서는 가혹한 며칠을 보냈다. 그룹에 가치가 없다고 판단되는 사람에게 '무임승차는 곤란해', '관둬, 앞으로는 그 애랑 같이하지 말자', '그룹에서 나가줘' 등의 가차 없는 지적이 쏟아졌기 때문이다. 만약 스터디그룹에서 두각을 나타내지 못하면 졸업을 못할 수도, 학위를 받지 못할 수도 있었다. 그런데 그녀는 초반에 자신을 드러내는 데 익숙하지 않아 그룹 안에서의 역할이 항상 크지 않았고, 언제든 쫓겨날 수 있는 위험한 상황에 놓였다.

스터디그룹에 받아들여지느냐 마느냐 하는 사활이 걸린 문제에 직면한 그녀는 자신을 바꾸기로 결심했다. 그녀는 큰일을 하고 싶으면 먼저 자기 자신에게 충실하라는 어머니의 가르침을 생각했다. 그리하여 그녀는 분발하여 공부했고, 리스크 투자, 경제관리 등의 분야에 대한 많은 지식을 습득했다. 한번은 리스크 투자에 대한 심포지엄에서 그녀는 적극적이고 능동적으로 발언해 자신의 견해를 드러냈고, 그룹원들의 호평을 받았다. 그 후, 그녀는 점점 더 적극적으로 그룹 스터디에 참여했다. 그룹의 동기들에게 자신에 대한 깊은 인상을 심어주기 위해서였다. 수업 시간 외에도 그녀는 학교의 여러 활동에 참여하며 더 많은 사람에게 자신을 알렸고, 우수한 성적으로 졸업했다.

오카지마 에츠코의 성공 경험은 타인의 인정을 받는 일이 실상 우리가 생각하는 것보다 훨씬 쉽다는 사실을 일깨워준다.

자신의 직업 발전과 밀접히 연관이 있는 커뮤니티에 있을 때, 당신은 타인이 당신을 재미있는 사람, 남다른 사람으로 생각해주길 바라는가? 다른 사람이 제삼자에게 당신을 '자기주장이 확실한 친구야. 너도 알고 지냈으면 좋겠다'라고 소개하길 바라는가?

능동적인 개인 브랜딩을 통해 자신을 생동감 넘치고 유니크하며 가치 있고 매력적인 사람으로 만들어라. 자신의 가치가 널리 알려지면 당신은 사람들에게 좀 더 쉽게 인정받고 받아들여질 것이고, 그때가 되면 관련 인사들이 주동적으로 당신을 주목하고 친분을 맺고 싶어 할 것이다. 당신이 무슨 일을 하든 먼저 나서서 당신을 돕는 사람이 생길 것이고, 결국 적은 노력으로 많은 효과를 봐 자아실현을 보장받게 될 것이다.

그럼 강력한 개인 브랜드는 어떻게 만들까?

먼저 당신의 옷차림, 말투, 생각, 성격 등이 개인 브랜드의 일부분으로서 당신이 주변 사람들을 끌어당길지 밀어낼지와 밀접한 관계가 있다. 그러니 개인 이미지와 언행 등에 주의를 기울여 적절히 자신을 표현함으로써 다른 사람에게 편안함을 줘야 한다.

한 행동주의 심리학자가 다음과 같은 실험을 했다. 그는 먼저 남루한 옷을 입고 몸가짐에 신경 쓰지 않은 채 지하철이며 상점, 버스정류장 등을 배회했다. 그런 다음 다시 깔끔한 옷으로 갈아입고 의기양양하게 같은 장소에 머물렀다. 이때 그는 조수에게 자신에 대한 군중의 생각을 알아보도록 했다. 그 결과 같은 사람이었지만 상반된 결론이 나왔다. 전자는 불량배, 부랑자라는 대답이 나오고 후자는 우아한 신사라는 대답이 나온 것이다. 즉, 이미지는 나에 대한 주변 사람의 태도를 좌우할 만큼 인간관계에서 결코 무시할 수 없는 작용을 한다.

버락 오바마, 빌 게이츠, 마크 저커버그 등 하버드대 엘리트들을 생각해보면 이들이 회의에 참석할 때든 일반 사교 활동이나 파티, 비즈니스 상담회에 참석할 때든 모두 자신을 열심히 꾸며 가장 자신의 이미지에 적합한 모습으로 나타난다는 사실을 발견할 수 있다. 그들의 손짓발짓 하나가 모두 깊은 인상을 남긴다는 사실도 알 수 있다.

사실 당신은 스스로 '키워드'를 만들어야 한다. 다른 사람이 당신을 인식할 수 있는 분명한 시그니처를 만드는 것이다. 이를 위해 당신은 자신에게 어떠한 특징이 있는지, 커뮤니티를 위해 어떤 역할을 할 수 있는지, 또 어떻게 해야 더 많은 사람에게 자신의 능력을 보여줄 수 있을지를 진지하게 생각해야 한다. 그런 다음 한마디로 자신을 요약해보라. 예를 들어 '조화 능력이 있다', '리더십이 있다', '인사 업무만큼은 능통하다' 등등, 한마디로 자신의 특기와 매력을 '언어화'해 명확한 자기홍보(PR)를 하는 것이다.

이 분야에서의 대표적인 예가 바로 일본 최대 온라인쇼핑몰 라쿠텐의 전 대표이사 요시다 타카시다. 그는 32세에 라쿠텐에 입사에 프로그래머로 일했다. 훗날 다시 개발 총괄부장, 업무관리자 등의 직무를 맡았다. 당시 그는 22장의 직함이 각기 다른 명함을 지니고 있었다. 그는 항상 자신을 소개할 때, '라쿠텐의 만능사원', '회사 업무의 팔방미인' 등의 키워드를 사용했다. 이러한 소개를 들었을 때 처음 만난 사람들은 모두 깜짝 놀라며 단번에 그에게 호기심을 가졌고, 그와 더 이야기해보고 싶어 했다. 그 결과 그를 아는 사람은 점점 더 많아졌다.

만약 당신이 자신을 브랜드화할 수 있다면 당신은 생각도 못한 속도로 커뮤니티에서 빠르게 이름이 나게 될 것이고, 더 많은 '중요한 친구'를 사귀어 더 좋은 인맥을 가지게 될 것이다.

사고의 첫 번째 원칙,
상호 존중

1987년 9월 22일, 하버드대 교수 레바인이 박사 1년차 과정의 학생들에게 인류와 심리학 발전에 대한 연구 수업을 진행하던 중 말했다.

"여러분, 저는 여러분이 하버드대에서 공부하는 동안 학생으로서의 본분뿐만 아니라 학문과 사람이 되는 법을 배웠으면 합니다."

그는 잠시 멈추었다가 말을 이었다.

"다른 사람을 존중하십시오."

그는 이렇게 말했고, 또 이를 몸소 실천에 옮겼다. 그는 하버드대 교수 콜버그와 학술적 견해 차이로 끊임없이 논쟁을 벌였고 심지어 물과 불처럼 상극의 관계가 되었다. 하지만 그들은 서로에 대한 존중을 잃지 않았다. 절대 뒤에서 상대에 대해 이러쿵저러쿵하는 일이 없었고, 진심으로 상대를 칭찬하기도 했다. 이러한 상호 존중은 두 사람을 뜻이 통하는 친구로 만들어주었고, 학술적 문제에 대한 이견은 그들이 진리에 한 발짝 더 다가가는 데 도움을 주었다.

하버드대 출신들은 어디를 가든 쉽게 사람들의 호감과 칭찬을 받는다. 이는 그들이 우수한 학업 성적과 눈부신 명문대학 졸업장을 가지고 있고 화려한 성공을 거두었다는 명분 외에도 처세의 비법, 바로 타인을 존중하는 자세를 갖추고 있기 때문이다. 주변 사람들을 대할 때나 자신과는 아무런 상관이 없는 사람을 대할 때나 그들은 모두 상대를 존중한다.

하버드대 출신들이 이처럼 타인 존중을 중요시하는 이유는 무엇일까? 이는 하버드대의 한 총장의 경험과 연관이 있을 것이다.

어느 날, 평범한 외모에 소박한 옷차림의 노부부가 사전 약속 없이 하버드대를 방문해 의논할 중요한 일이 있다며 총장을 만나야겠다고 말했다. 총장의 비서는 그들이 하버드대와 업무적인 교류가 있을 리 없다고 판단하고 총장이 바쁘다는 핑계를 댔다. 하지만 이 노부부는 인내심이 대단했다. 줄곧 그 자리에서 기다린 것이다. 어쩔 수 없이 비서는 그들과 총장의 만남의 자리를 마련했다.

총장은 매일 처리해야 할 일이 많았다. 게다가 당시 학생 기숙사 건설과 교직원의 임금 지급 등 자금이 필요한 곳이 많았기에 한창 학교의 자금 문제로 고심하던 중이었다. 그는 성가시다는 듯 의문의 방문자와의 만남을 받아들였다. 노신사가 총장에게 말했다.

"우리 아들이 하버드대를 나왔는데, 불의의 사고로 그만 세상을 떠나고 말았습니다. 그래서 학교 안에 아들을 기념할 만한 무엇을 남겼으면 하는데……."

총장은 이 말에 감동하기는커녕 오히려 우습다는 생각에 거칠게 말을 내뱉었다.

"죄송합니다. 선생님. 두 분의 뜻을 만족시켜드릴 수 없겠네요. 하버드대를 나와 세상을 떠난 모든 사람을 위해 조각상을 세운다면 교정이 묘지처럼 보이지 않겠습니까?"

"아니, 우리는 아들의 조각상을 세우겠다는 게 아니라 건물을 기부하고 싶은 겁니다. 여기……."

노신사는 서둘러 자신들의 뜻을 설명했지만, 총장은 이에 아랑곳하지 않고 노부인을 보며 물었다.

"건물 한 채를 짓는데 얼마를 기부해야 하는지 아십니까?"

노부인이 고개를 가로젓자 총장은 시퉁스레 말했다.

"최소 750만 달러가 듭니다."

그러자 노신사는 말문을 닫았다. 총장은 드디어 그들을 돌려보낼 수 있겠다는 생각에 기뻤다. 그런데 노신사가 잠깐의 침묵을 깨고 몸을 돌려 부인에게 이렇게 말하는 것이었다.

"750만 달러면 건물 한 채를 지을 수 있다는 말이지? 그럼 아들을 기릴 대학을 지어도 되는 거 아니야?"

이때까지만 해도 총장은 그들이 되는 대로 말을 한다고 생각했다. 그런데 얼마 후, 한 대학이 지어진다는 소식이 들려왔다. 그리고 투자자는 바로 총장을 찾아왔던 그 노부부였다. 대학의 명칭은 이 노부부의 이름을 따왔는데, 이 대학이 바로 이후 하버드대와 어깨를 나란히 하게 된 스탠퍼드대학이었다. 그 노신사는 바로 미국의 유명한 철도 건설업자이자 억만장자인 릴런드 스탠퍼드였다.

하버드대에 이는 엄청난 손실이 아닐 수 없었다. 총장은 상대에 대한 존중이 부족해 그에 대한 대가를 치렀고, 훗날 하버드대 출신들은 총장의 경험을 거울 삼아 그날의 교훈을 깊이 새기게 되었다.

하버드대 출신들이 보기에, 사람과 사람 사이의 교류에서는 서로에 대한 존중이 중요하며 이것이 사교의 첫 번째 원칙이다. 사람들은 모두 남에게 존중받길 원하고, 이러한 심리적 욕구가 매우 강하다. 생각해보라. 다른 사람이 당신에게 존중을 표하고, 당신의 말에 동의하며, 당신을 중요하게 생각했을 때 당신은 이에 감격해 상대를 믿을 만한 친구로 여기지 않았는가?

그렇다면 상대를 존중하는 것이란 무엇일까? 이는 타인을 대할 때 비굴하지도 거만하지도 않은 태도로 평등하게 대하고, 타인의 인격과 가치관을 충분히 인정하는 것을 의미한다. 예를 들어 말을 할 때 적절한 어투와 어휘를 사용하도록 주의하고, 타인의 개성과 개인적인 습관 및 관점 등을 존중하며, 원칙적인 문제에 대해 함부로 간섭하지 않는 것이다.

물론 사람과 사람 사이에는 차이가 존재한다. 어떤 사람은 사업에 성공했지만 어떤 이는 실직 상태이고, 또 어떤 사람은 부유하고 어떤 사람은 가난하며, 어떤 사람은 말주변이 좋지만 어떤 사람은 말주변이 없고 굼뜨다. 하지만 사람의 인격은 평등하다. 다른 사람을 존중할 줄 아는 사람은 반드시 모든 사람을 차별 없이 평등하게 대한다. 그 상대가 누구이든 말이다.

거리에서 남루한 옷차림을 한 사람이 연필을 팔고 있었다. 수줍음 많은 성격 때문인지 아니면 체면 때문인지, 그는 멀뚱멀뚱하게 서서 아무 말도 하지 않았고, 행인들 중에는 그를 동냥하는 거지로 생각하는 사람도 적지 않았다. 한 상인이 길을 지나다 불쌍한 마음이 들어 10위안을 그의 손에 쥐어주고는 뒤도 돌아보지 않고 갈 길을 재촉했다. 그런데 몇 걸음 가지 않아 갑자기 자신의 행동이 적절치 못하다는 생각이 들어 그는 다시 서둘러 그 사람에게로 돌아와 말했다.

"미안합니다. 연필을 가져가는 걸 깜빡했네요."

자리를 떠나기 전 그는 정중하게 말했다.

"당신도 나와 똑같은 상인이니까요."

반년의 세월이 흘러 상인은 성대한 업계 모임에 참석했다. 말쑥하게 양장을 차려입은 멋쟁이가 그를 맞이하며 그에게 공손히 술을 권했다. 그는 자신을 이 모임의 주선자라고 소개했다. 상인은 과분한 대우에 몸 둘 바를 몰라 했다. 이때, 그가 자신의 소개를 이어갔다.

"아마 일찌감치 저를 잊으셨겠지만, 제가 바로 거리에서 연필을 팔던 그 사람입니다. 과거 저는 줄곧 저 자신을 연필을 파는 거지라고 생각했습니다. 당신이 당신과 똑같은 상인이라고 말해주기 전까지 말이지요. 저는 영원히 당신을 기억할 겁니다. 저에게 자존감과 자신감을 주셔서 정말로 감사합니다."

상인의 짧은 격려와 존중의 한마디가 열등감에 스스로를 포기하고 있던 한 사람에게 자존감을 심어주고 자신감을 되찾게 해준 것이다. 군색한 처지에 있던 한 사람에게 자신의 가치와 장점을 인식하게 하여 결국 노력을 통해 성공을 거둘 수 있게 한 것이다. 그렇다면 상인 본인은 어땠을까? 그는 은혜를 잊지 않은 남자에게 존경과 감사를 얻었는데, 이것이 바로 존중의 힘이요 의미이다!

아무리 큰 성과를 거두었더라도 존중하는 마음을 바탕으로 모든 사람을 평등하게 대해야 한다. 사람들에게 사랑받았던 하버드대 출신들을 살펴보더라도 타인을 존중하지 않는 사람은 없었다. 그들은 우호적이고 온화하며 너그럽다. 사람을 대하는 태도가 나긋나긋해 항상 더 많은 이익을 얻는다. 하버드대 출신의 미국 전 대통령 루스벨트가 대중의 사랑과 존경을 받을 수 있었던 이유 중 하나도 바로 다른 사람을 존중할 줄 알았기 때문이다.

　대통령 경선이 진행될 당시, 루스벨트는 먼 길도 마다않고 서부의 각 주를 수시로 오갔다. 해당 지역에 도착할 때마다 그는 친절하게 현지 주민들에게 인사를 건네고 이야기를 나눴으며 심지어 함께 식사도 했다. 이는 대중에게 우호적인 이미지를 심어주었다. 동부로 돌아온 후, 그는 사람들의 이름과 주소를 정리해 명단을 만들고 그에 적힌 사람들에게 일일이 편지를 보냈다. 그는 편지의 서두에서 '친애하는 빌', '친애하는 조제' 등 친근하게 상대의 이름을 불렀고, 편지의 말미에는 자신의 이름 '루스벨트'라고 적었다. 이는 그가 다른 사람을 존중할 줄 아는 사람이었기 때문이다. 그는 이처럼 친 서민적인 태도를 유지했고, 이 때문에 유권자들의 큰 호감을 사 그들의 귀중한 한 표를 선물받았다.

　대통령에 당선된 후에도 루스벨트는 자신의 신분이 달라졌다고 다른 사람을 등한시하지 않았다. 어떤 직업을 가진 사람이든 어느 집단에 속해 있든, 그는 모두 친구처럼 이야기를 나눴다. 이는 그를 위해 일하는 사람들에게 큰 감동으로 다가왔고, 더욱 최선을 다해 그를 보좌하게 하는 힘이 되었다. 덕분에 그는 빛나는 정치적 업적을 세울 수 있었고, 미국 역사상 유일하게 4선 대통령이 되었다.

　대통령직에서 물러난 후 어느 날 루스벨트가 당시의 대통령과 영부인을 만나러 백악관을 방문했다. 대통령 내외는 아직 돌아오지 않은 상태였고, 루스벨트는 백악관에서 그들이 돌아오길 기다렸다. 그 시간 동안 그는 늙은 하인들의 이름을 하나하나 부르며 그들과 친근하게 인사를 주고받았고, 심지어 주방에서 설거지를 하는 여종 역시 예외는 아니었다. 그는 그렇게 예전처럼 모든 사람과 안부를 나누며 이야기를 주고받았다. 백악관에서 40년 동안 일했던 아이크 후버는 눈물을 머금고 말했다.

"최근 2년 동안 가장 즐거웠던 날이었습니다. 누가 내게 백만 달러를 준다고 해도 나는 그분과의 그 하루를 바꾸지 않을 겁니다."

당신 주변의 모든 사람을 존중하라. 그러면 당신은 그들의 존중을 받고, 좋은 인간관계를 맺어 조금씩 더 나은 내가 될 수 있을 것이다.

신용은
장기 투자다

한 상인이 강을 건너다 배가 전복되는 사고를 당해 물에 빠졌다. 그는 큰 소리로 살려달라고 소리치며 자신을 구해주는 사람에게는 은자 50냥을 주겠다고 했다. 한 어부가 상인을 구해주었지만, 뭍으로 나온 상인은 이내 태도를 바꾸어 어부에게 은자 다섯 냥을 건넸다. 어부는 자기가 한 말에 책임을 지지 않는다며 상인을 비난했지만 상인은 꿈쩍도 하지 않으며 오히려 어부가 만족할 줄을 모른다고 볼멘소리를 내뱉고는 자리를 떠났다.

어느 날, 공교롭게도 상인이 탄 배가 또 뒤집히고 말았다. 이번에도 상인은 물속에서 목청껏 구조 요청을 하며 자신을 구해주는 사람에게 은자 100냥을 주겠다고 외쳤다. 그때 지난번 그를 구해줬던 어부가 배를 타고 지나가다 한쪽에 멈춰 섰다. 누군가 상인을 구해주려 하자 어부가 말했다.

"아니, 이게 누구야? 은자 50냥을 주기로 약속하고 다섯 냥을 준 사람이잖아! 말에 신용이 없는 사람은 구해봤자 헛수고지."

결국 상인은 물에 빠져 죽고 말았다.

∽

당신은 타인과의 교류에서 신용을 중요시하는 사람인가, 아니면 이 상인처럼 신용을 지키지 않는 사람인가? 신용이란 사람이나 사물이 틀림없다고 믿어 의심하지 아니함 또는 그런 믿음의 정도를 말한다.

신용은 하버드대에서 가장 중요시하는 것 중 하나다. '한 말을 반드시 지킨다', '신용이 공부나 시험 성적보다 더 중요하다', '하버드대의 모든 학생이 신용을 이해하고 이를 지킬 수 있도록 한다' 등등의 격언에서도 이를 엿볼 수 있다. 물리대학 학장 마이크 스미스 역시 "신용은 교육의 핵심 과제다. 하버드대는 학술에 대한 신용을 매우 중시하기 때문에 학술적 부정행위를 용인해서도 안 되지만 용인할 수도 없다"라고 말한 바 있다.

예전에 하버드대에서는 한 과목의 기말고사를 오픈 북 테스트로 진행하기로 하고, 학생들에게 집에 돌아가 시험지를 풀고 개강 후 답안지를 제출하라고 한 적이 있었다. 그런데 교수는 답안지를 채점하다 절반에 가까운 학생의 답이 유사하다는 사실을 발견했다. 교수들은 학생들이 혼자 연구하지 않고 서로 교류한 결과라고 생각했고, 심각한 부정행위로 간주했다. 결국 하버드대는 이 '내부 허물'을 세상에 알렸고, 엄중한 처벌을 내려 관련 학생들에게 휴학 또는 유급을 명령했다.

하버드대는 왜 이렇게 신용을 중시하는 걸까? 이는 성실히 신용을 지키는 것이 사람의 도덕성이자 한 사람이 바로 서기 위한 뿌리이기 때문이다. 어떠한 사람이나 일을 대할 때 거짓말을 하지 않고 거짓 일을 꾸미지 않으며 정정당당하게 진심으로 대해야 비로소 타인의 믿음과 지지를 얻을 수 있고, 이로써 사업의 발전을 위한 탄탄한 기반을 다질 수 있다. 모든 성공인사 중에 신용을 지키지 않은 사람은 없었다.

모건 가족은 미국의 대부호 중 하나다. 이 가족의 성공 경험은 하버드대 학생들에게 최고의 본보기라고 할 만하다.

조셉 모건은 매우 가난한 젊은이였다. 그는 항상 사업을 크게 일굴 날을 꿈꿨고, 한동안의 관찰 끝에 '에트나 화재보험 회사'의 주주가 되었다. 왜냐하면 이 회사는 바로 현금을 낼 필요 없이 주주 명부에 사인하고 나중에 돈을 내도 주주가 될 수 있었기 때문이다. 그런데 조셉이 주주가 된 후 얼마 지나지 않아 에트나에 보험을 가입한 고객의 집에 화재가 발생했다. 보험 규정에 따르면 에트나가 해당 고객에게 일정한 손실을 보상해주어야 했지만 그렇게 하면 에트나는 파산 위기에 놓일 지경이었다.

주주들을 모두 어쩔 줄을 몰라 하며 다급히 주주 자리에서 물러나 보상 문제를 회피하려 했다. 그러나 조셉은 심사숙고 끝에 신용이 돈보다 더 중요하다는 결론을 내렸고, 이러한 때에 주주 자리에서 물러나면 고객에게 너무 무책임한 처사라고 생각했다. 그는 자신의 집을 팔고 사방에서 돈을 조달해 주주 자리에서 물러날 뜻을 밝힌 모든 주주의 주식을 염가에 사들였다. 결국 보험에 가입했던 그 고객에게 보상금 전액을 지불할 수 있었다. 그런 다음 그는 홀로 계속해서 에트나를 경영했다. 에트나의 소유자가 되기는 했지만, 이때 그는 이미 수중에 가진 돈이 없었고, 회사 역시 파산 위기 상태였다. 할 수 없이 그는 '에트나에 보험을 재가입하시는 고객께는 보험금을 두 배로 드립니다'라는 광고를 냈다.

많은 사람 심지어 조셉 자신조차도 고객을 개발하는 일은 매우 힘든 과정이라고 생각했다. 그런데 고객들이 꼬리에 꼬리를 물고 찾아오는 것이 아닌가? 보상금을 지급한 일을 통해 많은 사람이 그가 신용과 명예를 지킨다는 점을 알게 되었고, 이것이 다른 많은 유명 보험 회사보다 에트나를 더 선호하게 만든 것이다. 에트나는 업계에서 두각을 나타내기 시작했고 이내 월 스트리트를 좌지우지하게 되었다.

에트나가 성공할 수 있었던 이유는 말한 것은 반드시 행동으로 옮기는 조셉 모건이 있었기 때문이다. 이는 돈보다 더 가치 있는 신용이다. 이러한 신용은 그에게 많은 사람의 신뢰를 얻게 해주었다. 다른 사람이 모두 당신을 신뢰하는데 이보다 더 귀한 게 뭐가 있을까? 당신을 신뢰하는 사람이 몇 명인가가 당신이 얼마나 큰 영향력과 흡인력을 가질 수 있는지를 결정하고, 얼마나 많은 성공 기회를 얻을 수 있는지를 결정한다.

'신용으로 천하를 누빌 수 있다'라는 말이 있다. 신용이 있으면 어디를 가든지 환영을 받고, 다른 사람의 도움을 받을 수 있다. 이로써 당신의 인맥은 갈수록 좋아지고 당신의 성과는 커질 것이다.

《명품 인생 만들기(*Making Life a Masterpiece*)》는 하버드대 학생들이 열심히 돌려보는 마음의 양서다. 이 책의 저자 오리슨 스웨트 마든은 여러 자리에서 다음과 같이 언급했다.

"성공하려면 신용을 자신의 인생에서 가장 중요한 가치로 삼아 타인에게 끊임없이 당신이 믿을 만한 사람임을 증명하십시오. 사람들이 당신을 믿어야 당신의 관점과 생각 또는 제품을 믿게 됩니다. 신용을 얻으면 더 많은 친구와 더 많은 파트너 그리고 자신의 재능을 펼칠 더 많은 기회를 얻게 될 것입니다."

그럼, 어떻게 해야 신용을 가질 수 있을까?

첫째, 사람들과 교류할 때에는 항상 진실하라. 절대 그 어떤 속임수도 있어서는 안 된다. 마음이 진실하지 않으면 아무리 교묘한 말과 환심을 사려는 얼굴을 해도 허점을 남기게 마련이다. 상대가 이를 알아차리면 다시는 당신을 믿지 않을 것이다. 반대로 당신이 진실하고 솔직하게 상대에게 자신의 태도를 표명하거나 상대의 의견을 구한다면 당신이 표현에 서툴더라도 상대는 당신의 진실함을 느끼고 이를 지지해줄 것이다.

둘째, 한 말은 실천에 옮겨 믿음을 줘라. 다른 사람에게 어떠한 일을 해주겠노라고 약속한 상황이라면 얼마만큼의 대가를 치르든지 약속을 지켜야 한다. 잠시 약속을 지킬 수 없는 상황이라면 반드시 제때 상대에게 실제 상황을 성실히 설명하고 상대의 이해를 얻어라. 이를 위해 약속을 할 때는 이행 가능성을 고려해 '도와주도록 힘써볼게', '되도록 해결해볼게', '꼭 결과가 좋지만은 않을 거야' 등 되도록 완곡한 말을 사용해 여지를 남기는 것이 좋다.

셋째, 작은 일에 대한 신용을 중시하라. 사람이 가장 저지르기 쉬운 잘못이 바로 사소한 일을 소홀히 하는 것이다. 하지만 이는 때로 점차 신용과 명예를 잃는 도화선이 된다. 예를 들어 당신이 친구에게 돈을 빌린 뒤 한 달 후에 갚겠다고 했다 치자. 하지만 날짜가 다 되도록 당신은 돈을 갚지 않았고, 2~3일이 지난 후에야 갚았다. 어쩌면 당신은 이미 돈을 갚았으니 2, 3일 늦은 정도는 별일 아니라고 생각할지도 모른다. 하지만 이렇게 사소한 일이 당신의 신용을 다른 사람의 마음에서 크게 떨어뜨릴 수 있다. 그러니 신용을 얻으려면 작은 일부터 조금씩 시작하라.

꾸준히 지속하라. 신용은 일종의 장기 투자다. 언젠가는 당신에게 높은 효율의 인맥을 가져다줘 더 나은 내가 될 수 있을 것이다.

타인에게 장미를 선물하면
손에는 잔향이 남는다

하버드대 졸업 연설에서 하버드 로스쿨 출신이자 아일랜드 최초의 여성 대통령이었던 메리 로빈슨은 다음과 같이 말했다.

"여러분과 똑같이 천부적인 재능과 원대한 포부를 가진 많은 사람이, 지금 여러분이 가진 기회를 평생 얻지 못하기도 합니다. 그러니 지금 여러분이 거둔 성과를 자랑스럽게 여기십시오. 다만 여러분께 한 가지 당부하고 싶은 말씀은, 여러분이 받은 교육을 가장 가치 있는 목표에 사용하시라는 겁니다. 이러한 목표는 다른 사람의 생활을 바꿀 수 있도록 도움을 주는 것이어야 합니다."

당신이 인간관계에서 빠르게 인기를 얻어 좀 더 많은 사람이 당신을 인정하고 신뢰하게 하여, 하버드대 출신 엘리트들처럼 가는 곳마다 환영을 받는 지름길이 있다. 그것은 바로 남을 돕는 것을 즐거움으로 여기는 것이다.

이에 대한 하버드대 출신들의 생각은 이렇다.

'당신이 항상 다른 사람의 도움을 받았다면, 당신이 능력이 있을 때에는 다른 사람을 도와줘야 한다.'

하버드대에 입학 지원을 할 때, 당신이 애타심이 있고 또 남을 도와주는 것을 즐거움으로 여긴다는 자료를 가지고 있다면 하버드대는 당신의 입학을 우선적으로 고려할 것이다. 다른 사람을 돕는 일을 즐거움으로 여기는 것을 기본적인 입학 자격의 하나로 보기 때문이다.

만약 당신이 하버드대에 대해 어느 정도 알고 있는 사람이라면 하버드대 졸업생들에게 하버드 후원 전통이 있음을 알 것이다. 매년 하버드대에서는 동문 모임을 개최하는데, 이때 졸업생들은 모교에 기금을 기부한다. 이는 하버드대 수입의 매우 중요한 부분을 차지하고 있으며, 이렇게 모인 기금은 학생들의 교육에 사용된다.

다른 사람이 나에게 어떻게 대해주었다면, 우리도 그 사람에게 어떻게 대해줘야 한다. 뿌린 만큼 거두는 법이다. 우리가 무엇을 내놓았다면 자연스럽게 그만한 보답이 돌아온다. 만약 한 사람이 여러 방면으로 다재다능하지만 이기적으로 자신의 이익만 안다면 스스로 앞길을 막는 결과를 초래할 것이다.

어떤 사람이 천당과 지옥의 차이를 알고 싶은 나머지 신선을 찾아가 자신의 소원을 들어달라고 빌었다.

신선은 직접 답을 주는 대신 그를 지옥으로 데리고 갔다. 지옥에는 음식물로 가득 차 있는 커다란 솥이 놓여 있었지만, 그곳 사람들은 음식을 먹지 못하고 모두 뼈가 보일 정도로 앙상하게 말라 있었다. 바로 그들의 손에 들려 있는 손잡이가 긴 수저 때문이다. 그들은 모두 앞다 퉈 음식을 먹으려 들었지만 수저의 손잡이가 너무 길어 정작 입으로 들어오는 음식보다 바닥에 떨어뜨리는 음식이 더 많았다.

이윽고 신선은 다시 그를 데리고 천당으로 향했다. 천당에는 지옥에서와 똑같은 솥이 놓여 있었고, 사람들도 똑같이 손잡이가 긴 수저를 들고 있었다. 하지만 천당에 있는 사람들은 즐겁게 배를 채우고 있었다. 어떻게? 천당에 있는 사람들은 모두 손잡이가 긴 수저로 음식을 떠다 다른 사람의 입에 넣어주고 있었다. 그 결과 그들 모두 배불리 식사할 수 있었던 것이다.

단순한 이야기지만 사람들은 서로 도울 때 비로소 행복을 얻는다는 깊은 뜻이 담겨 있다. 서로 사랑하고, 도움을 주고받고, 함께 나눌 때 생활은 천국과 같아진다. 하지만 자신만 알고 매정하게 타인을 돕고자 하지 않는다면, 자연히 타인의 도움을 받을 수도 없고 홀로 쓸쓸하고 비참하게 생활할 수밖에 없는데, 이것은 곧 지옥이다.

거듭 말하지만 뿌린 만큼 거두는 법이다. 무언가를 얻고 싶다면 먼저 나누는 법을 배워라. 남이 나에게 잘해주지 않는다고, 무엇인가를 주지 않는다고 불평을 하기 전에 냉정하게 생각해보라. 당신은 다른 사람에게 잘 대해주었는가? 당신은 다른 사람에게 무엇을 주었는가? 대부분의 경우 당신이 먼저 다른 사람에게 베풀어야 그 보답이 돌아오게 마련이다.

하버드대 출신의 성공인사들을 자세히 살펴보면 당신은 그들의 성공 비결이 바로 다른 사람을 잘 도와주는 데에서 비롯되었음을 발견할 수 있을 것이다.

1990년대에 들어섰을 때, 세상에는 인터넷이라는 새로운 매체가 빠르게 발전하기 시작했다. 애플은 이러한 기회를 제대로 잡지 못해 시장점유율이 급격히 하락했고, 재무 상황이 날로 악화되어 언제 파산할지 모를 위기에 봉착했다. 바로 이때, 빌 게이츠는 곤경에 처한 애플을 위해 1억 5천만 달러의 자금을 투입하겠다고 선언했다. 경쟁 상대에게 구원의 손을 내밀다니? IT업계는 그의 결정에 놀라움을 금치 못했다.

애플은 빌 게이츠의 금전적 도움으로 숨 돌릴 기회를 얻었다. 애플이 곧 빠른 발전을 이루자 IBM, 넷스케이프 등 마이크로소프트의 경쟁사들은 애플에게 협력을 제안했지만 스티브 잡스는 결국 마이크로소프트를 선택했다. 가장 어려울 때 마이크로소프트가 자신의 손을 잡아주었기 때문이다. 그 후, 두 기업의 운영 소프트웨어가 서로 더해지면서 컴퓨터 시장 거의 대부분을 점령했다.

마이크로소프트는 영리하게 애플을 도움으로써 애플에 기사회생의 기회를 주는 동시에 효과적으로 자사의 평판을 높였다. 그로써 경쟁력을 한층 더 업그레이드하였고 업계에서의 지위를 공고히 했다. 생각해보라. 만약 빌 게이츠가 도량이 좁아 스티브 잡스가 어려울 때 도움의 손을 내밀지 않았다면, 잡스가 그 많은 협력 러브콜을 받는 상황에서 마이크로소프트를 선택했을까? 그리고 다른 회사와 애플의 협력이 이뤄졌다면, 마이크로소프트는 또 어떠한 도전에 직면하게 되었을까?

다른 사람에게 장미를 선물하면 당신의 손에는 잔향이 남는다. 다른 사람을 도와주는 것은 나 스스로를 도와주는 것이기도 하다. 친구와의 사귐에서 한 번 더 안부를 묻고 축복의 말 한마디를 더 건네보라. 조금 더 관심을 갖고 배려하고, 친구가 기분이 좋지 않을 때에는 위로의 말과 도움을, 친구와 다툰 후에는 한 번 더 입장을 바꿔 나라면 어떻게 생각하고 어떻게 행동했을지 생각해보라.

남을 조금 더 생각하고 조금 더 베푼다면 타인의 눈에 당신은 지금보다 더 진실하고, 선하며, 마음 넓은 사람으로 비칠 것이다. 주변 사람들이 당신 곁으로 모여들고, 타인의 신뢰와 진심이 쌓일 것이다. 그렇게 되면 당신의 인간관계에는 다툼 대신 이해가, 불화 대신 화목함이 더 많아질 것이다.

하버드대 조사연구센터는 2,700여 명을 대상으로 14년간의 추적 조사를 진행해 '타인을 돕는 일이 한 사람의 수명을 연장시킬 수 있다'라는 결론을 도출한 바 있다. 일리가 있는 말이다. 심리학적으로 봤을 때, 남을 돕는 것을 즐거움으로 여기고 항상 선행을 하는 사람은 타인의 우애와 감사의 마음을 얻을 수 있는데, 그 속의 따뜻함은 일상생활에서의 걱정이나 불안한 마음을 완화하는 데 도움을 주어 결국 심신의 건강에 유익하게 작용한다.

그렇다면 이렇게 좋은 일을 왜 안 한단 말인가!

: 제8강 :
행동하라, 바로 지금!

계획은 지도와 같다. 아무리 자세하게 묘사되어 있어도, 또 비율이 아무리 정확해도 행동을 취하지 않는다면 반걸음 앞의 세상도 보여주지 않는다. 마찬가지로 자아를 실현하려면 자신이 가야 할 정확한 길을 알아야 할 뿐만 아니라 이를 철저하게 실천하는 것이 더 중요하다. 좋은 아이디어와 좋은 계획을 실천에 옮겨라. 이는 천 개의 좋은 아이디어를 내는 것보다 훨씬 가치가 있다.

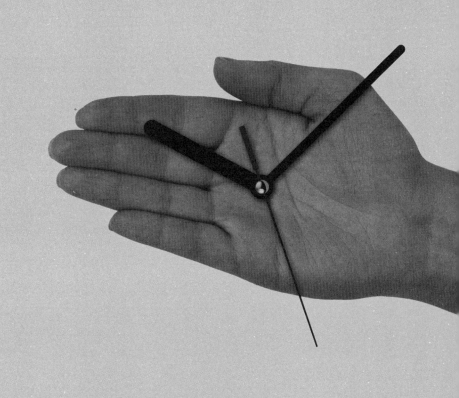

지금 바로 행동하지 않으면 아무런 가치가 없다

뜻을 이루지 못해 실의에 빠진 젊은이가 있었다. 그는 매일 복권에 당첨돼 일확천금을 얻는 행운을 꿈꿨다. 그러면서 그는 2~3일에 한 번씩 교회로 가 기도를 드렸다.

"주님! 주님을 향한 저의 마음이 이리 독실하니 부디 제가 복권에 당첨될 수 있게 해주세요!"

매주 이 일을 반복했지만 그는 단 한 번도 복권에 당첨되지 못했다. 어느 정도 시간이 흐르자 젊은이는 조금 화가 나기 시작했고, 기도를 할 때도 불만이 먼저 튀어나왔다.

"주님! 왜 제 기도를 들어주지 않으시는 겁니까?"

이때, 낮고 힘 있는 음성이 들려왔다.

"그동안 너의 기도를 모두 듣고 있었느니라. 그러나 적어도 네가 먼저 복권을 사야 하지 않겠느냐!"

램 차란은 하버드대 경영대학원 MBA와 DBA 학위를 보유한 베스트셀러 작가이자 훌륭한 교수이다. 그는 지금 바로 행동하지 않으면 모든 이상이 전부 아무런 가치가 없게 되고 목표에도 도달할 수 없다고 말한다. 행동이 그만큼 중요한 이유는 이것이 계획과 결과 사이를 이어주는 다리이기 때문이라는 것이 그의 지론이다.

하버드대 출신의 엘리트들이 자아실현을 할 수 있었던 것은 그들이 애초에 정확한 이상 또는 목표를 정했고, 그들이 바로 이를 위한 행동에 나서고 꾸준히 움직였기 때문이다.

자카르타의 한 초등학교에서는 학생들에게 '나의 꿈 : 나는 커서 무엇이 되고 싶은가?'를 제목으로 글짓기를 시키고 있다. 학생들 중에는 과학자가 되겠다는 아이도 있고, 선생님이나 의사를 꿈꾸는 아이도 있었다. 그런데 한 남학생은 커서 대통령이 되고 싶다고 썼다. 남학생의 장래 희망을 들은 같은 반 친구들은 모두 크게 웃었다. 남학생이 실현 가능성 없는 터무니없는 꿈을 꾸고 있다고 생각했기 때문이다. 선생님 역시 그가 그저 말해본 것이라고 생각해 크게 신경 쓰지 않았다. 하지만 남학생은 그냥 한번 해본 말이 아니었다.

그 후, 남학생은 누구보다도 더 열심히 공부했고, 결국 하버드대 로스쿨에 입학해 나중에 인권 변호사가 되었다. 그 후 그는 미국 대통령 선거에 참가하기 시작했다. 가정 형편이 평범한 그는 경선 비용을 얻기 위해 아파트를 담보로 잡았고 열심히 몇 개 주를 돌며 기업과 대학 등에서 자신의 관점을 널리 알렸다. 결국 그는 미국 제44대 대통령에 당선되어 미국 역사상 첫 흑인 대통령이 되어 그의 꿈을 실현했다. 바로 미국 대통령 버락 오바마의 성공 스토리다.

행동은 빈말보다 강한 힘을 발휘한다. 말만 하지 말고 행동에 옮겨라. 중요한 건 실천이다.

그린은 미국의 유명한 성공학 학자다. 그는 강연을 할 때 항상 청중에게 우스갯소리로 미국 최대의 특송업체 페덱스를 사실은 자신이 발명했다고 말한다. 그린의 말이 거짓말은 아니다. 그는 확실히 그런 생각을 했었다. 1960년대, 청년 그린이 막 사회에 발을 디뎠을 때 그는 어떻게 하면 문서를 정해진 시간 안에 미국의 한 도시에서 다른 한 도시로 보낼 수 있을까를 매일 고심했다. 당시 그는 목적지에 상관없이 중요한 문서를 24시간 안에 배달해주는 서비스가 있다면 얼마나 좋을까 생각했다.

이러한 생각은 몇 년간 그의 머릿속에서 떠나지 않았다. 하지만 그는 이에 대한 어떤 행동도 취하지 않았다. 그러다 프레드 스미스가 이러한 생각을 정말로 현실로 만들어 성공을 거두고 나서야 그는 땅을 치고 후회했다.

"이 일은 저에게 뼈저린 교훈을 남겨주었습니다. 좋은 아이디어가 있으면 서둘러 몸을 움직여 행동으로 옮겨야지, 그러지 않으면 눈앞에서 성공의 기회를 놓칠 수 있다는 사실을 알았지요."

그는 이어 말했다.

"물론 지금 제가 거둔 성공은 끊임없이 움직이고 실천한 결과입니다."

누구나 성공을 갈망한다. 하지만 탁상공론만 하며 아무런 행동도 하지 않는다면 분명 아무것도 이룰 수 없다. 아이디어가 있었던 그린을 보라. 몇 년 동안 아무런 행동을 취하지 않아 실현할 수 있었던 성공과 명예의 기회를 날리지 않았는가?

그러니 제대로 실천에 옮겨라! 좋은 아이디어와 좋은 계획을 제대로 실천에 옮기는 것은 좋은 아이디어 천 개를 생각해내는 것보다 훨씬 가치 있다. 이에 대해 미국 ABB의 회장 퍼시 바네빅은 "성공의 5퍼센트는 전략이고, 95퍼센트가 행동이다"라고 지적한 바 있다.

하버드대에서 자주 언급되는 '실천'에 관한 이야기가 있다.

앤서니 지나가 하버드예술단의 뮤지컬 배우로 활동할 당시 그녀는 사람들에게 자신의 아름다운 꿈을 이야기하곤 했다.

"대학 졸업 후, 저는 여행을 떠날 거예요. 그런 다음 뉴욕 브로드웨이로 가서 훌륭한 주연배우가 될 겁니다."

이튿날, 지나의 지도교수가 그녀에게 날카로운 질문을 던졌다.

"자네에게 여행 후 브로드웨이를 가는 것과 졸업 후 브로드웨이에 가는 것은 무슨 차이가 있나?"

생각해보니 별 차이가 없다고 느낀 그녀는 1개월 후 브로드웨이에 가기로 결심했다. 이때, 교수가 또 느닷없이 그녀에게 물었다.

"지금 가는 것과 1개월 후에 가는 건 무슨 차이가 있나?"

그녀는 곰곰 생각하더니 교수에게 다음 주에 바로 출발하겠다고 말했다. 그녀는 이번에야말로 교수님도 자신의 의견에 동의할 것이라고 생각했다. 하지만 교수는 그녀의 말이 떨어지기가 무섭게 물었다.

"필요한 생활용품은 브로드웨이에 가서도 전부 살 수 있는데 다음 주에 가는 것과 오늘 가는 건 무슨 차이가 있겠나?"

그녀는 아무 말도 하지 않았다. 이때 교수가 말했다.

"브로드웨이의 제작자가 고전 레퍼토리를 무대에 올리려고 준비 중이라고 하더군. 그래서 전국에서 수백 명의 예술가가 주연 배역을 따내려고 오디션을 본다더라고. 내가 이미 자네 대신 내일 출발하는 비행기 표를 예약해두었으니 어서 자네의 꿈을 실현하러 움직이게."

이튿날 그녀는 세계 최고의 예술의 전당, 브로드웨이로 날아가 수백 대 일의 힘겨운 오디션을 치렀다. 그리고 당당히 브로드웨이에 입성해 인생에서의 첫 빨간 토슈즈를 신었다. 그 후, 그녀는 조금씩 브로드웨이에서 젊고 명성 높은 연기자 중 한 명이 되어갔다. 자신의 성공에 대해 그녀는 이렇게 말했다.

"제가 성공의 길에 오를 수 있었던 것은 행동한 덕분이었어요."

돌아보라. 매일 반복되는 업무 속에서 당신은 두려워서 혹은 하고 싶지 않아서 좋은 계획을 망치고 더 나아가 업무에서 성과를 못 거두는 것은 아닌가? 바로 지금부터 자신을 바꿔라. 말로만 하지 말고, 지금 바로 행동에 옮겨라. 그리고 끊임없이 노력하라. 그러면 반드시 자신만의 성과를 거두고 하버드대 출신의 엘리트들처럼 자아를 실현할 수 있을 것이다.

내일만 기다리다가는
내일이 당신을 무덤에 보낼 수 있다

여행가 리야드가 아프리카에 가겠다고 하자 사람들은 언제 출발하느냐고 물었고, 그는 대답했다.

"내일 아침이요."

사람들이 존 제르비스, 즉 훗날의 빈센트 공작에게 그의 배가 언제 전투에 가담할 수 있냐고 물었을 때 그는 대답했다.

"지금이요."

콜린 캠벨이 주인도 군대의 총사령관에 임명되었을 때 언제 부대를 파견할 것이냐는 질문을 받고 그는 조금의 망설임도 없이 말했다.

"내일."

'오늘 할 일을 내일로 미루지 마라.'

이는 하버드대 도서관 벽에 붙어 있는 말이다. 수업 시간에 하버드대 학생들은 항상 '오늘 할 일은 오늘 끝내라'라는 말을 듣는다. 시간은 한 번 흘러가면 돌아오지 않는다. 하버드대 출신들에게 시간은 절대 낭비해서는 안 되는 것이다. 그들은 시간을 잃는 것보다 더 불행한 일은 없다고 생각해 해야 할 일을 절대 미루는 법이 없다.

당신은 아마 잠깐 미루는 것이 별일 아니라고 생각할지도 모른다.

'이건 내일 다시 생각하자.'

'이 영화 다 보고 공부해야지.'

'내일 보고서를 작성해도 안 늦는데, 뭐.'

하지만 이 잠깐이 당신의 인생에 생각지도 못한 변화를 가져올 수도 있다. 심지어 엄청난 후폭풍을 불러올 수도 있다.

미국 독립전쟁 기간에 영국군 사령관 레이가 인편으로 편지를 보내 시저에게 보고하기를 '워싱턴이 이미 군대를 이끌고 델라웨어강을 건너 상황이 긴박하다'고 했다. 하지만 파발꾼이 편지를 전달했을 때, 시저는 몇몇 친구와 한창 카드게임을 즐기고 있었다.

"게임이 끝나고 봐도 늦지 않다."

그는 이렇게 말하고 서신을 자신의 옷 주머니에 넣었다. 그러나 카드게임이 끝나고 편지를 봤을 때는 이미 늦은 뒤였다. 그가 군대를 소집하기도 전에 워싱턴의 군대가 이미 도착한 것이다. 결국 시저와 그의 군대는 궤멸되었다. 시저는 보고를 받은 즉시 서신을 확인하지 않았고 바로 이 몇 분의 지연이 그의 명예와 생명을 앗아간 것이다.

자아실현에는 많은 행동이 필요하지만 우리는 흔히 차일피일 미루느라 행동을 취하지 못한다. 이렇게 동경, 이상 그리고 계획이 미루기 속에서 물거품이 된다.

하버드대 교수 헤릭은 말했다.

"세상에 93퍼센트의 사람이 일을 미루는 나쁜 습관 때문에 결국 아무것도 이루지 못한다. 이는 미루기가 사람의 적극성을 죽일 수 있기 때문이다."

빌 게이츠 역시 이러한 말을 했다.

"해야 할 일을 당장 하지 않고 내일 하겠다고 미루는 사람은 모두 패배자다. 하루라는 시간을 규모 있게 쓰지 못하고 낭비해버리면 아무것도 이룰 수 없다."

당신이 이 93퍼센트의 사람 중 한 명이 되고 싶지 않다면, 아무것도 이루지 못하는 패배자가 되고 싶지 않다면 할 일을 미루는 나쁜 습관을 뿌리 뽑고, 오늘 할 일을 절대 내일로 미루지 마라.

업무 때문에 항상 애를 먹고 그래서 제대로 먹지도 자지도 못하는 영국 젊은이가 있었다. 성공의 기미도 보이지 않는 일 때문에 골머리를 앓는 그는 매일 폭발 직전의 상태였다. 그리하여 그는 유명한 소설가 월터 스콧에게 조언을 구하기로 했다.

아침 댓바람부터 젊은이는 월터 스콧을 찾아가 정중하게 물었다.

"당신의 조언을 구하고 싶습니다. 전 세계적으로 유명한 작가로서 당신은 매일 그렇게나 많은 업무를 어떻게 다 처리하고, 또 어떻게 그렇게 빨리 성공을 거두실 수 있었던 겁니까? 제게 명확한 답을 주실 수 있을까요?"

월터 스콧은 젊은이의 질문에 대답하지 않고 친근하게 물었다.

"젊은이, 오늘의 업무는 다 완수했는가?"

젊은이는 고개를 가로저으며 말했다.

"아직 이른 시간인걸요. 제 일과는 아직 시작되지 않았습니다."

월터 스콧이 웃으며 말했다.

"하지만 나는 이미 오늘의 할 일을 모두 끝냈다네."

젊은이가 아리송한 표정을 보이자 월터 스콧이 부연 설명을 했다.

"자네는 반드시 제때 업무를 완수하지 않는 습관을 경계해야 하네. 꾸물대며 일을 미루는 습관 말이네. 일을 해야 하면 즉시 가서 하고, 휴식은 업무를 끝낸 후에 하게. 절대로 업무를 끝내기 전에 먼저 휴식 시간을 즐기지 말고 말이야. 만약 나를 성공한 사람이라고 한다면, 이것이 바로 내가 성공할 수 있었던 이유일 걸세."

자아실현의 비결은 바로 행동이다. 지금 바로 행동에 옮기는 것, 오늘부터 시작하는 행동 말이다. 이에 대해 하버드대의 한 철학과 교수는 이렇게 말했다.

"당신이 붙잡을 수 있는 시간은 오늘뿐이다. 오늘 한 시간이 내일 두 시간보다 가치 있다."

그는 학생들에게 오늘의 시간을 붙들라고 말한다.

"지금의 일분일초를 소중히 여겨 모든 일을 잘해냄으로써 오늘을 알차고 의미 있게 보내야 인생이 빛나고 더 나아가 그 무엇과도 비교할 수 없는 가치가 생긴다."

한 문제를 정확하게 인식하면 해결 방안은 분명해진다. 때로 우리는 어떠한 일이 중요하지 않다고 생각해서 또는 자신이 없어서 시작을 차일피일 미룬다. 그렇다면 지금 일을 하지 않을 경우 발생할 수 있는 가장 최악의 상황을 나열해보자. 예를 들어 '자산을 잃게 될 거야', '해고되어 다시는 일을 할 수 없을 거야' 등등, 되도록 객관적인 일들로 말이다. 그런 다음 자기 자신에게 이런 최악의 결과를 받아들일 수 있는지 물어보자.

만약 질문의 답이 '아니다'라면 자신이 왜 겁을 내는지 자세히 분석해보라. 그러면 적극적으로 그 일을 할 수 있을 것이다. 만약 질문의 답이 '그렇다'라면 이 행동이 정말 중요하지 않거나 영향이 크지 않음을 의미한다. 그렇다면 잠시 또는 영원히 그 행동을 당신의 계획에서 삭제하라. 시간만 질질 끌다 나중에 또 후회하지 말고 말이다. 단, 반드시 유예가 필요한 일들은 있게 마련이니 단순 미루기와 혼돈하지 않는 것이 중요하다.

오늘을 붙잡고 싶다면 내일을 기다리지 마라. 항상 내일만 기다리며 살다가는 그 내일이 당신을 무덤으로 끌고 들어갈 것이다. 목표를 정했다면 시간을 끌지 말고 그 즉시 목표를 향해 나아가라. 그러면 당신이 만날 저항이 점점 더 작아지고, 마음가짐도 점점 적극적으로 변해 목표를 실현할 가능성 역시 커질 것이다. 정말로 오늘 할 일을 오늘 끝낼 때, 당신은 자아실현이 그리 어려운 일이 아니라는 사실을 발견할 것이다.

결단력은
성공의 희망

성공을 갈망하는 한 머리 좋은 대학교수가 직업을 바꿔 사업에 뛰어들기로 결심했다.

그러자 친구는 그에게 야간학교 선생님을 겸임할 것을 조언했고, 그역시 관심을 보였다. 하지만 곧 수업을 시작해야 할 때가 오자 그는 주저했다.

"한 시간 수업하는 데 고작 20위안인데 얼마나 벌 수 있겠어? 그냥다른 방법을 찾아보는 게 좋겠어."

또 다른 친구는 그에게 주식에 투자해보라고 제안했다. 그는 의욕이샘솟았지만 막상 주식 거래 계좌를 만들 때가 되자 망설였다.

"주식 투자에는 리스크가 있으니 나중에 다시 결정하자."

그는 재능이 많았지만 줄곧 망설임 속에서 하루하루를 보내다 결국직업을 바꾸지 못한 채 부질없이 바쁜 시간만 보냈다.

결정을 내리지 못하는 우유부단함은 한 사람에게 실로 치명적인 약점이다. 한 사람의 자신감은 물론 판단력까지 무너뜨릴 수 있다. 망설임은 마음의 갈등에서 비롯된다. 온갖 걱정으로 위축되어 앞으로 나아가지 못하는 심리는 사람을 강렬한 내적 갈등에 빠지게 한다. 이리 재고 저리 재며 시간을 허비하다 결국 아무 일도 하지 못하게 된다.

하버드대 출신들은 명실상부한 성공인사가 되려면 없어서는 안 되는 자질이 바로 결단력이라고 말한다. 결정을 내리는 연습은 하버드대의 중요한 학과 과정 중 하나이고, 특히 하버드대 경영대학에서는 교수들이 여러 실용적인 방법을 이용해 학생들의 결정 능력을 훈련시킨다. 그중 한 방법은 '폴더 방법'이다. 이는 역할 분담 놀이와 유사한데, 한 학생이 고위간부 역할을 맡아 즉흥적으로 공문과 서신 및 각종 보고서를 처리하고, 관련 안건에 대해 한 시간 안에 과감하게 결정을 내리고 업무를 안배하고 결정 방안을 작성해야 한다.

살면서 우리는 자신을 한 단계 더 발전시킬 중요한 시기를 거치게 되는데, 이러한 시기가 왔을 때, 망설이며 결정을 내리지 못한다면 분명 그 일을 그르치게 될 것이다.

시호크스호의 선원들은 태평양의 아름다운 관광명소 환초 산호섬을 향한 항해 여정을 즐겁게 즐겼고, 선장 역시 능숙하게 배를 조종하며 가뿐하게 물속의 암초를 피해갔다. 선장은 선원들과 곧 도착할 무인도에서의 바비큐 파티를 계획하며 즐거운 시간을 보냈다. 선원들은 환호했다. 이 환호성이 바닷속 깊은 곳에서 잠자고 있던 악마를 깨웠던 걸까? 악마는 2천 미터 아래 해저에서 이미 시호크스호를 오랫동안 기다리고 있었다.

갑자기 잠잠했던 해수면이 미친 듯이 일렁이더니 세찬 파도가 일기 시작했다. 거대한 파도가 하늘 높이 솟아오르더니 무방비 상태의 시호 크스호를 덮쳤다. 선장은 놀란 가슴을 진정시키며 서둘러 배의 방향을 조정해 뒤쪽으로 뱃머리를 돌렸다. 선원들에게 대부분의 식량과 장치 등의 물자를 버리라고 명하는 것도 잊지 않았다. 하지만 20피트 높이의 파도는 이내 배를 높이 들어 올렸다가 암초 위로 내동댕이쳤다. 선장은 자신의 배가 이미 가망이 없음을 예감했다. 배의 용골이 이번 타격으로 두 동강 났기 때문이다. 배가 곧 침몰할 상황에 놓이자 선장은 과감히 선원들에게 배를 버리고 잠수를 하라고 명령했다.

그러나 선원들은 이 대형 선박에 대한 애정이 대단했기에 선뜻 배를 버리지 못했다. 그들은 잠시 후 파도가 잠잠해질지도 모른다고 기대했다. 그러자 선장은 엄숙한 어조로 명령했다.

"바다로 뛰어들 준비를 한다. 지금 당장!"

그러고는 솔선수범하여 바다로 뛰어들었다. 다른 모든 선원도 선장을 따라 뛰어내려 무인도까지 헤엄쳐 갔다. 무인도는 황량한 곳이었지만 산물이 풍부했다. 무엇보다 다행인 것은 이번 재난에 인명 피해가 없었다는 사실이었다. 그들이 만난 것은 강력한 해저지진이었고, 그속에서 단 한 명의 인명 피해도 없이 전원이 생존한 것은 공전의 기적이었으며, 이런 기적은 어쩌면 마지막일지도 모른다.

선장은 결단력이 있었고, 과연 선장이라는 자리의 적임자였다. 생각해보라. 만약 그가 우물쭈물 결정을 내리지 못했다면 결국 그들은 선박뿐만 아니라 배에 타고 있던 모두의 목숨을 빼앗겼을 수도 있었다.

위의 사례를 보고 어떤 사람은 이렇게 말할지도 모르겠다.

"나도 즉시 행동하는 것이 중요하다는 건 알고 있습니다. 하지만 조건이 무르익지 않은 상태라면 행동의 결과 역시 실패로 돌아가지 않겠습니까? 저의 망설임은 단지 더 적합하고 더 좋은 기회를 기다리기 위한 것일 뿐입니다."

이 말은 일리 있어 보이지만 '희망', '바람', '가능성'에 기대다가는 영원히 성공할 수 없다. 게다가 세상에는 절대적으로 완벽한 타이밍이란 존재하지 않으며, 정말로 만반의 준비를 갖출 수 있는 사람은 없다.

인생길에서 선택의 갈림길은 끊임없이 나타난다. 이때, 우리는 반드시 이에 대해 고민하고 또 선택해야 한다. 방향을 정확히 알았다면 용기를 내 앞으로 나아가라. '세상에는 원래 길이 없다. 걷는 사람이 많아지면 길이 되는 것이다'라는 말이 있다. 모든 길의 종착점은 또 다른 시작점이다. 따라서 옳고 그름은 존재하지 않는다.

성공학의 대가 나폴레온 힐은 미국의 전설적 인물이다. 그는 과감하고 노련한 일 처리로 자수성가한 성공인사의 전형이며, 결단력 있는 행동으로 성공을 거머쥔 좋은 본보기이다. 그는 미국의 두 대통령과 수천만 독자에게 영향을 주었고, 수많은 하버드대 출신의 교과서가 되기도 했다.

나폴레온 힐은 사실 어린 시절 망설임이 많은 사람이었다. 하지만 그는 자신이 하려는 일을 당장 시작하지 않거나 입장을 표명하지 않는다면 영원히 마음을 접어야 하는 또 다른 결과를 마주할 수도 있음을 깨달았다. 예를 들어 그는 마당에 떨어진 아기 새를 키우고 싶었지만 아버지가 허락하지 않으면 어떻게 하나 망설였고, 그 사이 고양이가 아기 새를 물어 갔다. 아버지가 그에게 같이 외출하지 않겠냐고 물었을 때, 그가 주저하자 아버지는 다른 사람을 데리고 나가버렸다. 이러한 일들이 점점 많아지자 그는 가장 짧은 시간 안에 결론을 내는 습관을 길렀다.

성인이 된 후, 나폴레온 힐이 한 신문사에서 기자로 활동하던 시기에 그의 첫 번째 인터뷰 대상은 바로 '철강왕' 카네기였다. 그는 이렇게 중요한 임무를 맡을 것인가 말 것인가 망설였다. 자신이 잘할 수 있을까 걱정도 됐지만 그는 절대 망설이지 말자며, 내가 망설이는 시간에 다른 사람에게 기회가 넘어갈 것이라고 자신을 다잡았다. 그는 열심히 인터뷰를 준비해 카네기와의 인터뷰를 순조롭게 이끌었다. 그때 카네기는 돌연 그에게 일자리를 제안하며 보수가 없는 일인데 받아들이겠냐고 물었다. 20년 동안 세계적인 성공인사를 연구하는 일이었다.

이 제안을 받아들인다면 돈 벌이가 끊김을 뜻하는 것이었고, 거절한다면 성공인사와 친분을 쌓을 절호의 기회를 날리는 것이었다. 받아들일까? 거절할까? 진퇴양난의 상황에서 그가 우렁차게 내놓은 답은 이랬다.

"좋습니다!"

카네기는 흐뭇한 미소를 보이며 손에 꼭 쥐고 있던 손목시계를 드러냈다.

"당신이 60초 안에 대답하지 않았다면 이 기회를 얻지 못했을 겁니다. 이미 200여 명에 가까운 젊은이들에게 시험해봤지만 당신처럼 빠르게 답을 한 사람은 없었습니다. 이는 그들이 우유부단했음을 뜻하지요. 당신을 인정합니다."

그 후, 20년간 카네기는 나폴레온 힐을 데리고 에디슨, 프랭클린 등 당시의 수많은 저명인사를 인터뷰했다. 그들은 모두 정계, 재계, 과학계, 금융계 등에서 훌륭한 업적을 세운 성공인사들이었다. 나폴레온 힐은 자신이 연구한 내용을 바탕으로 《성공의 법칙》을 집필했다. 이는 사람들이 꿈꿔 마지않는 인생의 진리, 어떻게 하면 성공할 수 있는지를 알려주는 책이었다. 책은 출판되자마자 불티나게 팔려나갔고, 그는 단숨에 미국에서 영예를 누리는 학자가 되었다. 이뿐만 아니라 두 대통령 우드로 윌슨과 프랭클린 루스벨트의 고문이 되었다. 연이은 영예에 그는 말했다.

"결단력은 성공의 희망이다."

당신은 아무리 사소한 일이라도 결정을 내리는 데 어려움을 느끼고 앞뒤를 재느라 좀처럼 결정을 내리지 못하는가? 만약 당신의 답이 '그렇다'라면 당신은 단호하지 못하다. 아직도 망설이는가? 그렇다면 망설임의 결과가 어떨지를 생각해보고 어서 행동에 나서라! 시간은 다시 돌아오지 않는다. 이대로 기회를 잃을 것인가? 자신에게 어떤 일을 만났을 때 더 이상 망설이지 않고 제때에 결단하라는 명령을 내려라.

대부분의 경우 '완벽한 방법'을 구하지 않아도 70~80퍼센트의 확신만 있으면 충분하다. 더 많은 정보가 있으면 더 좋은 선택을 하고 싶어지고, 그러면 더 많은 정보를 동원해 더 많은 문제를 생각하게 되는데, 이는 우리의 사고를 방해하고 실수할 확률을 높인다. 대략적으로 이해했다면 행동하는 과정에서 구체적 상황에 근거해 다시 조정을 하라. 그러면 실수를 피할 수 있고 일도 원만하게 완수하여 좀 더 나은 내가 될 수 있다.

실천은
핑계를 없애는 것에서부터 시작하라

버락 오바마는 대통령으로서 항상 사람들에게 이렇게 말한다.

"오늘 우리가 직면한 도전은 전대미문의 것입니다. 모든 상황이 낯설지요. 하지만 우리가 성공으로 나아가는 데 필요한 가치관은 단 한 번도 변한 적이 없습니다. 바로 근면, 성실, 용기, 공정, 관용, 학구열이지요. 도전과 마주했을 때 눈앞의 어려움을 핑계 삼지 마십시오. 그러면 비겁하지 않게, 위축되지 않고, 망설임 없이 앞으로 나아갈 수 있습니다."

어떤 일을 해나가는 과정에서 우리는 항상 많은 핑계를 대곤 한다.

"원래는 할 수 있는데……"

"너무 어려워서 방법이 없네."

"시간 안에 못 끝내겠다. 왜냐하면……."

어떤 일을 잘해내지 못하거나 임무를 완수하지 못했을 때 우리는 으레 그 책임을 벗어나기 위해 또는 자신의 잘못을 덮기 위해 핑곗거리를 찾는다. 물론 핑계를 댐으로써 일시적으로 책임을 회피하고, 마음의 위안을 얻을 수는 있다. 하지만 그 뒷일을 생각해보았는가?

이에 대해 하버드대 인지심리학 교수 조지 밀러는 이렇게 말했다.

"성공한 사람들은 하나같이 핑계를 멀리하지만, 평범한 사람들은 핑계 대기를 밥 먹듯 한다."

확실히 핑계를 대는 습관이 생기면 소극적이고 수동적일 수밖에 없고, 뭉그적거리며 일을 처리하니 효율 역시 떨어질 수밖에 없다. 이는 한 사람의 능력을 제한해 결국 아무것도 이루지 못하게 만든다.

하버드대 교수 데이비드 맥클랜드가 했던 실험을 함께 살펴보자.

그는 한 사람이 혼자 방 안에 있다는 가정하에 투호놀이를 하는 상황을 설정했다. 그러고는 활동 영역인 방 안 공간 전체에서 자유롭게 시작 지점을 선택할 수 있다면 당신은 어디에서 게임을 시작하겠느냐고 물었다. 투호를 백발백중하기 위해 목표물과 가까운 거리의 위치를 선택하겠는가 아니면 목표물과 멀찌감치 떨어진 자리를 선택해 명중률을 낮추겠는가? 그것도 아니면 목표물과 적당한 위치에 자리를 잡고 성공과 실패 확률이 각각 50퍼센트인 상태에서 게임을 하겠는가?

데이비드 맥클랜드가 설명한 이 질문에 대한 답의 의미는 이랬다.

"만약 당신이 가까운 거리나 먼 거리의 위치를 선택했다면 당신은 성취동기가 낮은 사람입니다. 그래서 어떠한 일을 할 때면 항상 이유를 찾지요. 가령 절대 실패하지 않기 위해 가까운 위치를 선택한 것이라고 할 수 있지요. 한편, 먼 위치를 선택하는 것은 실패를 했어도 거리 때문이라는 핑계를 댈 수 있어서입니다. 어쩌면 사람들이 무수히 많은 실패를 겪는 것은 그들이 줄곧 자신을 마춰할 핑계를 찾고 있기 때문인지도 모릅니다."

　존은 언젠가 출장을 가다가 차 사고를 당한 후 생긴 후유증으로 오른쪽 다리를 살짝 전다. 자세히 보지 않으면 알아볼 수 없는 정도여서 생활에 지장을 받을 정도는 아니다. 어느 날, 그는 장거리 출장을 가 어려운 업무를 처리하라는 지시를 받았다. 그는 자신이 그 일을 해낼 수 있을지 확신이 들지 않았고 더럭 겁이 났다. 일을 제대로 처리하지 못하면 체면이 말이 아닐 것이기에 그는 사장을 찾아가 다리가 불편해 장거리 출장은 무리라고 말했고, 결국 사장은 다른 사람을 보냈다.

　자신의 의도대로 일이 풀리자 옳다구나 한 그는 이후 어려운 업무를 지시받을 때마다 일을 이리저리 떠넘기기 시작했다. 그렇게 시간이 흐르면서 그의 업무 실적은 수직 하락했고, 이에 존은 '이게 다 다리가 불편해서야'라고 생각했다. 훗날 그는 불편한 다리를 이유로 지각과 조퇴가 잦았고 심지어 점심시간에도 술을 마시기 시작했다. 술을 마시면 다리가 조금 편해진다는 이유에서였다. 하지만 어떤 회사가 매사 핑계만 대는 직원을 좋아하겠는가? 결국 그는 해고되었다.

　명심하라! 핑곗거리를 찾고 싶을 때 당신은 이미 성공으로 향하는 길에서 벗어난 것이다. 그러니 어떠한 일을 할 때에는 아무런 핑계도 대지 말고 그저 행동하라!

　미국 전 대통령 율리시스 그랜트는 하버드대 학생들이 롤모델로 삼은 인물 중 하나다.

　율리시스 그랜트는 웨스트포인트 사관학교(UAMA)를 졸업했는데, 이 학교는 학생의 모든 행동에 대한 규정이 있을 만큼 교육 방침이 엄격했다. 사관학교에 입학하고 초반 몇 주 동안 그를 비롯한 학생들은 마치 자신이 로봇이라도 된 기분이었다. 교관의 지시와 학칙에 따라서 만 움직이니 무언가를 생각할 시간조차 허락되지 않았고, 이 때문에 '나'라는 존재가 완전히 사라진 것 같았다. 이에 불만을 품은 학생들은 온갖 핑계를 대가며 훈련을 거부했지만 그는 그러지 않았다. 그는 한 치의 어김없이 명령에 복종해 지시 사항을 수행했다. 그는 명령 수행 을 곧 군인의 숙명이라고 생각하고 최선을 다해 임무를 완수했고, 그 어떤 이유나 조건도 달지 않았다. 그는 자신이 가야 할 길을 분명하게 알고 있었다.

훗날 미국에 내전이 발생하자 그는 용감하게 참전했다. 군대에서 그 는 그야말로 손색없는 병사였다. 상사의 명령을 척척 수행하는 모습은 당시 대통령 링컨마저도 흡족하게 만들었다. 이후 링컨은 그를 사령관 으로 발탁해 적을 물리치라는 명령을 내렸다. 힘든 임무였기에 링컨은 문제가 있겠냐고 물었지만, 그는 이렇게 대답했다.

"아닙니다. 각하의 명령을 완벽하게 수행하겠습니다."

그는 명령을 완벽하게 수행하겠다는 일념으로 군대를 이끌었고 전 쟁에 승리했다.

그가 미국 대통령에 당선된 후, 누군가 그에게 물었다.

"당신을 용감하게 나아가도록 만드는 정신은 무엇인가요?"

그가 대답했다.

"그 어떤 핑계도 대지 않는 것입니다."

그 사람이 다시 물었다.

"전쟁에서 패전해 반드시 자신의 실패에 대한 핑계를 찾아야 하는 상황이라면 어떻게 하시겠습니까?"

이에 그는 단호하게 말했다.

"제가 댈 수 있는 유일한 핑계는 그 어떤 핑계도 대지 않겠다는 것입니다."

'어떤 핑계도 대지 않겠다'는 대답은 왠지 인간미가 결여되어 보이지만 사실은 어떤 상황에 처하든 반드시 자신의 행동에 책임을 지겠다는 신념을 드러내고 있는 것이다. 어떤 상황에서도 자신의 행동에 책임을 지겠다는 생각은 두려움 없이 결단을 내릴 수 있게 해주고, 열정과 투지를 불태우며 매 순간 자신에게 주어진 일을 완수하겠다는 신념과 믿음을 세운다.

핑계를 찾는 데 시간을 낭비하지 말고, 방법을 찾아 행동에 옮겨라.

언제든 핑계를 대는 나쁜 습관이 조용히 자신에게 다가오고 있음을 느낀다면, 또는 이런 나쁜 습관이 곧 당신을 옭아맬 것 같은 순간이 온다면 자신에게 이렇게 말하라.

"나는 핑계를 댈 필요가 없는 사람이야. 난 최선을 다해 내 행동과 내 목표에 책임을 질 거야."

어떤 일이든 핑계를 대지 않고 해나간다면 언젠가는 자아를 실현하게 될 것임을 믿어라.

기억하라,
시간은 짜내는 것이다

우리는 모두 더 많은 시간이 있기를 바란다. 하지만 누구도 마법을 부려 하루를 25시간으로 만들 수는 없다. 그저 생활 속에서 더 많은 시간을 찾아 의미 있는 일을 할 수밖에 없다. 시간을 짜내는 데 능한 사람은 24시간을 28시간처럼 쓰고, 30시간, 심지어 더 길게 사용하기도 한다. 이렇게 더 많은 시간을 만들어 자신의 계획을 실천으로 옮기는데, 이것이 우리의 삶을 연장시키는 방법이다.

한동안 일부 하버드대 학생들 사이에서 불평이 끊이지 않던 때가 있었다. 매일 수업을 들어야 해서 책을 보거나 과제를 할 시간도 모자라 계획한 일을 실행에 옮길 수 없다고 말이다. 한 교수가 이러한 상황을 알고 아무런 말없이 큰 통을 꺼내더니 돌멩이로 통을 가득 채우고는

307

학생들에게 물었다.

"통이 가득 찼을까요?"

학생들은 이구동성으로 대답했다.

"네."

교수는 조용히 통 안에 모래를 붓고는 다시 물었다.

"가득 찼을까요?"

학생들은 이리저리 살피더니 대답했다.

"네."

그러자 교수가 가볍게 웃으며 다시 물 한 바가지를 통에 부었다. 그런데 물이 단 한 방울도 넘치지 않고 모두 들어가는 것이 아닌가!

이후 교수는 의미심장하게 말했다.

"여러분이 조금만 더 시간을 쪼개고 또 짜낸다면 지금 이 통 안에 들어간 물처럼 어떠한 상황도 뚫고 들어갈 수 있습니다."

이 교수는 가장 이해하기 쉬운 예를 들어 '시간은 짜내는 것'이라는 일깨움을 주었다.

확실히 시간은 누구에게나 공평하다. 모든 사람에게 매일 24시간이 주어진다. 불평해도 아무런 소용이 없으니 차라리 일분일초를 허비하지 않고 실천하는 편이 낫다. 시간을 허비하지 않으면 시간을 짜낼 수 있고, 아무리 많은 일도 해결할 수 있으며, 아무리 많은 계획도 실현할 수 있다. 이를 의미하는 하버드대의 유명한 이론이 있다.

'사람의 차이는 여가 시간에 달려 있고, 한 사람의 운명은 저녁 여덟 시부터 열 시 사이에 결정된다.'

오늘날처럼 생활 리듬이 빈틈없는 시대에 우리는 거의 매일 하고 싶은 일을 할 충분한 여유 시간이 없고, 그래서 많은 것을 포기하고 많은 계획의 시기를 놓친다. 살면서 우리는 항상 이런 불만들을 듣는다.

"시간이 부족해서 해야 할 일들을 다 못했어."

"지금은 정말 시간이 없어. 꿈에 대한 일은 나중에 다시 생각하자."

하지만 정말 시간 탓일까? 하버드대 출신들은 어떻게 하는지 알아 보자.

새벽 네 시, 하버드대 도서관 안은 환하게 불이 켜져 있고 앉을 자리 없이 학생들로 가득하다. 하버드대 학생들은 되도록 적게 자고, 시간을 짜내 책을 보고, 필기를 하고, 문제를 생각한다. 식당 역시 음식을 먹을 수 있는 도서관에 불과하다. 그들은 항상 먹으면서 책을 보거나 필기를 한다. 먹기만 하고 책을 보지 않는 사람은 거의 찾아볼 수 없고, 밥을 먹으면서 한담을 나누는 학생은 더더욱 없다. 하버드대의 병원조차도 고요하다. 몇 명이 진료 대기 중이더라도 말하는 사람 없이 모두 책을 읽거나 기록을 한다.

하버드대에서는 교수들이 학생들에게 시간을 짜내라고 자주 말하고 수시로 다음과 같은 예를 든다.

캐러더스는 세계 최대 화학 제품 회사 듀폰의 회장이었다. 회장으로서 그의 시간은 항상 각종 업무로 가득 차 있었다. 그러나 그는 그 와중에 벌새에 관한 책을 썼고, 이 책은 권위자로부터 자연역사총서 중 걸작이라는 평가를 받았다. 그의 시간은 어디서 온 걸까? 그의 대답은 이랬다.

"매일 한 시간씩 짬을 내 벌새를 연구하고 전문 설비를 이용해 벌새 사진을 찍었죠."

휴고 블레이크는 아주 평범한 젊은이였다. 그는 고등교육을 받지 않아서 지식이 해박하지도, 능력이 출중하지도 않았다. 하지만 업무 외 시간에 그는 매일 한 시간씩 짬을 내 국회도서관에 가서 정치, 역사, 철학, 시 등 각 분야의 책을 두루 섭렵했다. 수년을 한결같이 단 한 번도 거르지 않았다. 그 결과 그는 미국의회에 입성해 미국 최고법원의 법관이 되었다.

시간을 내는 데 능한 재주꾼이 되어 효과적으로 시간을 이용하라. 우리는 이렇게 할 수 있다. 출퇴근길에 차를 운전한다면 테이프를 틀어 외국어를 공부할 수 있고, 사무보고도 들을 수 있다. 버스나 지하철을 탄다면 책이나 신문을 읽고, 외국어나 업무 사항 등을 작은 수첩에 적어 수시로 보고 생각할 수 있다.

밥을 먹을 때는 단어를 찾아 그 함의를 찾아보고, 몇 개의 예문을 생각해보라. 그러면 1년 후 당신은 대략 외국어 하나를 구사할 수 있을 것이다.

주말마다 분명 여유 시간이 있을 것이다. 낮에는 없다고 해도 저녁이 되도록 TV를 보는 대신 일정한 시간을 내 피아노를 배운다거나 서예를 연습하는 등 당신이 좋아하는 일을 하라.

기억하라, 시간은 짜내는 것이다!

어떠한 경우에도
중요한 일을 먼저 하라

매일 바쁘고 피곤하게 하루를 보내지만 좀처럼 좋은 성적을 거두지 못하던 한 하버드대 학생이 있었다. 그는 고민 끝에 자신의 지도교수에게 가르침을 구했다.

"왜 이러는 걸까요?"

그러자 지도교수가 물었다.

"매일 무슨 일을 하지?"

학생은 대답했다.

"정말 많은 일을 하죠."

"그게 문제구나."

지도교수가 말했다.

"부차적인 일부터 할 게 아니라 가장 중요한 일부터 해야지. 앞으로도 지금처럼 두서없이 일을 한다면 아무것도 이루지 못할 거다."

매일 바쁘게 생활하고 일정표에 스케줄이 빼곡하게 차 있지만 이러한 일들 중 정말로 중요한 일은 얼마나 되며, 또 당신이 정말로 실천했다고 할 수 있는 일은 얼마나 될까? 간단히 말해, 당신이 쏟아부은 시간과 에너지가 당신에게 그에 상응하는 결과로 돌아왔는가?

앞서 꾸물대지 말고 즉각적으로 행동에 옮기라고 강조했고, 그만큼 빠른 행동이 중요하지만 여기에 반드시 전제되어야 할 것이 있다. 바로 중요한 일을 해내는 '진정한 실천'이다. 이는 경영학에서 말하는 파레토법칙(Pareto Principle), 즉 20/80의 법칙과도 관련이 있다. 이탈리아의 경제학자 파레토가 정리한 이 법칙은 시스템 전반에서 나타나는 80퍼센트의 결과가 시스템 내 20퍼센트의 변수 때문에 발생한다는 내용을 담고 있다. 이는 곧 어떠한 일을 할 때 주객을 분명히 하여 핵심을 잡아야 함을 뜻한다.

만약 우리가 어떠한 일을 할 때 주객을 제대로 구분하지 않거나 중점적인 일을 우선순위에 두지 않은 채 그냥 닥치는 대로 일을 한다면 일의 진행 속도가 아무리 빨라도 소용이 없다. 그다지 긴요하지 않은 일에 자신의 에너지와 시간을 쏟느라 정작 중요한 일은 점점 뒤로 밀린다. 결국 일을 두 배로 많이 하게 되고 실적은 반으로 줄어들거나 심지어 헛수고만 하게 된다.

성공학의 대가 나폴레온 힐은 가치가 없는 일을 했을 때의 단점을 네 가지로 귀결했는데, 그 내용이 아주 훌륭하다.

· 가치가 없는 일은 당신으로 하여금 무엇인가를 완수했다는 착각에 빠지게 만든다.

· 가치가 없는 일은 시간과 에너지를 소모시킨다.

· 가치가 없는 일은 자신의 한정된 삶을 낭비하게 만든다.

· 가치가 없는 일은 끊임없이 생겨난다.

찰스 슈왑은 베슬리헴스틸의 회장이다. 베슬리헴스틸은 10여만 명의 직원을 둔 대형 글로벌 기업으로 매일 처리해야 하는 업무가 산더미다. 그는 어쩔 수 없이 정신없이 바쁜 나날을 보냈고, 날이 갈수록 힘에 부친다는 생각을 지울 수 없었다. 무엇보다도 업무의 효율이 낮은 것이 걱정이었다.

'어떻게 해야 이러한 상황을 바꿀 수 있을까?'

그는 이런저런 생각을 해보았지만 뾰족한 수가 떠오르지 않았다. 그는 효율적인 업무 방법을 배워 회사를 더 잘 경영할 수 있기를 바랐기에 경영 컨설턴트 아이비 리에게 도움을 구했다.

아이비 리는 슈왑에게 말했다.

"좋습니다. 업무 효율을 최소 50퍼센트 높일 수 있는 가장 좋은 방법을 알려드리지요. 10분이면 충분합니다. 제가 알려드린 방법이 확실히 효과적이라고 생각한다면 그때 제게 당신이 생각하기에 적합하다고 생각하는 금액의 수표를 써주십시오."

그러고는 슈왑에게 백지 한 장을 건네며 말했다.

"오늘 저녁에 당신이 해야 할 일은, 내일 꼭 해야 할 가장 중요한 일들을 여기에 적는 겁니다. 그런 다음 중요도에 따라 순서를 매겨 다시 리스트를 만드는 겁니다. 리스트를 만들 때에는 번호대로 가장 중요한 일을 앞쪽에 적고 나머지는 순서대로 적어나가면 됩니다. 리스트를 다 작성하거든 내일 아침 출근하자마자 첫 번째 항목의 일을 처리하십시오. 그런 다음 순서대로 두 번째, 세 번째 일을 당신이 퇴근하기 전까지

하면 됩니다."

일주일 후, 슈왑은 아이비 리에게 25,000달러의 수표를 보냈다. 지난 일주일 동안 원래는 2주를 꼬박 걸쳐 완료할 일들을 해냈기 때문이다. 그는 말했다.

"아이비 리는 저에게 업무 효율을 높일 수 있는 비결을 알려주었습니다. '가장 중요한 일을 정해 우선적으로 처리하라'였죠. 제 생각에 25,000달러는 제가 이 회사를 경영하면서 한 가장 가치 있는 투자였습니다."

지금부터 20/80의 법칙을 활용해보자. 이는 하버드대 언어학 교수 조지 킹슬리 지프가 주장하는 바와도 일맥상통한다. 그는 이를 '최소 노력 원칙'이라고 명명했다. 그는 말했다.

"이러한 방법은 당신이 어떠한 선택을 할 때 사소한 일에 간섭받지 않게 한다. 시간과 에너지를 가장 가치 있는 일에 사용하는 것은 곧 다른 사람보다 갑절 이상의 시간과 에너지를 얻는 것과 같다."

〈하버드 비즈니스 리뷰〉에서 한 경영학의 대가는 이렇게 말했다.

'나는 아직 두 가지 이상의 일을 동시에 처리할 수 있는 경영진을 만나본 적이 없지만 그들은 여전히 높은 업무 효율을 유지하고 있다. 이는 그들이 정말 중요한 일부터 처리를 하기 때문이다. 반면, 우리는 대부분 모종의 압박감에 긴급한 일을 우선순위에 둔다. 중요하지만 긴급하지는 않은 일이 더 큰 영향을 미친다는 사실을 알면서도 말이다. 처음에는 중요도에 따라 일을 처리해야 한다는 사실을 잘 알고 '급하고 중요한 일'을 우선적으로 처리하다가도 시간이 흐를수록 급한 일부터 하는 오류에 사로잡히고 마는데, 이런 습관이 생기면 자신도 모르는 사이에 급한 불부터 끄는 느낌을 좋아하게 되어 급하지만 중요하지 않

은 일부터 하게 되는 것이다.'

사실 대다수의 하버드대 출신 성공인사는 모두 일의 경중과 완급조절의 중요성을 잘 알고 있다. 그들은 어떠한 일을 처리하기에 앞서 항상 어떠한 일이 중요한 일인지를 따져 그 순위에 따라 자신의 시간을 안배한다.

마이크로소프트는 세계 최대의 컴퓨터 소프트웨어 제공업체다. 마이크로소프트의 창립자이자 회장으로서 빌 게이츠는 매일 많은 일을 처리해야 했지만 그럼에도 항상 여러 나라를 두루 여행하기를 즐겼고, 거의 매주 몇 편의 영화를 감상했다. 그가 이렇게 여유로울 수 있었던 이유는 무엇일까? 바로 그가 20퍼센트의 핵심을 잡았기 때문이다. 그는 기획, 조직, 인사, 교육 등 회사의 중요 업무에만 집중하고 세부 업무는 부하 직원에게 맡겨 업무의 진행 상황을 살피는 정도만 했다.

실생활에서 우리는 어떻게 해야 20/80의 법칙을 올바르게 활용할 수 있을까? 여기 방법을 알려주겠다.

대략적으로 우리가 직면한 일을 세 가지로 분류하라. A는 상사가 지시한 일, 중요한 고객과의 만남, 기한이 촉박하거나 성공 기회 또는 선점 기회를 가져올 수 있는 일 등 반드시 해야 하고 또 가장 중요한 일들이다. B는 각종 돌발성 특수 상황처럼 긴급하지만 중요하지 않은 일, C는 불필요한 접대나 업무와 크게 관련이 없는 회의 혹은 일반적인 서신 처리 등 중요하지 않은 일이다.

A급 업무는 반드시 단기간 안에 완수해야 하고 즉시 행동으로 옮겨야 한다. A급 업무를 완료한 후에는 B급 업무를 시작한다. 시간이 부족할 경우 적당히 B급 업무의 기한을 미루거나 다른 사람에게 맡겨 처리하는 것도 한 방법이다. C급 업무는 당신이 아무리 흥미를 가지고 있더라도 되도록 적은 시간을 할애하거나 기분 전환용으로 안배하는 것

이 바람직하다.

　매일 수많은 일이 우리가 처리해주기를 기다리고 있다. 하지만 일에는 항상 경중이 있는 법이니 몇 분의 시간을 할애해 매일 해야 할 일들의 우선순위를 매겨보자. 해야 할 일들이 얼마만큼이든 반드시 가장 중요한 일부터 처리하는 것이 좋다. 그러면 업무 효율을 높이는 데 도움이 되어 좀 더 빨리 목표를 향해 나아갈 수 있다. 그렇게 할 때 자아를 실현할 수 있다.

하버드대의 봄 풍경. 찰스강 뒤로 기숙사 중 하나인 던스터 하우스가 펼쳐져 있다.

하버드대 기숙사 중 하나인
퀸시 하우스.

: 제9강 :
자제력을 키워 삶의 주도권을 되찾아라

하버드대 출신들이 다른 사람보다 더 성공하고 더 행복한 삶을 사는 이유는 무엇일까? 그 이유를 따져보면 '자제력'보다 더한 이유는 없을 것이다. 자기관리를 하지 못하고 마음 가는 대로 아무런 제약 없이 행동한다면 자아실현을 할 수 없을 뿐만 아니라 실패의 길로 들어서게 될 것이다. 자제력은 평생의 노력이 필요하다. 마치 전투를 치르듯 단 한시도 방심해서는 안 된다.

자신을 단속할 수 있어야
타인을 통제할 자격이 생긴다

전기 작가 겸 교육가인 토머스 헉슬리는 교육 문제에 대해 이렇게 말했다.

"교육의 가장 가치 있는 성과는 바로 자제력을 키우는 것이다. 자제력을 갖춘 사람은 항상 심지가 굳은 사람으로 평가받는다."

자제력은 자신을 통제하는 힘이다. 자신의 생각이나 말투, 행동에 대해 자신을 억제하는 것이다.

만약 게임을 좋아해 업무에 지장을 줄 정도라면 당신은 게임을 포기하겠는가? 아니면 계속해서 게임을 즐기겠는가? 만약 당신이 오늘 어떠한 일을 계획했는데 아침잠이 너무 달콤해 일어나고 싶지 않다면, 그런데도 당신은 다시 생각할 필요도 없이 침대에서 일어나 옷을 입겠

320

는가?

이러한 문제에 대해 지면상으로 대답하라면 대부분의 사람은 자신을 제어할 수 있을 것 같다고 생각한다. 그러나 현실에서 막상 상황이 닥쳐 자신을 시험해야 할 순간이 오면 아마도 다를 것이다.

'한 사람의 성공을 가로막는 가장 큰 장애물은 다른 무엇이 아니라 바로 자기 자신이다'라는 명언이 있다. 왜일까? 대부분의 사람이 자신을 잘 제어하지 못하기 때문이다. 분명 공부를 많이 하면 자신의 성장에 도움이 된다는 사실을 알고 있지만 TV나 오락의 유혹을 뿌리치지 못하고, 좀 더 열심히 일하면 승진과 연봉 상승에 도움이 된다는 사실을 알면서도 자신의 게으름을 어쩌지 못하며, 흡연이 건강에 해롭다는 사실을 잘 알고 있지만 금연을 선언한 지 얼마 안 가 다시 담배를 피우는 것처럼 말이다.

자제력이 없으면 외부적 요소에 쉽게 무릎을 꿇을 수밖에 없다. 우리는 업무나 사업을 완수하는 과정에서 각양각색의 사람들과 만나고 각종 복잡한 일들을 처리해야 한다. 그중에는 마음에 맞는 일도 그렇지 않은 일도 있으며, 순조로운 일도 순조롭지 않은 일도 있다. 이때 자제력이 부족해 자신을 방임하여 자신이 할 수 있는 일을 하지 않거나 제대로 하지 않는다면? 작은 일 때문에 더 큰 것을 잃게 되고 심지어 큰 잘못을 저질러 후회하게 될 가능성이 크다.

예를 들어 업무가 고되다고 불평하고, 사장의 엄격함이 마음에 들지 않는다고 마음 내키는 대로 지금의 일을 포기한다면 결코 문제를 해결할 수 없다. 엄격한 사장은 많고, 다른 곳에서도 이러한 사장을 만날 수 있기 때문이다. 게다가 당신이 사직한다고 누가 신경이나 쓰겠는가? 신경 쓰는 사람이 없을 뿐만 아니라 어쩌면 누군가는 몰래 당신을 비웃을지도 모른다. 사장이 당신을 붙잡을 것을 바라지 마라. 당신이 드문 인재가 아니라면 말이다. 게다가 오늘날처럼 인재가 널린 상황에는 당신이 없어도 세상은 여전히 돌아간다. 특히 '자신을 제어하지 못하는 감정적인 사람'이라는 안 좋은 이미지가 한 번 생기면, 이를 반전시키기란 말처럼 쉬운 일이 아니다.

하버드대 심리학 교수 폴 해머네스는 이렇게 말했다.

"권력은 결국 자제력 있는 사람이 차지한다."

그는 학생들에게 사업을 크게 일구려면 감정적으로 일을 처리하거나 자신이 하고 싶은 대로 해서는 안 된다고 가르친다. 자신의 언행을 통제해야 자그마한 실수나 단점이 더 큰 실수로 이어지는 것을 막을 수 있다는 것이다. 즉, 자제력은 자아실현을 위해 반드시 갖춰야 할 덕목이라는 것이다.

성공인사들을 보더라도 자제력이 강하지 않은 사람은 없다. 자신을 통제할 줄 알아야 다른 사람을 통제할 자격이 생긴다.

자제력은 매우 중요하다. 자신의 욕망에 대한 작은 억제도 자신을 더욱 강력하게 변신시킬 수 있다. 따라서 자아를 실현해 자기 운명의 주인이 되고 싶다면 먼저 남다른 자제력을 키워라. 하버드대의 여러 교수는 자신의 감정과 걱정, 두려움을 제어할 수 있는 사람이 국왕보다 낫다고 본다.

그렇다면 어떻게 자신을 다스릴 수 있을까? 생활 속의 사소한 일부터 시작하라. 이것이 자아실현의 중요한 첫걸음이 될 것이다.

게티는 굉장한 흡연자였다. 거의 매일 담배 두 갑을 태울 정도였다. 그도 금연을 생각했지만 단 한 번도 성공하지 못했다. 어느 날, 그가 출장을 갔는데 현지에는 호우가 내리고 있었다. 그는 걸음을 재촉해 한 여관에 묵었다. 한밤중에 잠에서 깬 그는 담배 생각이 간절했지만 담뱃갑에는 단 한 개비의 담배도 남아 있지 않았다. 그는 침대에서 몸을 일으켜 옷 주머니며 여행 가방을 뒤져보았지만 아무런 수확이 없었다. 여관의 직원들도 모두 잘 시간이라 그가 담배를 얻을 유일한 방법은 담배를 사러 기차역까지 가는 것이었다. 담배가 없다고 생각하니 담배를 피우고 싶다는 생각이 점점 커져 그는 결국 서둘러 옷을 갈아입고 비옷을 걸쳤다.

그런데 문을 나서려는 순간, 그는 멈춰 서서 자신에게 물었다.

"내가 지금 뭐하는 거지? 수백 명의 직원을 거느린 성공한 기업인이 겨우 담배 한 개비 얻겠다고 한밤중에 비를 무릅쓰고 외출하려 들다니?"

그런 다음 그는 또 자신에게 물었다.

"담배 한 개비가 이렇게 마음대로 나를 움직이게 돼야 한단 말인가? 아니지. 절대 그럴 수는 없지! 그렇게 둔다면 내가 무슨 자격으로 다른 사람들을 이끌겠어?"

그는 이렇게 자답한 뒤 결심을 굳혔다. 그는 잠옷으로 갈아입고 침대에 누웠다. 처음에는 조금 견디기 힘들었지만 몇 분 뒤, 그는 잠에 빠져들었다.

자제력에 대해 영국의 작가 토머스 헨리 헉슬리는 말했다.

"저는 이런 사람을 만나길 바랍니다. 젊은 시절 좋은 훈련을 받아 비범한 의지로 자신의 진짜 주인이 되어 자신의 의지대로 기꺼이 모든 일을 할 수 있는 사람 말입니다. 이런 사람은 현명하고 논리적이며 에너지와 신체적 기능이 로봇처럼 움직이지요. 정신적 명령에 따라 언제든 무슨 일이든 할 수 있는 준비가 되어 있어요. 거미줄을 치는 것처럼 섬세한 일을 하든지 닻을 주조하는 일처럼 체력을 필요로 하는 일을 하든지 상관없이 말이지요."

시어도어 루스벨트, 헨리 키신저, 빌 게이츠, 로버트 오펜하이머 등은 모두 자기관리에 능해 자신을 훌륭히 통제했다. 그들이 자아실현을 할 수 있었던 원인 중 하나가 자제력이라고 해도 과언이 아니다.

잠깐 쉬려다가 밤새 웹서핑을 즐기고, 다이어트를 하겠다고 생각만 하다가 정작 운동은 잘 하지 않고, 일을 잘하고 싶은데 드라마 생각이 머릿속에서 떠나지 않는다면 당신은 자제력을 키울 필요가 있다. 자제력의 중요성을 인식하고 열심히 자신을 통제하려고 노력할 때 어떤 일이든 차근차근 허둥대지 않고, 뒤탈 없이 삶의 주도권을 되찾은 자신을 발견하게 될 것이다. 더불어 당신이 생각지도 못한 수많은 성공 기회가 다가올 것이다.

자신에 대한 지나친 관대함은 금물이다

길을 재촉하는 사람이 있었다. 반나절을 걷고 또 걸으니 배는 고프고 목도 말랐다. 그는 복숭아나무 농장에 도달해 잠시 쉬어가기로 했다. 먹음직스럽게 익은 열매가 가지 가득 열려 있었지만 그는 과일을 따 허기와 갈증을 해소하지 않고, 잠시 쉬었다 계속해서 갈 길을 갔다. 다른 사람이 왜 과일을 따 갈증을 해소하지 않느냐고 묻자 그는 대답했다.

"복숭아나무는 마음이 없지만, 저는 제 마음의 주인이니까요."

그의 말인즉슨 복숭아나무는 마음이 없으니 복숭아나무에 주인이 없다 한들 복숭아나무는 자신을 관리할 수 없지만, 자신은 자기 마음의 주인이니 얼마든지 자신의 마음을 관리할 수 있다는 의미였다.

이 이야기를 읽고 당신은 어떤 생각이 들었는가? 당신은 이 사람의 행동에 찬성하는가? 농장에 주인도 없고 보는 사람도 없는데 과일 몇 개 따먹는 건 대수롭지 않다고 생각하며, 이야기 속 주인공을 어리석 다고 여기는가?

선택은 사람마다 다르다. 하지만 한 가지 분명한 것은 제대로 된 하 버드대 출신이라면 분명 이야기 속 주인공과 똑같이 행동했을 것이라 는 점이다. 이것이 바로 '신독(愼獨)', 즉 보는 눈이 있든 없든 자신의 행동을 단속하고 자신에게 엄격한 잣대를 들이대 도덕이나 규칙에 어 긋나는 행동을 하지 않는 것이다.

빌 게이츠의 성공은 그의 남다른 신독 능력과 떼려야 뗄 수 없는 관 계가 있다. 그 자신이 말한 것처럼 그는 큰 사업을 일굴 생각을 했다면 자신에게 관대해서는 안 된다고 생각했다. 중·고등학교 시절 그는 독 학으로 수준 높은 컴퓨터 기술을 습득했다. 마이크로소프트 창립 후에 는 거의 모든 시간을 업무에 할애했고, 공휴일에조차 긴장을 늦추는 일이 없었다.

신독이란 결코 쉬운 일이 아니다. 일반적으로 사람들은 많은 시선을 받고 있을 때 혹은 조직과 상사의 감독하에 있을 때 의식적으로 자신 을 단속하며 자신의 생각과 행동에 주의를 기울인다. 하지만 혼자 있 을 때, 아무런 구속이 없을 때, 소위 그 누구의 감시나 간섭이 없는 자 유로운 상황에서는 스스로에 대한 단속의 끈을 늦추기 십상이다. 그래 서 쉽게 잘못을 저지르기도 한다.

따라서 혼자 생활할 때에는 더욱 신중하게 행동해야 할 필요가 있 다. 보는 사람이 없어도 사람이 있을 때와 똑같이 행동하고, 스스로 규칙을 정해 이를 엄격하게 이행하며, 도리에 어긋나지 않도록 한결같이 행동해야 한다. 하버드대에서 강조하는 것처럼 다른 사람 앞에서든 혼자 있을 때든 자각적으로 항상 자신을 단속해야 한다는 뜻이다.

다른 사람이 보지 않는 곳에서도 엄격하게 자신을 단속해야 이것이 진정한 신독이며, 가장 큰 자제력이다.

어느 날, 한 젊은이가 월마트 인사과의 연락을 받았다. 상대는 그와 다음 날 오전 열 시에 전화 인터뷰를 가지기로 약속했다. 당일 아홉 시 즈음, 젊은이는 기숙사에서 양복을 차려입고 넥타이를 맨 채 전화기 옆에 단정하게 앉아 있었다. 이 모습을 본 룸메이트는 그를 놀리며 말했다.

"뭘 그렇게 정중하게 준비를 하고 그래. 그냥 전화 인터뷰일 뿐이잖아. 상대가 너를 볼 수 있는 것도 아니고."

그러자 젊은이가 말했다.

"정식 전화 면접이잖아. 그런데 어떻게 진지하게 준비하지 않을 수 있겠어? 그들이 나를 보고 있건 아니건 그건 중요하지 않아. 내가 진지하게 준비했으면 그걸로 된 거야."

이 일은 룸메이트의 입을 통해 빠르게 퍼져나갔고, 훗날 월마트에까지 전해지게 되었다. 결국 젊은이는 월마트의 고위 관리직으로 채용되었다.

혼자 있을 때가 자신의 교양이 어느 정도인지를 시험할 절호의 기회이고, 자신의 입장이 흔들림이 없는지를 알아볼 순간이며, 자신의 능력이 강력한지를 알 수 있는 때이다. 사람은 평생을 살면서 뭔가를 이뤄야 하지만 이는 다른 사람에게 보여주기 위해서가 아니라 자기 자신에게 떳떳하기 위해서여야 한다. 끊임없는 자기 단속만이 조금씩 자아를 실현할 수 있는 길이다.

제리 라이스는 하버드대 교수들에게 수시로 언급되는 인물이다. 그는 은퇴한 미식축구선수로, 자타가 공인하는 역사상 가장 위대한 100명의 미식축구선수 중 단연 1위이다. 그는 자신을 따라잡을 사람이 거의 없을 정도로 놀라운 운동신경을 타고났다. 그야말로 천생 운동선수였다. 오늘날까지 그는 100여 개의 NFL(미국의 프로미식축구리그) 기록을 보유하고 있으며, 통산 208개의 터치다운 성공이라는 범접할 수 없는 기록도 갖고 있다. 하지만 그가 지금처럼 전설이 된 이유는 이러한 기록 때문이 아니다. 화려한 성적 뒤에 보이지 않는 진짜 이유가 있으니, 바로 그의 자율성이다.

제리 라이스는 고등학교 재학 시절, 학교 미식축구부에 가입했다. 매번 훈련에 앞서 코치는 선수들에게 개구리 뛰기 방식으로 40야드 높이의 언덕을 오르게 했고, 왕복 스무 번을 하고 난 후에야 휴식 시간이 주어졌다. 그런데 날씨가 푹푹 찌던 어느 날, 그는 열한 번을 왕복하고는 너무 지쳐 더 이상 뛸 수 없을 것 같았다. 마침 그때 코치가 자리에 없었고, 그는 몰래 빠져나와 휴식을 취해야겠다고 생각했다. 하지만 그는 이내 이러한 생각이 잘못임을 깨달았다. 그는 자신에게 말했다.

"보는 사람은 없지만 그렇다고 포기해서는 안 되지. 중도 포기가 습관이 되면 나중에는 그걸 당연하게 여기게 될 거야."

그러고는 다시 자리로 돌아와 뜀뛰기 훈련을 마쳤다.

프로선수가 되고 난 후, 제리 라이스는 더욱 엄격하게 자신을 채찍질했다. 그 결과 그는 경기장에서 연달아 최고 기록을 갈아치웠고, 19년 연속 경기 출전이라는 기록을 세웠다. 시즌이 끝나면 다른 선수들은 낚시나 휴가를 즐겼지만 그는 평소와 마찬가지로 엄격하게 규칙을 지켜 매일 오전 일곱 시부터 정오까지 체력 단련 훈련에 임했다.

"사람들이 이해하지 못했던 부분은 라이스가 항상 경기 시즌을 1년

365일의 도전으로 생각하는 점이었습니다. 그는 매일 더 높은 경지에 오르기 위해 준비를 게을리하지 않았죠."

미국 프로축구연맹의 스타 케빈 스미스는 라이스에 대해 이렇게 말했다.

"프로축구계에서 그처럼 규칙적인 사람은 없었습니다."

어떠한 상황에서든 제리 라이스는 자신을 통제하고, 온 힘을 다해 착실히 생활했으며, 꾸준히 노력했다. 이것이 바로 그의 대단한 부분이자, 그가 자아실현을 할 수 있었던 중요한 조건이며, 우리가 배워야 할 점이다.

외부의 간섭도 없고 당신을 지켜보는 사람도 없을 때, 당신은 무엇을 하는가?

신독을 배워라. 내 마음의 진짜 주인이 될 때, 비로소 진정 자신을 주재할 수 있다.

어떠한 일을 할 때에는
100퍼센트 마음을 다하라

어른 고양이와 새끼 고양이가 물고기를 잡으러 함께 강가로 나갔다. 낚싯대를 드리우고 물고기가 낚이길 기다리는 두 고양이. 그런데 어른 고양이는 낚시에 집중했지만, 새끼 고양이는 이내 몸이 근질거리기 시작했다. 새끼 고양이는 주변을 두리번거리더니 잠시 후에는 아예 낚싯대를 내려놓고 잠자리와 나비를 잡기 시작했다. 그 결과 어른 고양이는 바구니 한가득 물고기를 낚았지만 새끼 고양이는 단 한 마리도 잡지 못했다.

새끼 고양이는 왜 물고기를 잡지 못했을까? 모두 비슷한 답을 생각하고 있을 것이다. 바로 이런저런 딴생각 때문에 집중을 못했기 때문이다.

우리는 한 사람의 에너지가 제한적이라는 사실을 알고 있다. 그 때문에 딴생각을 하거나 한꺼번에 두 가지 일을 하려고 해서는 안 된다. 생각해보라. 마음을 100퍼센트 다해야 완수할 수 있는 일을 하면서 머릿속으로 다른 생각을 해 주의력을 사방팔방으로 분산시킨다면 그 결과는 말하지 않아도 뻔하다. 일을 망치는 것은 말할 것도 없고 효율이 떨어져 능력을 드러내기는커녕 소중한 시간만 낭비하게 될 것이다.

하버드대의 엘리트들은 어떻게 성공을 거뒀을까? 여러 답이 있겠지만 한 가지 확실한 사실은 바로 그들이 어떤 일을 하든지 모두 집중력을 발휘했다는 점이다. 집중은 바로 온 정신을 쏟아 다른 일에는 신경을 쓰지 않도록 스스로를 통제하는 것을 말한다. 일반적으로 어떠한 일을 하는 데 효율성을 높일 가장 효과적인 방법 중 하나이기도 하다.

에디슨은 이런 말을 했다.

"온 정신을 다해 당신이 바라는 일에 집중하면 반드시 성과가 있을 겁니다."

제레미 워리너는 미국 육상 신세대의 대표적인 선수다. 그는 매우 진취적인 노력형 선수인데, 무엇보다도 남다른 점은 바로 매 경기마다 선글라스를 끼고 절대 벗지 않는다는 것이다. 많은 사람 눈엔 선글라스를 끼고 빨리 달리기란 적잖이 부담이 될 것 같아 보이고, 또 어떤 사람은 워리너가 겉멋이 들었다고도 하지만 그는 말했다.

"선글라스는 제 성공의 비결입니다."

검은색 렌즈가 상대선수를 그의 시선 밖으로 밀어내어 정신이 분산되는 것을 막아주고 더욱 경기에 집중할 수 있게 도와주었던 것이다.

"자신이 무슨 생각을 하는지 알아야죠. 해야 할 일이라면 그 일에 전념해야 하고요."

이는 그의 명언이다. 이러한 집중력을 바탕으로 그는 2004년 아테

네 올림픽 남자 육상 400미터와 4×400미터 계주에서 우승을 차지했고, 2005년 헬싱키 육상 세계선수권 대회에서 또 한 번 우승을 거머쥐었다.

마이클 존슨은 현재 400미터 육상 세계기록을 보유하고 있다. 그는 워리너가 뛰어넘고 싶어 하는 상대이자 워리너의 매니저 겸 생활·훈련 지도자이기도 하다. 그는 워리너 단 한 명만을 관리하고 있다. 그가 워리너를 좋게 봤기 때문이다. 그는 워리너를 비범한 선수라고 생각한다.

"워리너에게 가장 인상적이었던 부분은 정신을 집중하는 능력이었습니다."

선글라스를 끼고 질주하는 이유는 그저 자신이 더욱 경기에 집중할 수 있도록 하기 위한 장치였을 뿐이다. 자그마한 선글라스 하나가 세계 육상 챔피언의 승리 비법이었던 것이다. '집중'의 힘이 얼마나 위대한지를 보여주는 예다.

옛말에 '한 번에 바라는 것이 많으면 마음이 분산되고, 마음이 분산되면 실패를 초래하며, 실패로 자신감을 잃으면 다시 마음이 혼란해진다'라고 했다. 그렇다. 성공은 끊임없는 노력으로 전심을 다해 추구해야 할 가치다. 여기에는 패기뿐만 아니라 확고한 신념과 집중력이 필요하다. 만약 당신에게 유사한 경험이 있다면 한 시간 안에 집중해서 일을 했을 때가 두 시간 중 10분이나 15분은 딴생각을 했을 때보다 훨씬 효과적이라는 사실을 알 것이다.

일상생활에서 우리는 항상 마음속의 욕망과 외부의 유혹에 간섭을 받는다. 이때 스스로를 잘 단속해 집중력을 잃지 않고 전심전력으로 일을 할 수 있는가? 만약 하버드대 출신들보다 못한 삶을 살고 있다면 이는 주변 일에는 아랑곳하지 않는 집중력이 부족하기 때문이라고 해도 과언이 아닐 것이다. 항상 두리번거리고, 새로운 것을 보면 이내 생각이 바뀌는데, 이렇게 분산된 마음으로 성공할 수 있겠는가?

잡생각이나 걱정 등 심리적 요소의 방해를 받는다면 일을 시작하기에 앞서 눈을 감고 깊게 호흡을 가다듬으며 마음속 잡념들을 떨쳐버려라. 자신이 좋아하는 일이나 마음을 편안하게 해주는 일들을 생각해도 좋다. 이렇게 즐거운 마음을 갖게 되면 일하는 데 좀 더 쉽게 정신을 집중할 수 있다.

물론 정신을 집중할 수 있느냐 없느냐는 완전히 개인에게 달린 문제는 아니다. 주변에 방해하는 사람이 있는지 등 각종 요소와도 관련이 있기 때문이다. 이럴 때에는 자신을 단속하는 법을 배워야 한다. 정신이 분산될 만한 무엇을 발견했다면 마음속으로 '정지'를 외쳐라. 그리고 잠시 휴식을 취하며 '괜찮아', '할 수 있다' 등의 긍정적 암시를 주는 것도 좋다. 그러면 의식적으로 집중하는 상태로 전환할 수 있다.

수십 년 전, 폴란드에 한 소녀가 있었다. 그녀는 학업에 매우 열심이었는데 공부를 열심히 해야만 쓸모 있는 사람이 될 수 있다고 믿었기 때문이다. 하지만 그녀에게는 장난이 심한 언니가 한 명 있었다. 그녀가 공부할 때마다 언니는 항상 그녀의 앞에서 노래를 부르거나 춤을 추고 농담을 늘어놓았다. 그녀는 언니와 함께 놀고 싶은 생각이 간절했지만 이내 '아니야. 노는 것에 정신이 팔리면 안 돼. 정신을 집중해야지. 숙제를 먼저 끝내고 놀아도 늦지 않아'라며 스스로를 일깨웠다. 그렇게 그녀는 주변이 아무리 소란스러워도 집중력을 잃지 않았다.

그러던 어느 날, 그녀의 언니와 친구들이 마리아를 시험해보려고 했다. 그들은 몰래 그녀의 등 뒤에 몇 개의 의자를 쌓아놓았다. 그녀가 움직이기만 하면 의자가 와르르 무너져 내리도록 말이다. 시간이 흐르고 그녀는 책을 모두 읽었지만 의자는 여전히 그대로였다. 이 일을 계기로 그녀의 언니는 더 이상 그녀를 골리지 않았다. 훗날 그녀는 방사성원소에 대한 연구에 열중했다. 어떠한 성과를 거두고 어떠한 명예를 얻든 그녀는 조금도 동요하지 않고 한결같이 과학 분야에 전심을 다했다. 그녀는 바로 퀴리부인이다.

자아실현은 그리 복잡한 일이 아니다. 중요한 것은 자율성이라는 습관을 기르는 데 있다. 자신의 마음을 가다듬어 다른 일에 동요하지 않고 전심전력을 다해 주어진 일을 하는 것이다. '낙숫물이 댓돌을 뚫는다'는 이야기를 기억하는가? 물은 원래 세상에서 가장 여린 물질이다. 하지만 물 한 방울 한 방울이 집중적으로 돌 위에 떨어지면 아무리 단단한 돌에도 구멍이 나게 마련이다.

책임의 무게,
그 뒤에는 성장이 있다

책임에 대해 사람들은 저마다의 인식을 가지고 있다.

미국 전 대통령 루스벨트는 이렇게 말했다.

"우리나라에서 좋은 국민으로 살아가려면 그 첫 번째 조건은 바로 모든 일에 기꺼이 책임을 다하는 자세를 갖추는 것입니다."

미국의 권투왕 J.루이스는 이렇게 말했다.

"때론 책임이 사람을 질리게도 만들지만 책임을 다하지 않으면 겁쟁이에 영락없는 퇴물이 될 뿐입니다."

아르헨티나의 작가 콜턴은 이렇게 말했다.

"인생에서 추구해야 할 단 한 가지가 있다면 그것은 바로 책임지는 것입니다."

책임이란 무엇인가? 하버드대 교수들은 학생들에게 책임은 일종의 직책 또는 의무이며 한 사람에 대한 기본적인 요구라고 가르친다. 사람이 이 세상에 태어나는 순간 우리에게는 남에게 전가할 수 없는 책임이 주어진다. 가정에 대한 책임과 일에 대한 책임, 사회와 생명에 대한 책임 등이 바로 그것이다. 언제든 당신은 자각적으로 책임을 져야 한다.

《해리포터》의 작가 J. K. 롤링은 2008년 하버드대 졸업 강연에서 고대 로마의 명언을 인용했다.

"인생은 하나의 이야기와 같습니다. 관건은 길이가 아니라 흥미로운가입니다."

어떻게 해야 흥미로울 수 있을까? 그녀가 조언한 것은 다름 아닌 책임을 지라는 것이었다.

"여러분의 지혜와 힘든 일을 이겨내는 능력 그리고 여러분이 받은 교육은 모두 여러분에게 독특한 책임을 부여했습니다."

하버드대는 왜 이처럼 책임을 중시할까? 책임감이 클수록 자아실현을 할 확률이 커지기 때문이다. 영국 전 총리 윈스턴 처칠의 말처럼 "위대함의 대가는 책임"이다!

한 화물선이 하역 후 회항을 하다 돌연 거대한 폭풍을 만났다. 사람들은 모두 당황해 어쩔 줄을 몰라 했다. 바로 이 위기의 순간, 선장은 과감하게 명령을 내렸다.

"모든 화물칸을 열어 즉시 그 안에 물을 부어라!"

화물칸에 물을 부으라니? 선원들은 놀라서 어리둥절했다. 안 그래도 위험한데 왜 배에 물을 채우라고 하지? 불에 기름을 붓는 격이요, 문제를 더 키우는 일이 아닌가? 그야말로 자살행위가 아니고 무엇이란 말인가?

이에 선장은 차분하게 설명했다.

"땅 속 깊이 뿌리를 내린 거목이 폭풍우에 쓰러지는 모습을 본 적이 있는가? 폭풍에 쓰러지는 것은 토대가 없는 작은 나무들이라네."

선원들은 반신반의하며 선장의 말을 따랐다. 그 결과 폭풍에 거대한 파도가 여전히 휘몰아쳤지만 화물칸 안의 물의 수위가 높아질수록 화물선은 조금씩 안정을 찾아 더 이상 폭풍의 습격을 두려워하지 않아도 되게 되었다.

선원들은 모두 한숨을 돌리며 저마다 선장에게 어떻게 된 일이냐며 가르침을 구했다. 선장은 미소를 지으며 대답했다.

"빈 나무통은 바람에 쉽게 뒤집어지지만 물을 가득 채우면 바람이 불어도 끄떡없지. 마찬가지로 빈 배가 가장 위험하다네. 배에 물을 채워 무게를 늘리는 게 가장 좋은 방법이었어."

사실 사람이라고 뭐가 다르겠는가? 사람이 빈 배처럼 아무런 책임을 짊어지고 있지 않다면 인생의 비바람에 철저히 넘어지고 말 것이다. 마음속에 무거운 책임감을 지고 있어야 안정된 걸음걸이를 연마할 수 있다. 그러므로 '사람이 질 수 있는 책임은 물론이요 사람이 질 수 없는 책임도 나는 질 수 있다'라는 믿음을 가져야 한다.

거의 모든 사람이 하버드대 졸업자를 부러워한다. 그들은 대부분 세계 일류 대기업에 입사해 남들이 부러워할 만한 직업에 고액의 연봉을 받으며 무한한 호사를 누리며 살기 때문이다. 그들에게 공통적인 특징이 있다. 바로 그들이 자각적으로 책임을 지고, 지속적으로 열심히 할 일을 한다는 점이다. 전심전력으로 자신의 소임을 다하고 언제나 자신의 결정과 행동에 책임을 진다.

한 성공한 기업가가 한때 사업 부진을 겪은 적이 있었다. 누군가가 그에게 어떻게 좌절 앞에 용기를 내 앞으로 나아가 대반전을 맞이할 수 있었느냐고 물었다.

"회사가 전에 없는 위기에 처했을 때, 저는 뭐가 두려움인지 모르는 상태가 되었습니다. 제 자신의 지혜와 용기로 반드시 이겨내야 한다는 생각뿐이었죠. 제 뒤에는 수많은 직원이 있고, 제가 위축됨으로써 모두가 쓰러질 수도 있으니까요. 그래서 저는 절대 넘어질 수 없었습니다. 이것이 제 책임이니 책임을 다해야 했습니다. 더 강해지고 단단해져야만 했어요!"

사람은 본능적으로 이익을 추구하고 해를 피하려 한다. 그런데 책임을 지다 보면 무엇인가를 내놓아야 하고 심지어 남들보다 더 많은 것을 내놓아야 할 때도 있다. 따라서 책임은 자율성이 따라야 하며 양심에서 우러나는 외침이다.

빌 게이츠는 항상 자신의 직원들에게 말했다.

"사람은 위대하지 않을 수 있지만 책임감이 없어서는 안 됩니다."

그는 자기 명의의 거액의 자산은 거대한 권리인 동시에 막대한 의무이기도 하다고 수차례 밝힌 바 있다. 그는 자선사업에 뛰어들어 아프리카의 빈곤과 가뭄, 물 부족 문제, 질병 해결에 애썼다. 또한 580억 달러에 육박하는 자신의 전 재산을 빌&멜린다 게이츠 재단에 기부했다.

자신의 이러한 행보에 대해 빌 게이츠는 말했다.

"백만 달러가 넘는 재산도 모두 사회에 환원해야 할 책임입니다. 자선사업을 통해 저는 그동안의 목적을 실현했습니다. 인류의 진보와 발전을 위해 공헌하겠다는 그 목적 말이지요."

하버드대 졸업식 강연에서 빌 게이츠는 이렇게 언급했다.

"수백만 아이들이 현재 생사를 넘나드는 고비에 처해 있습니다. 도움의 손길이 있다면 얼마든지 살 수 있는 어린 생명들이 죽어가고 있다는 사실에 저는 충격을 받았습니다. 치료 가능한 아이 수백만이 허무하게 죽어가는 모습을 보면, 세계가 그들을 구할 치료약 개발과 보급에 우선권을 둘 것으로 생각했습니다. 그러나 현실은 그렇지 않았습니다. 여러분이 모든 생명에 동일한 가치가 있다고 믿는다면 단돈 1달러에 어떤 생명은 구제를 받지만 또 다른 생명은 포기되는 현실을 그대로 두어서는 안 될 것입니다."

빌 게이츠의 이 이야기는 사람들을 일깨웠고, 그의 행보는 세상의 찬사를 받았다. 오로지 불행한 사람들을 구제하기 위해, 세상의 불평등을 없애기 위해 가산을 털어 직접 발로 뛴 것이야말로 막중한 책임감에서 비롯된 행동이었다. 진정한 세계평등을 실현하고자 하는 바람은 빌 게이츠의 두 번째 사업이었고, 이는 마이크로소프트 창업보다 더욱 의미 있고 가치 있는 일이 될 것이다. 또한 그는 분명 계속해서 눈부신 성과를 달성해나갈 것이다.

인생에 절대적인 공평함이란 없다. 인생이라는 저울에서 당신에게 올려진 것이 많다면 그만큼 더 많은 것을 감당해야 하는 것이 공평함이다. 다른 사람이 위풍당당하다고 부러워하지 말고 항상 스스로에게 물어라.

'나는 무슨 책임을 질 수 있지?'

기억하라, 책임에는 부담과 대가가 따르고 그 뒤에는 성장과 성숙 그리고 성공이 기다린다는 것을! 그렇기에 모든 일은 책임질 만한 가치가 있다.

절대 무시할 수 없는
규율의 힘

어떤 이가 조지 패튼 장군에게 물었다.

"어떻게 하면 효과적으로 군대를 통솔할 수 있나요?"

이에 조지 패튼은 딱 부러지게 답했다.

"한 가지면 됩니다. 바로 완벽한 규율이지요. 규율은 군대의 전투력을 유지하는 매우 중요한 요소이자 병사들이 잠재력을 최대한 발휘할 수 있도록 만드는 기본 조건이기도 합니다. 그래서 규율은 제도적으로 그 기반이 탄탄해야 합니다. 전투의 치열함이나 죽음의 무서움보다도 더 강력할 필요가 있지요. 규율을 이행하지 않거나 이를 지키지 않는다면 당신은 잠재적 살인범이 되는 것입니다."

규율은 곧 규칙으로 사람들이 준수해야 할 정해진 질서와 집행 명령, 직책을 이행하는 일종의 행동 규범을 뜻한다. 이런 규율은 사람들의 행동을 통제하기 위한 규정과 제도, 수칙의 총칭이다.

사람의 본성에 대해 이야기하자면 사람은 누구나 규율에 구속받기를 싫어한다. 사람들은 좀 더 많은 자유를 갈망하고, 아무런 구속 없는 삶을 동경한다. 하지만 하버드대의 교육 이념에서 규율은 정상 질서를 유지하기 위해 정해진 것이고, 자유는 규율이 정하는 범위 내에서 실행되는 것이다. 즉, 규율의 규제가 없는 자유는 진정한 자유가 아니다.

초기 하버드대에서는 신입생이 반드시 해야 할 일 중 하나가 바로 학칙이 적힌 수첩을 받는 일이었다. 그 내용은 다음과 같다.

· 외투나 긴 코트 또는 망토를 입지 않은 채 침실을 나서는 것을 금지한다.
· 어디에서든 그 장소에 맞는 깔끔한 차림을 한다.
· 교정을 다닐 때에는 큰 소리를 내거나 쓰레기를 버리지 않는다.
· 일 처리를 위해 외부에 나갔을 때에는 한가로이 돌아다니지 않는다.
· 기도를 할 때에는 짝다리를 짚지 않고 똑바로 선다.
· ……

하버드대는 이런 '규율'을 철통같이 지키도록 한다. 한 에피소드가 이를 뒷받침한다.

1764년 어느 밤, 하버드대의 한 건물에서 큰 불이 나 하버드대 창립자 존 하버드가 기증한 250권의 장서를 비롯한 모든 소장품이 잿더미로 변했다. 당시 하버드대 학생들은 모두 이를 안타까워했다. 그런데 이튿날 한 학생이 《기독교 전쟁(The Christian Warfare)》이라는 책을 가지고 총장 홀리오크의 사무실로 찾아왔다. 홀리오크는 그 책이 존 하버드가 기증했던 장서 중 하나임을 알아보았다. 250권 중 세상에 남은 유일한 한 권이었다.

그는 매우 놀라며 학생에게 물었다.

"화재가 난 도서관의 장서 중 하나가 아닙니까? 학생들은 도서관 내에서만 열람이 가능하고 외부 반출을 할 수 없도록 규정되어 있을 텐데요. 어떻게 학생이 이 책을 가지고 있는 겁니까?"

학생은 잠시 침묵하더니 어렵사리 말을 꺼냈다.

"꼼꼼히 책을 읽고 싶은 마음에 사람들이 부주의한 틈을 타 가지고 나왔습니다. 기숙사에서 다 읽고 다시 몰래 돌려놓으려고 했는데…….오늘 장서가 화재에 불탔다는 소식을 듣고 한참을 고민하다가 책을 돌려줘야겠다고 결정했습니다."

"이 책은 유일무이한 책입니다."

그는 학생이 돌려준 책을 받아들고 감격에 겨워하며 학생에게 거듭 고마움을 표했다. 그런데 그 후 이 학생을 퇴학시킬 줄 누가 알았겠는가? 그 이유는 해당 학생의 정직함은 매우 고맙지만 학교에는 학칙이 있기 때문이라는 것이었다.

하버드대 사람들에게 규칙은 규칙이었다. 그 누구든, 상황이 어떻든 이를 어겨서는 안 됐던 것이다. 홀리오크의 생각처럼 학칙으로 하버드대의 모든 것을 지키는 것이 도덕으로 하버드대를 지키는 것보다 훨씬 안전하고 효과적이었다.

어쩌면 많은 이가 홀리오크가 인정이 없다고 생각할지도 모르겠다. 하지만 조금만 달리 생각해보라. 만약 그가 학칙을 위반한 학생을 용서하거나 동정해 예외적으로 규칙을 깼다면 어떻게 그 규칙으로 다른 학생들을 관리하고 통제할 수 있겠는가?

세상에 절대적 자유란 없다. 우리는 생활 곳곳에서 규율과 규칙, 규범을 준수해야 한다. 옛말에 '자와 컴퍼스가 없으면 사각형이나 원을 그릴 수 없다'라고 했다. 규범을 지키지 않으면 이룰 수 있는 일이 없다는 뜻으로, 내려진 명령을 집행하지 않거나 따라야 할 규칙을 지키지 않고 자기 마음대로 행동해서는 안 된다는 의미다. 사실 모든 사람이 스스로를 단속해 자발적으로 규율을 준수하고 규칙에 따라 일을 처리한다면 많은 일이 훨씬 수월해질 것이다. 자아실현을 포함해서 말이다.

제2차 세계대전이 막을 내린 후, 일본의 경제 부진으로 마쓰시타 기업은 극심한 고비를 맞이했다. 이 난관을 극복하기 위해 마쓰시타 고노스케는 전 직원에게 지각이나 휴가 신청을 삼가라며 이를 어길 시에는 벌을 세우겠다고 말했다. 그런데 얼마 지나지 않아 마쓰시타 고노스케 본인이 10분이나 지각을 하고 말았다. 업무 차량이 그를 늦게 데리러 온 데다 길까지 막혀 지각을 한 것이다.

마쓰시타 고노스케가 회사에 도착했을 때, 회의실 안에는 20명의 직원이 그를 기다리고 있었다. 이때 그는 사람들이 지켜보는 가운데 자발적으로 회의실 문 앞에서 10분을 벌 선 후에야 회의실로 들어갔다. 모든 사람의 이목이 그에게 향해 있어 그는 '마치 묵념을 하는 것 같군. 정말 견디기 힘든 일이야'라고 생각했다. 이 일이 있은 후, 한 부하 직원이 말했다.

"사장님이 벌을 설 때, 사장님은 서서 땀을 흘리고, 나는 앉아서 땀을 흘렸죠."

훗날 조사를 거쳐 마쓰시타 고노스케는 그날 오전 통근 차량 운전기사의 관리 담당자가 서두르지 않는 바람에 운전사가 늦잠을 잤고, 그래서 차가 10분 늦게 나왔다는 사실을 알게 되었다. 이에 그는 먼저 본분을 다하지 못했다는 이유로 운전기사에게 감봉 처분을 내렸고, 관리

감독을 제대로 하지 못한 팀장과 부팀장에게도 처분을 내렸다. 또 그는 이 일의 최종 책임을 져야 할 사람은 최고 간부인 자신이라고 생각했고, 그리하여 자신에게 한 달 치 급여 삭감이라는 가장 무거운 처분을 내렸다.

고작 10분 지각인데도, 마쓰시타 고노스케는 이렇게 많은 사람에게 책임을 지우고, 자신조차 용서하지 않았다. 이 일은 마쓰시타 기업의 모든 직원에게 큰 교훈이 되어 그들 스스로 회사의 각종 규칙을 지키게 하였다. 또한 한마음 한뜻으로 회사를 위기에서 구하고 날로 발전시켰다. 이처럼 한 사람은 물론 한 집단에게 규율은 업무 질서를 유지해 효율적인 업무 환경을 제공하는 중요한 전제조건이다.

스스로에게 물어보라. 당신은 규율과 규칙을 대수롭지 않게 생각한 지 얼마나 됐는가?

하버드대 출신들처럼 자아를 실현하고 싶다면 절대 규율의 힘을 무시해서는 안 된다. 자신에게 엄격하고, 사회 및 기업의 각종 규율에 따라 차근차근 자신의 행동을 규범화할 때, 그리고 이를 자발적인 행동 습관으로 만들 때 당신은 규범 속의 자유를 누리며 자신의 재능을 마음껏 발휘하고 치열한 경쟁 속에서 승리할 수 있을 것이다.

하버드 비즈니스 스쿨.

하버드 비즈니스 스쿨의 베이커 도서관.

: 제10강 :
일은 자아를 실현할 최고의 무대다

인생에는 자아를 드러낼 무대가 필요한데, 일이 바로 가장 좋은 무대다. 일을 하는 과정에서 나의 가치를 실현할 수 있기 때문이다. 하버드대 출신들은 바로 이 무대에서 성공을 거머쥐었다. 그러니 자신의 일에 대해 진지하게 임하라. 어떤 단계에 있든 열심히 노력해 일을 잘 완수하라. 그러면 시간을 투자하는 분야에서 성과를 보게 될 것이다.

자신의 자리를
찾아라

어떤 이가 하버드대 교수 하네만에게 물었다.

"어떻게 해야 하버드대 출신들처럼 성공할 수 있을까요?"

하네만이 대답했다.

"내 자리를 찾아야 뭔가를 할 수 있겠죠. 아무리 허약해도, 아무리 가난해도, 또 아무리 평범해도 당신은 여전히 남들이 부러워할 만한 장점을 지니고 있습니다. 많은 사람은 재능이 부족해서가 아니라 자신의 재능을 발견하지 못해서, 또 자신의 인생 가치를 충분히 계발하고 이용하지 못해서 성공하지 못하는 겁니다."

'자아 발견'을 강조하는 이유는 무엇일까? 이 세상에는 사람과 사람 사이의 분명한 차이가 존재하고, 모든 사람은 남다른 천성을 지니고

348

있으며, 바로 이러한 유일무이한 특성이 우리에게 가장 적합한 자리를 결정짓기 때문이다. 어떤 사람은 천생 학자로, 관리로, 기업가로 또 장군으로 타고난다. 또 어떤 이는 기술자로, 농민으로 타고난다.

하지만 살면서 가장 어려운 일이 바로 자신의 자리를 찾는 일이다. 왜 어떤 사람은 재능과 인성을 두루 갖추고도 직장에서 항상 벽에 부딪히는 걸까? 왜 어떤 사람은 뛰어난 재주를 지니고도 쥐꼬리만 한 수입에서 벗어나지 못하는 걸까? 왜 수많은 석·박사 졸업생이 이상적인 일을 찾지 못하고 심지어 취업 경쟁에서 밀리는 걸까? 많은 이유가 있겠지만 근본적 원인은 바로 정확한 포지셔닝 없이 자리를 잘못 찾았기 때문이다.

하버드대 출신의 유명 인적자원 컨설턴트 로저 앤더슨은 이에 대한 연구를 통해 99퍼센트의 성공인사들이 자신의 성격에 맞는 직업에 종사하고 있는 반면, 실패자들은 자신의 성격에 적합하지 않은 분야에서 성공을 거두려고 한다는 사실을 발견했다.

마크 트웨인은 전형적인 성공인사다. 하지만 과거 그는 사업을 하려다 번번이 실패를 맛본 경험이 있다. 그의 첫 번째 사업은 타자기 개발 투자였다. 한 친구가 타자기를 개발하고 있는데, 당장 연구경비가 필요했다. 연구자의 연구 능력이나 연구 방안의 실행 가능성, 확실한 가치에 대해 그는 하나도 알지 못했지만 통 크게 19만 달러를 투자했다. 그러나 다른 사람이 타자기를 발명해 시장에 출시할 때까지 마크 트웨인의 친구는 타자기를 개발해내지 못했고 큰돈을 벌 것이라는 꿈은 물거품이 되고 말았다.

그 후, 마크 트웨인은 출판업자가 자신의 저서를 발행해 큰돈을 벌자 왠지 아니꼬운 생각이 들었다. 그는 자신이 글을 써서 직접 출판을 하면 모든 이윤이 전부 자신의 몫이 될 것이라고 생각했다. 그리하여 그는 자신만만하게 출판사를 차렸다. 하지만 그는 출판사 경영 경험이 전혀 없었다. 가장 기본적인 재무 지식도 잘 알지 못하는 상태에서 출판사 전체를 잘 꾸려나갈 수 있을 리 만무했다. 곧 그의 출판사는 재무 문제로 파산했고, 마크 트웨인은 9만 4천 달러의 빚을 지게 되었다.

두 번의 사업 실패로 30만 달러에 달하는 손해를 본 마크 트웨인은 크게 상심한 나머지 자살까지 생각하게 되었다. 이때, 그의 아내 올리비아가 그를 설득했다. 사업은 그가 잘하는 분야가 아니라며 그가 잘하는 강연과 글쓰기에 전념할 것을 조언한 것이다. 이와 함께 올리비아는 전국 순회강연으로 4년 안에 빚을 상환하는 계획을 세웠다. 얼마 후, 마크 트웨인의 재능은 강연과 글쓰기에서 정말로 꽃을 피우기 시작했다. 그는 가는 곳마다 사람들의 환영을 받으며 유명해졌고 성공 가도에 들어섰다.

마크 트웨인도 자리를 잘못 찾았을 때에는 그저 평범하고 실의에 빠진 사람에 불과했다. 이처럼 최선을 다해 어떤 일을 해도 성공을 거두지 못하고, 평생을 고군분투하고도 아무런 성과를 거두지 못한다고 해서 이것이 그들이 성공할 능력이나 잠재력이 부족함을 뜻하지는 않는다. 다만 자신의 자리를 찾지 못하고 자신에게 맞는 길을 찾지 못했기 때문에 성공할 수 없었던 것이다.

그러니 자아를 실현하고 싶다면 관건은 바로 자신의 정확한 자리를 찾는 것이다. 이 자리는 꼭 최고의 것 혹은 최상이 아닐 수도 있지만 가장 자신에게 적합한 자리다. 즉, 개인의 장점을 가장 잘 발휘할 수 있고 가치를 가장 잘 실현할 수 있는 자리다. 그리 좋은 자리가 아니라도 자신에게 적합한 곳이라면 얼마든지 운명을 바꿀 계기가 될 수 있다.

아인슈타인의 사례가 어쩌면 가장 좋은 예일지도 모르겠다. 이 이야기는 하버드대 출신들에게 널리 전해오는 이야기이기도 하다.

물리는 매우 무미건조하고 복잡한 학과다. 하지만 아인슈타인은 물리를 열렬히 사랑했고, 항상 물리 실험에 정신이 팔려 밥을 먹는 것도 잊을 정도였다. 그런 그가 1950년대에 편지 한 통을 받았다. 그를 모 국가의 대통령으로 추대한다는 편지였다. 대통령은 많은 사람이 바라 마지않는 꿈이었지만 그는 조금의 망설임도 없이 이를 거절했다. 그는 이렇게 회신했다.

'저는 평생을 객관적 특성을 지닌 물리와 함께 살아왔습니다. 그래서 선천적으로 지혜가 부족하고, 행정 업무를 처리할 만한 경험도, 공정하게 사람을 대할 태도도 부족합니다. 따라서 본인은 그런 중임을 맡기에 적합하지 않습니다.'

대통령직 거절 후, 아인슈타인은 계속해서 과학 연구에 자신의 에너지를 쏟았다. 많은 사람은 아무리 해봐야 과학자인데 어떻게 그 신분과 지위를 대통령과 비교할 수 있겠냐며 그를 대신해 안타까워했다. 하지만 결국 그는 광양자설과 분자크기 측정법, 브라운운동 이론, 특수상대성 이론 등을 발견하여 세상을 놀라게 했다.

아인슈타인은 명석하고 현명했다. 그는 자신이 할 수 있는 일은 무엇이고 할 수 없는 일은 무엇인지, 누구보다 분명하게 알고 있었다. 그리고 자신에게 가장 적합한 위치에서 가장 적합한 일을 하며 일생을 보냈다. 이것이 바로 그가 성공할 수 있었던 근본적 이유다.

미국의 한 유명 경영 컨설턴트 회사가 시카고에서 은퇴자 100명을 대상으로 설문 조사를 했다. 그중, 한 질문은 이랬다.

'당신의 인생을 돌아봤을 때, 가장 아쉬웠던 일은 무엇입니까?'

백발이 성성한 노인들이 어떠한 대답을 했는지 당신은 아마 상상도 못할 것이다. 그들이 가장 아쉬움을 느끼는 일은 바로 직업을 잘못 선택한 것이었다.

에머슨은 사람들에게 이렇게 말했다.

"사람은 저마다 천직이 있습니다. 다만 우리 삶에는 여러 방향이 있고 자신에게 맞는 한 방향을 찾아가는 긴긴 여정이 존재할 뿐입니다. 여기서 힘을 발휘하는 것이 바로 우리의 숨겨진 천재성인데, 천재성은 조금씩 온 힘을 다해 우리를 모든 공간으로 나아갈 수 있는 한 방향으로 이끕니다. 비록 그 과정에서 우리는 강 위의 작은 배처럼 이리저리 부딪치기도 하지만 한 방향에서만큼은 거침없이 나아갑니다. 이 방향에서는 모든 장애물이 사라지고, 편안하게 강의 더 깊은 곳을 향해 나아가며, 결국 끝없는 바다에 진입하게 됩니다."

그렇다. 인생에서 첫 번째로 해야 할 일은 바로 나 자신을 제대로 알고 나의 정확한 자리를 찾는 것이다. 당신에게 주어질 기회와 부 그리고 즐거움을 찾아 헤매는가? 이 모든 답은 바로 자신을 발견하고, 자신에게 적합한 직업을 찾는 데 있다. 아인슈타인이 물리에 미쳐 위대한 사람이 된 것처럼 그리고 빌 게이츠가 컴퓨터에 빠져 세계 제일의 부호가 된 것처럼 말이다.

'나를 알면 아무것도 잃을 것이 없다.'

하버드대 출신들은 이 말을 추앙한다. 그들은 항상 나를 아는 것을 지혜를 얻는 기반으로 삼는다. 그렇다면 어떻게 자아를 발견하고 자신에게 가장 좋은 자리를 찾을 수 있을까? 이를 위해서는 자신에 대한 전면적이고 깊은 이해와 자기계발이 필요하다. 즉, 자신의 흥미와 취미, 장단점, 능력을 알고 자신이 어떤 직종에 적합한지 등을 알아야 한다.

종이 한 장을 꺼내 곰곰이 다음 문제에 대해 생각해보고 그 답을 적어보자.

- 내가 좋아하는 일은 무엇인가?
- 나는 그 일을 통해 무엇을 얻고자 하는가?
- 나를 가장 기쁘게 하는 일은 무엇인가?
- 가장 싫어하는 일은 어떤 일인가?
- 내가 가장 잘하는 일은 무엇인가?
- 가장 못하는 일은 무엇인가?

위의 문제는 내가 지닌 장점과 천부적 재능, 잠재력 등을 알아보고 나를 더 잘 이해하기 위한 문제다. 자신이 어떤 일에 적합한지 알아보고 이를 근거로 자신이 잘하는 일에 집중하기 위함이다.

당신의 자리가 어디든 최선을 다해 임한다면 당신은 분명 좋은 성과를 거둘 것이다.

당신이 바로 투철한 직업 정신의 최대 수혜자다

"이것이 너의 본분임을 기억하라."

이는 미국 작가 페러 케이프의 진심에서 우러나온 독백이다.

그의 저서 《이유가 되지 않는(*No Excuse*)》에서 그는 말했다.

'당신이 이 직업을, 이 직장을 선택했다면, 당신의 선택의 결과가 가져올 이익이나 즐거움만을 누리려 할 것이 아니라 당신의 선택에 대한 모든 것을 받아들여야 한다. 굴욕과 질책 역시 일의 한 부분이다. 청소부가 쓰레기 냄새를 견디지 못한다면 그가 과연 좋은 청소부가 될 수 있겠는가?'

"이것이 너의 본분임을 기억하라."

이 말이 강조하는 것은 투철한 직업 정신이다.

이 세상에 책임을 지지 않아도 되는 일은 없다. 임무를 완수할 필요가 없는 직장도 없다. 업무의 하한선은 바로 요행을 바라거나 꾀를 부리지 않고 혼신의 힘을 다해 맡은 바 최선을 다하는 투철한 직업 정신을 갖추는 것이다. 직업 정신은 매우 중요하다. 한 사람의 능력을 평가할 때, 지식이 20퍼센트, 기술이 40퍼센트, 태도가 40퍼센트를 차지하는데, 이 중에서 가장 중요한 태도가 바로 직업 정신이다. 그런데 직업 정신에 대해 많은 사람이 다소 의문을 가지고 있을 것이다.

'직업 정신을 갖고 열심히 일해봐야 사장만 이익 아닌가? 내가 얻는 이익은 얼마 없는데 왜 최선을 다해야 하지?'

'쥐꼬리만 한 월급을 받으면서 왜 죽어라 일을 해?'

'직업 정신? 그건 사장이 직원들을 우롱할 때 하는 말이지!'

당신은 어떤가? 당신도 이렇게 생각하는가? 이런 생각을 하는 사람은 영원히 자아실현을 할 수 없고, 영원히 성공의 최고봉에 도달할 수 없다. 맡은 바 최선을 다하면 아무리 복잡한 문제도 술술 풀리고, 방만함을 대수롭지 않게 여기면 아무리 간단한 업무에서도 실수를 저지르게 된다.

1960년대 브라질 해운 원양운수 회사는 품질이 우수한 최신 성능의 외항선 환대서양호를 보유하고 있었다. 하지만 어느 날 운항 도중 자연 발화로 불이 나 예전의 모습을 알아볼 수 없을 정도로 타버렸고, 승선하고 있던 21명의 선원 모두 사망하는 믿을 수 없는 참사가 일어났다. 그 후, 한 구조대원이 무선통신기 아래쪽에 묶여 있던 밀봉된 병을 발견했다. 병을 열어보니 3월 23일의 업무기록이 한 장 들어 있었다. 기록 내용은 다음과 같았다.

일등운항사 리처드 : 오전에 오클랜드에서 개인적으로 탁상용 스탠드를 구입했다. 아내에게 편지를 쓸 때 사용할 생각이다.

이등항해사 서먼 : 탁상용 스탠드를 사들고 배에 오르는 리처드를 봤다. 스탠드 받침 부분이 가벼워 보이니 배가 흔들릴 때 스탠드가 넘어지지 않게 조심하라고 한마디를 했다.

삼등항해사 패티 : 정오에 배가 출항했다. 구명정 자동이탈 장치에 문제가 있음을 발견하고 구명정을 기둥에 묶어두었다.

이등운항사 데이비스 : 출항 점검 때 선실 도어 클로저가 고장 난 것을 발견하고 철사로 문을 묶어놓았다.

이등기관사 앤틀 : 소방 시설 점검 때 선실 소화전에 녹이 슨 것을 발견했다. 며칠 후 부두에 도착하면 소화전을 교체해야 할 것 같다.

선장 메이컴 : 출항 때 일이 바빠 갑판부과 기관부의 안전 점검 보고서를 보지 못했다.

갑판원 스콜니크 : 13시, 리처드를 찾으러 그의 방에 갔지만 그가 없어 잠시 기다릴 겸 탁상용 스탠드를 켰다.

일등항해사 켐프 : 13시 30분, 솔레르와 리처드를 데리고 순찰할 때, 선실은 둘러보지 않고 선원들에게 각자의 방을 살펴보라고 말했다.

일등운항사 리처드 : 살짝 웃어 보이고는 방에 들어가지 않았다.

기관장 켠 : 14시, 화재 감지기가 연이어 경보음을 냈지만 불씨는 발견되지 않았다. 감지기 고장으로 인한 오작동으로 판단하고 감지기를 뜯어내 부하 직원에게 건넨 뒤 새로 교체하라고 말했다.

전기기술자 혼 : 저녁 당직 때, 식당으로 뛰어 들어갔다.

마지막은 선장 메이컴이 쓴 글이었다.

19시 30분 화재가 발생한 것을 알아차렸을 때,

리처드의 방은 이미 완전히 불에 타 엉망이 된 상태였다.

우리가 손쓸 틈도 없이 불길은 점점 거세졌고,

배는 온통 불바다가 되었다.

　선원들이 남긴 메모를 본 구조대원들은 마치 사고의 전 과정이 눈앞에 그려지는 듯 말을 잇지 못했고, 바다마저 잠잠했다. 화재는 리처드의 방에서 시작되었다. 소화전이 제 역할을 할 수 없는 상태에 구명정마저 내릴 수 없었으니 구명 시설이 모두 쓸모없는 상태였던 것이다. 환대서양호에 승선했던 모든 사람의 업무에 대한 책임감 부족으로 선원 전원 사망이라는 비극을 불러온 것이다.

　이 이야기를 보고 많은 사람이 이런 결론을 내릴 것이라 믿는다.

　'사람이 한 일의 효과가 좋고 나쁘고, 효율이 높고 낮고를 결정하는 관건은 개인 능력의 크기가 아니라 투철한 직업 정신을 가지고 맡은 바 최선을 다했느냐에 달려 있다.'

　생각해보라. 운항사, 기관사, 기관장, 전기기술자 등에 이르기까지 만약 어느 한 사람이라도 자신의 소임을 다해 제때 문제를 발견하고 그에 상응하는 조치를 취했다면 어땠을까? 배에서 탁상용 스탠드를 사용하지 못하게 막았더라면, 순찰 때 직접 선실 안을 확인했다면, 경보기가 울렸을 때 회로를 점검했더라면 이러한 참극은 피할 수 있었을 것이다.

　'투철한 직업 정신은 업무를 가장 잘 처리할 좋은 습관이자, 인생의 가치를 실현하는 중요한 방법이다.'

　이는 하버드대 출신들의 관점이다. 그들은 어떠한 분야에 종사하든 상관없이 모두 최선을 다해 소임을 다해야 하며, 한결같이 투철한 직업 정신을 가지고 있을 때, 비로소 사업을 일굴 수 있다고 생각한다. 확실히 그렇다. 만약 당신이 자신의 일을 존중한다면 평범함에서 벗어나 훌륭한 사람이 될 수 있고, 더 나아가 뛰어난 사람이 될 수 있다.

사업이라는 무대가 하나의 동그라미라면 투철한 직업 정신은 이 동그라미의 반지름이다. 직업 정신이 강할수록 사업권이 커진다. 그러므로 만약 당신이 하버드대 출신들처럼 무엇인가를 이루길 바란다면 직업 정신과 사업의 상관관계를 곰곰이 생각해 항상 맡은 일에 최선을 다하도록 스스로를 다독여라. 마땅히 져야 할 책임을 지고, 완수해야 할 일은 완수해 사명을 다하며, 잘해야 하는 일을 잘하라.

당신이 정말로 이를 행동으로 옮겼을 때, 당신이 원하는 모든 것은 하나씩 현실이 되어갈 것이다.

무역 회사에 다니는 톰, 그는 자신이 하는 일이 불만스러워 친구에게 불평을 늘어놓았다.

"사장은 날 신경도 안 써. 입사한 지 벌써 1년인데 승진은 고사하고 연봉도 안 올려줬다니까! 나중에 담판을 짓고 회사를 관두든지 해야지, 원!"

한편 그의 친구는 사업에 성공한 사람이었다. 친구는 묵묵히 그의 말을 듣고 있다가 말했다.

"회사에서 진행하고 있는 업무나 운영 요령은 다 파악한 거야?"

"아니."

그는 대답했다.

"월급을 그렇게 적게 받으면서 죽어라 일만 하고 싶지는 않아."

"내가 보기엔 말이지. 네가 업무나 운영에 관한 사항을 완전히 파악한 다음 회사를 관두는 게 맞는 것 같다. 그래야 제대로 화풀이도 하고,

네 몸값도 올릴 수 있지 않겠어?"

그는 친구의 조언대로 게을렀던 지난날의 업무 태도를 바꿔 열심히 일을 하기 시작했고, 틈틈이 공부도 게을리하지 않았다. 퇴근 시간이 지나서도 그는 사무실에 남아 비즈니스 문서 작성법을 연구했다.

6개월 후, 우연히 톰을 만난 친구가 물었다.

"지금쯤이면 업무도 다 배웠을 테고, 이제 사표 날릴 준비를 해도 되겠네!"

"아니야, 아니야."

그는 세차게 고개를 가로저으며 말했다.

"반년 동안 사장이 날 달리 봤는지, 얼마 전에 중임을 맡겼거든. 덕분에 승진도 하고 연봉도 올랐지. 이제 회사의 에이스가 됐는데 지금 그만두긴 아깝지."

그러자 친구가 웃으며 말했다.

"내 그럴 줄 알았어. 애초에 너희 회사 사장이 너를 눈여겨보지 않은 건 네가 업무에 충실하지도 않고, 배우려 하지도 않았기 때문이야. 그런데 네가 많은 업무도 마다하지 않으며 열심히 노력해 능력을 높이고 회사의 이익도 창출하니까 당연히 사장이 너를 달리 볼 수밖에!"

일을 하면서 요행을 바라서는 안 된다. 일을 배움의 기회로 생각해 그 속에서 업무 지식을 배우고, 개인의 자질을 높이고, 업계 경험을 쌓아라. 이렇게 꾸준히 하다 보면 개인적 업무 능력을 높일 수 있음은 물론 이 능력은 자신에게 평생 이익이 될 자산이 된다. 투철한 직업 정신의 최대 수혜자는 누구인가? 사장도, 상사도 아닌 바로 나 자신이다.

하버드대 출신들처럼 자아를 실현하고 싶다면 맡은 바 최선을 다하는 업무 태도를 키우고, 어떤 직업을 선택했다면 그 본분에 충실해 맡은 바 책임을 다하라.

맡은 일을 잘해내려면 어떻게 해야 할까?

첫째, 업무에 대한 생각을 바꿔 적극적이고 능동적으로 열정을 가지고 임해야 한다.
둘째, 직업을 선택했다면, 그 본분에 벗어나지 않도록 그 직업의 모든 것을 받아들여야 한다.

누군가는 중요한 직장에서는 몸과 마음을 다할 가치가 있지만, 평범한 직장에서는 좀처럼 투철한 직업 정신이 생기지 않는다고 말할 것이다. 하지만 이것은 틀린 생각이다. 직업에는 귀천이 없다. 투철한 직업 정신은 영원하다. 어떤 도시에 시장이 없으면 안 되는 것처럼 환경미화원도 없어서는 안 되는 존재다. 시장이 자신의 일을 소중히 여기지 않으면 다른 사람으로 교체되는 것처럼 환경미화원이 자신의 일에 최선을 다하는 것에도 중요한 의미가 있다.

찰리 벨은 글로벌 패스트푸드업체 맥도날드의 CEO였다. 미국인이 아닌 맥도날드 최고경영자는 그가 처음이고, 당시 맥도날드 역사상 가장 젊은 CEO이기도 했다. 이런 그의 성공은 결코 우연이 아니었다. 그와 맥도날드의 인연은 오래전으로 거슬러 올라간다. 당시 15세였던 그는 가정 형편이 어려워 오스트레일리아의 한 맥도날드 지점에서 아르바이트를 했다. 그에게 첫 번째로 주어진 일은 화장실 청소였다. 더럽고 힘든 데다 하찮게 여겨지는 일이었지만 그는 성실하게 맡은 일을 수행했다. 그는 화장실을 닦고 또 닦아 항상 반짝반짝 깨끗하게 유지했다. 그가 청소하는 화장실이 다른 점포의 계산대보다 더 깨끗하다고 전해질 정도였다. 물론 그가 성실하게 해낸 모든 일은 손님들의 호평을 받았다.

3개월 후, 그는 정규직으로 채용되었다. 벨은 그를 알아본 사장에 의해 점포 내 여러 분야에서 두루 일하며 정규 직업 훈련을 받았다. 어떤 직무를 맡든 그는 자신의 열정과 에너지를 아낌없이 쏟아 사소한 일에서도 능력을 드러냈다. 몇 년의 경험을 거쳐 그는 맥도날드의 생산, 서비스, 관리 등 일련의 업무를 파악했고, 결국 그가 생각지도 못한 성공을 거두었다.

그렇다. 당신이 지도자이든 일반 국민이든, 사장이든 직원이든 성실하게 맡은 바 최선을 다하는 습관을 길러야 한다. 예를 들어 의사는 죽어가는 사람을 살리고 다친 사람을 돌보는 책임을, 사업가는 성실하게 신용을 지키는 책임을, 강사는 사람들을 교육하는 책임을, 군인은 조국을 위해 일하는 책임을 다해야 한다.

본분에 충실해 맡은 바 책임을 다하라! 그러면 머지않아 자아를 실현할 수 있을 것이다!

일을 바꿀 수 없다면
자신의 태도를 바꿔라

빌 클린턴에게 한 기자가 이런 질문을 했다.

"왜 대통령에 당선될 수 있었다고 생각하십니까?"

그는 대답했다.

"일할 기회를 얻을 때마다 그 일을 즐기는 마음으로 남보다 두 배 열심히 일했습니다. 이렇게 그동안 주어진 위치에서 제게 맡겨진 일들을 잘해냈듯이 대통령이라는 이 자리에서도 잘해낼 거라고 믿어주신 결과인 것 같습니다."

기자가 다시 물었다.

"그럼 이 일도 즐기고 계십니까?"

그는 대답했다.

"즐기는 마음보다 책임이 더 큽니다."

자신에게 맞는 자리를 찾아 내가 잘할 수 있는 일을 하고, 그 과정에서 성과와 부를 쌓는다면 누구에게나 행복한 일이 아닐 수 없다. 하지만 모든 사람에게 이러한 행운이 따라주는 것은 아니다. 여러 현실적인 이유에 부딪혀 자신이 좋아하지 않는 일을 하는 사람이 많다. 문학을 사랑하지만 수학을 가르치는 사람도 있고, 무언가를 연구하길 좋아하는 사람이 행정관리 업무를 하기도 한다.

이런 상황에서 당신이라면 어떻게 하겠는가? 대충대충 되는 대로 일을 처리하거나 아예 일을 그만두겠는가? 분명히 말하지만 둘 다 현명한 선택이 아니다. 다른 일을 찾는다고 그 일이 즐거울 거라고 누가 보장할 수 있는가? 게다가 세상에 완벽한 일은 없다. 어떤 일을 하든지 스트레스를 받고 매너리즘에 빠지는 순간은 있다. 자신이 좋아하는 일을 하면 정말로 어떤 스트레스든 너끈히 감당할 수 있을 것 같은가?

하버드대는 엘리트를 양성하는 인재의 요람이라고 불리지만, 하버드대 졸업생들이라고 처음부터 고위직에 종사하는 것은 아니다. 적당한 일을 찾지 못해 어쩔 수 없이 차선책을 선택하는 사람들도 있다. 그러나 그들은 대부분 자신이 좋아하지 않는 일이라도 스스로 마음가짐을 단속해 적극적이고 치밀하게, 열심히 노력하는 태도로 성과를 일궈낸다.

뉴욕 증권 회사의 중역 수잔은 우리에게 좋은 본보기이다. 그녀는 타이베이의 한 음악가 집안에서 태어났다. 어려서부터 자주 보고 들으며 음악을 접한 덕분에 그녀는 음악을 무척 좋아했고 또 평생을 음악과 함께하기를 바랐다. 하지만 여러 이유로 그녀는 대학을 경영학과로 진학했다. 그녀는 전공이 마음에 들지 않았지만 열심히 공부해 전문 지식을 쌓고, 끊임없이 경영 능력을 높여 학기마다 우수한 성적을 거뒀다. 대학을 졸업하고 그녀는 학교의 추천으로 매사추세츠공과대학에 진학했고, 경제관리 분야 박사 학위를 받았다. 졸업 후, 그녀는 자신이 좋아하지 않는 증권업계에 취직했고, 현재 미국 증권업계의 풍운아가 되었다.

어떤 이가 그녀에게 물었다.

"전공을 좋아하지 않았는데, 어떻게 그렇게 공부를 잘할 수 있었던 거죠? 지금 하는 일도 그래요. 좋아하지 않는 일을 어떻게 그렇게 훌륭하게 해내고 있는 겁니까? 너무 모순적이지 않습니까?"

"아뇨."

그녀는 단호하게 말했다.

"솔직히 말해서 지금까지도 제가 하고 있는 일을 좋아한다고는 말할 수 없어요. 만약 다시 기회가 주어진다면 두 번 고민할 것도 없이 음악을 선택할 겁니다. 하지만 일을 대할 때는 진지해야 한다고 생각합니다. 좋아하는 일이든 아니든 반드시 마주해야 할 일들이라면 대충대충 처리할 이유가 없지요. 그게 일에 대한 책임이고 나 자신에 대한 책임이니까요."

자신이 종사하는 일에 대한 투철한 직업 정신과 평범하길 거부하는 신념이 응축된 수장의 말은 깊이 생각해볼 필요가 있다. 그녀는 자신이 있는 자리에서 어떻게 하면 본분을 다하고 맡은 바를 훌륭히 해낼 수 있을까 고민하는 투철한 직업 정신이 있었다. 그래서 자신이 좋아하지 않는 일을 차분하고 충실하게 또한 열심히 해낼 수 있었고, 더 나아가 자아를 실현할 수 있었던 것이다.

우리에게 의미 있는 것은 '나는 지금 무엇을 하고 있나?', '어떻게 해야 지금을 잘 살 수 있을까?'이다. 단순히 흥미 때문에 다른 일을 하고 싶은 거라면 자신을 바꿔 지금의 일에 적응하려 노력해보라. 자신의 기초가 탄탄하지 못해 능력 부족으로 흥미를 잃었다면 자신을 업그레이드하라. 그래야 비로소 자신이 속한 분야에서 최고가 될 수 있다.

자신의 직장 내 위치를 바꿀 수 없다면 자신의 태도와 업무 방식을 바꿔보라. 샤하르가 하버드대 학생들에게 한 조언처럼 말이다.

"우리는 그 자리에 가만히 앉아 좋은 일이 하늘에서 떨어지길 바라선 안 됩니다. 능동적으로 찾아 나서십시오. 아니면 지금 하고 있는 일에서 스스로 그런 환경을 만드십시오."

자신이 잘하지 못하거나 좋아하지 않는 일을 하며 무언가를 배운다는 것은 한 사람의 자아실현에 좀 더 좋은 영향을 준다.

내성적인 성격의 캐시는 하버드대 경영학과를 졸업했다. 그녀는 행정 업무를 처리하는 사무직에 종사하고 싶었지만 행정 관련 일자리를 찾지 못해 결국 자신이 가장 싫어하는 영업직에 종사하게 되었다. 한 번은 영업 경험이 전무한 상태에서 고객을 만나러 갔다가 단번에 거절을 당하기도 했다. 줄곧 독선적이었던 그녀에게 문전박대는 꽤나 큰 충격이었다. 게다가 일에 좀처럼 흥미가 생기지 않아 그녀는 순간 일을 그만둬야겠다고 생각했다.

그녀는 자신의 생각을 사장에게 말했다. 그런데 사장은 그녀의 사의를 바로 받아들이는 대신 의미심장하게 말했다.

"젊은이, 애초에 그 많은 면접을 모두 통과하고 이곳에 입사하면서 훌륭한 인재임을 스스로 증명하지 않았나? 그런데 어떻게 영업 일을 못 할 거라고 생각하는 거지? 내 생각에는 자네가 이 일을 조금이라도 좋아하게 되면 분명 제 몫을 톡톡히 할 수 있을 것 같은데 말이야. 이렇게 하지. 자네에게 한 달의 시간을 주겠네."

사장의 이야기를 듣고 다시 한 번 해보자고 마음먹은 그녀는 고객을 만날 때 우아한 말투와 태도를 보이려 노력했고, 유머 또한 잃지 않으려고 했다. 고객에게 거절당했을 때에도 그녀는 정상적인 결과라며 스스로를 위로했다. 그녀는 학습 능력이 뛰어나 새로운 것을 받아들이는 속도가 빨랐다. 보름이 지나자 그녀는 각종 고객을 편안하게 응대할 수 있게 되었다. 또 회사에 매우 중요한 고객을 확보하기도 했다.

"영업이라는 게 원래 이렇게 재미있는 일이었구나. 도전적이고, 성취감도 있고……."

그녀는 어느새 영업 일을 사랑하게 되었고, 자신이 더 잘할 수 있을 것이라고 굳게 믿었다.

보통 우리는 자신이 잘 못하는 일은 두려움을 느끼고 밀어내려 한다. 하지만 이런 마음가짐으로 어떻게 일을 잘할 수 있겠는가? 사실 일에 대한 막연한 두려움은 대부분 일에 대한 이해가 부족해서 생긴다. 아는 것이 별로 없으니 일을 하더라도 갈피를 잡지 못하고 좌충우돌하게 되고, 그러다 보면 일에 대한 적극성도 쉽게 사라져 결국 싫어하는 마음이 생기는 것이다. 더불어 자신이 일을 잘 못한다거나 좋아하지 않는다고 잘못 생각하게 된다.

자신의 마음에 차는 일이든 그렇지 않은 일단 자신에게 주어진 일을 잘 해보려는 시도가 필요하다. 마음속에서부터 일을 인정하고 최선을 다해 일할 때, 항상 좋은 결과가 따라오게 마련이다. 또한 일에 대한 깊은 이해 속에서 지루하고 재미없다고 생각했던 일이 사실은 꽤 재미있음을 발견해 다른 사람보다 더 많은 것을 얻는다. 이로써 더 나은 내가 될 수 있다.

능동적으로 일하는 것이
당신의 최대 장점이다

경쟁이 치열한 직장에서 절대 다른 사람을 뛰어넘을 수 없고, 절대 성공할 수 없는 두 가지 유형이 있다. 첫째는 상사가 지시하는 일만 하는 사람, 둘째는 상사가 지시하는 일을 제대로 못하는 사람이다. 어느쪽이 더 슬픈 상황인지는 정말 말하기 어렵다. 어쨌든 이 두 가지 유형 모두 가장 먼저 해고 대상에 오르거나 단조롭고 별볼일없는 직장에서 평생 에너지를 낭비하게 될 것이다.

∽

하버드대에서는 교수들이 항상 학생들에게 다음과 같은 성공 이념을 주입한다.

'누구든 사업에 성공해 자아를 실현하고 싶다면 자발적으로 행동하는 정신이 필요하다.'

자발성이란 바로 다른 사람이 지시하거나 요구하지 않아도 스스로 할 일을 찾아 훌륭하게 해내는 것을 말한다. 스스로 문제를 발견하고 고민해 스스로 해결하는 것이다.

아노와 아라이는 동시에 한 점포에 고용되어 똑같은 보수를 받았다. 어느 정도 시간이 흐른 후 아노는 승진도 하고 급여도 오르며 승승장구했지만, 아라이는 여전히 제자리걸음이었고 심지어 정리해고의 위기에 처했다. 아라이는 자신이 매일 일을 잘하고 있다고 생각했기 때문에 사장의 처우에 불만이 많았다. 그래서 사장을 찾아가 불평을 늘어놓았다.

사장은 아라이의 불평을 모두 듣고 잠시 침묵하더니 말했다.

"지금 시장에 가서 뭘 팔고 있는지 알아보고 오게."

잠시 후, 아라이는 시장에서 돌아와 보고를 했다.

"시장에서는 한 노인이 수레를 끌며 배추를 팔고 있었습니다."

"배추가 얼마나 있던가?"

아라이가 모르겠다며 고개를 젓자 사장이 다시 물었다.

"가격은 어떻게 되지?"

그러자 아라이는 다시 고개를 저으며 억울한 듯 해명했다.

"그런 것들을 알아보라고 지시하지 않으셨는데요?"

사장은 말했다.

"그래, 그럼 이제 아노는 어떻게 하는지 보여주지."

사장은 아노를 불러 시장에 가서 무엇을 파는지 알아오라고 지시했다. 금세 시장에 다녀온 아노는 사장에게 이렇게 보고했다.

"오늘 시장에는 배추를 판매하는 노인 한 분만 나와 계셨습니다. 총 5만 그램 정도 물량을 팔고 있었는데, 가격은 500그램에 4자오(角, 중국의 화폐단위 1위안의 1/10)였습니다. 배추가 저렴하고 싱싱한 게 사장님 마음에도 드실 것 같아 판매하는 분을 모셔 왔습니다."

이때 사장은 의미심장하게 아라이에게 말했다.

"이것이 바로 아노가 자네보다 높은 급여를 받는 이유라네!"

이 이야기를 보고 각자 느낀 바가 다를 것이다. 하지만 대부분 공통적으로 '명령을 받아야 행동하는', '사장의 지시를 기다렸다가 일을 하는 사람'은 좋은 직원이 아니라고 생각할 것이다. 이런 사람은 노예처럼 사장의 감독하에 일하는 것이 습관이 되어 있다. 그래서 말을 잘 듣는 사람인 것처럼 보이지만 사실 업무에 대한 책임감 부족과 고지식함을 보여준다.

하지만 자발성을 갖춘 사람은 다르다. 자발성은 마음속 깊은 곳에서 비롯된 적극적이고 능동적인 높은 기준에 대한 추구다. 자발적인 사람은 대개 독립적 사고 능력을 가지고 있어 자각적으로 능동성을 발휘해 적극적이고 효과적으로 사장의 명령을 이행하고 결국 훌륭하게 임무를 완수한다. 이에 대해 빌 게이츠는 이렇게 말한 바 있다.

"좋은 직원은 반드시 적극적이고 능동적으로 일을 하고, 적극적이고 능동적으로 자신의 기술을 높이는 사람입니다. 이런 직원은 특별한 지시를 내리지 않아도 알아서 척척 제 할 일을 하지요."

이를 감안해 성공의 계단 가장 높은 곳에 오르려면 수동적으로 다른 사람이 내가 할 일을 알려주기만을 기다리지 말고, 능동적으로 자신이 할 일을 이해하고 자발적으로 일하는 습관을 길러야 한다. 설령 도전성이 부족하고 아무런 재미가 없는 일일지라도 열심히 책임을 다해야 한다. 이렇게 능동적인 마음을 가지면 성공의 신의 사랑을 받게 될 것이다.

케빈은 당초 크리스 밑에서 일할 때에는 직책이 낮았지만 지금은 이미 크리스의 유력한 조수가 되어 산하 회사의 CEO를 담당하고 있다. 그야말로 잘나가는 삶을 살고 있다. 누군가 케빈에게 이렇게 빨리 승진할 수 있었던 비결을 물었고 그는 담담하게 '능동적으로 일하기'라고 말하며 부연 설명을 덧붙였다.

"무슨 일을 해야 할지 지시를 받기 전에 능동적으로 마땅히 해야 할 일을 할 수 있어야 하죠."

그 사람은 계속해서 물었다.

"당신은 어떻게 했나요?"

케빈은 대답했다.

"회사에 들어가 어느 정도 시간이 흐른 뒤, 저는 매일 퇴근 시간 후 모든 사람이 집으로 돌아갔지만 크리스 씨는 여전히 사무실에 남아 일을 한다는 사실을 알았습니다. 그는 직업 정신이 투철한 사람이었죠. 그 후, 저도 퇴근 시간 후에도 사무실에 남아 계속 일을 했습니다.

"그가 당신에게 그러길 바랐나요?"

그 사람이 캐물었다.

"아니요. 아무도 제게 그렇게 요구한 적은 없었습니다. 제 스스로 남은 거예요. 저는 스스로 제가 남아야 한다고 생각했습니다. 필요할 때 크리스 씨에게 도움을 주기 위해서였죠. 일을 할 때 크리스 씨는 항상 자료를 찾거나 문서를 인쇄해야 하는데 애초에 그런 일들은 모두 그 스스로 했거든요. 그 후, 그는 제가 아직 회사에 남아 그를 도와주려 하고 있고, 언제든 그의 부름을 기다린다는 사실을 알았지요. 그렇게 그 역시 저의 도움을 받는 습관이 생겼습니다. 물론 저 역시 나 자신을 보여줄 좋은 기회를 얻었고, 결국 인정받아 중용되었던 겁니다."

성공의 열매가 잔뜩 떨어져 있어도 스스로 허리를 굽혀 주워야 한다. 무조건 기다리고, 기대고, 원하기만 하거나 남의 탓을 하고 원망만

할 게 아니다. 이러한 이치를 깨달은 후 능동적으로 당신이 해야 할 일을 하라! 당신의 사장과 상사가 일을 주기를 기다리지 말고 자발적으로, 능동적인 마음가짐으로 모든 일에 적극성을 보이고 또 훌륭하게 임무를 완수하라.

능동성은 당신의 가장 중요한 장점이고, 당신이 다른 사람의 인정을 받을 수 있는 좋은 패이다. 매일 명확한 업무 하나를 정해 다른 사람이 지시하기 전에 능동적으로 이를 완수하라. 다른 사람이 가치 있다고 생각하는 일을 매일 적어도 하나 하라. 보수 여부를 신경 쓰지 말고 매일 능동적으로 일하는 습관을 키워야 한다고 자신을 상기시키고 최소 한 번 이상 행동에 옮겨라.

뿌리는 만큼 거두는 법이다. 노력하면 반드시 보답이 따를 것이다. 이는 만고불변의 법칙이다.

최선을 다하기보다는 전력투구하라

한 젊은이가 사업을 일구기 위해 먼 길을 떠날 차비를 하고 있었다. 출발하기에 앞서 그는 한 어르신에게 자신이 어떻게 해야 할지 가르침을 구했다.

"평소 일을 할 때, 자네는 최선을 다하는가 아니면 전력투구를 하는가? 최선을 다하면 오늘 하루를 잘 살아낼 수 있고, 전력투구하면 아름다운 미래를 맞이할 수 있다네. 그러니 전력투구해서 자네가 할 수 있는 최고의 성과를 내게."

젊은이는 어르신의 조언을 가슴에 품고 길을 나섰다. 그는 자신이 하는 모든 일에 전력투구했고, 결국 성공을 거뒀다.

∽

이 이야기를 듣고 당신은 의문이 생겼을지도 모르겠다. 최선을 다하는 것과 전력투구의 차이가 뭐란 말인가? 표현의 차이일 뿐 큰 차이가 없어 보이는 게 사실이다. 모두 마음을 다해 일을 대하라는 뜻이기 때문이다. 그러나 자세히 생각해보면 사실 완전히 다른 삶의 태도를 대변하고 있고, 또 완전히 다른 인생을 만들 수 있는 말이기도 하다.

그 이유는 무엇일까? '최선을 다하다'에는 어쩔 수 없이 한다는 수동적인 의미가 많이 담겨 있다. 이러한 상황에서는 항상 외부 압력에 의해 일을 하고 내재적 동력이 부족해 어려움에 부딪히면 하늘을 원망하고 남을 탓하며 심지어 중도 포기도 한다. 그러나 '전력투구'를 하는 사람은 적극적이고 능동적인 태도로 일을 대하며, 어려운 일을 만나도 물러서지 않고 어떻게든 문제를 원만히 해결하기 위해 노력한다.

한 하버드대 교수가 학생들에게 이런 이야기를 들려주었다.

어느 날, 사냥꾼이 사냥개를 데리고 사냥에 나섰다. 사냥꾼은 토끼의 뒷다리를 쏘아 맞췄고, 상처를 입은 토끼는 죽을힘을 다해 뛰기 시작했다. 사냥개가 재빨리 상처 입은 토끼의 뒤를 쫓았지만 토끼는 절뚝거리면서도 사냥개를 따돌리는 데 성공했고, 사냥개는 씩씩거리며 사냥꾼 곁으로 돌아올 수밖에 없었다.

사냥꾼은 사냥개를 나무라며 말했다.

"쓸모없는 녀석 같으니! 상처 입은 토끼 한 마리도 못 잡다니!"

사냥개는 이 말을 듣고 인정할 수 없다는 듯 대답했다.

"나는 최선을 다했다고요!"

한편 토끼가 상처를 안고 토끼 굴로 돌아오자 깜짝 놀란 그의 친구들이 토끼를 에워싸며 물었다.

"그 사냥개는 사납기로 유명한데! 상처까지 입고서 어떻게 그 사냥개를 따돌린 거야?"

토끼가 대답했다.

"사냥개는 최선을 다했지만 나는 전력투구했거든. 사냥개는 나를 잡지 못하면 꾸지람을 한 번 들으면 그만이지만, 나는 전력투구하지 않으면 목숨을 잃는 거잖아."

살면서 우리는 항상 충분히 잘할 수 있는 일도 잘 못하는가 하면, 잘될 가망성이 없어 보이는 일이 성공을 거두는 경우를 발견하기도 한다. 그런데 이처럼 결과를 가르는 포인트는 대개 사냥개와 토끼의 경우처럼 최선을 다했느냐, 전력투구를 했느냐에 있다.

모든 일에 최선을 다하는 것만으로는 부족하다. 반드시 온 힘을 다해 전력투구해야 한다. 하버드대 출신들이 왜 보통 사람들보다 뛰어난 줄 아는가? 여러 이유가 있겠지만 그중 하나가 바로 그들이 이야기 속 토끼처럼 전력투구하기 때문이다. 그들은 무슨 일을 하든지 온 마음과 에너지를 쏟아 최고의 경지에 이르기 위해 긴장을 늦추지 않고, 쉽게 포기하지도 않는다.

미국 시애틀의 한 교회에서 목사가 설교를 끝낸 후 학생들에게 《성경》 마태복음 제5장부터 제7장까지의 모든 내용을 외우면 스페이스니들 레스토랑의 무료 식사권을 주겠다고 약속했다.

마태복음 제5장에서 제7장은 내용이 무척 많았고, 전문을 외우기란 상당히 어려운 일이었다. 그래서 스페이스니들 레스토랑의 무료 식사권은 누구나 탐내는 선물이었지만 거의 대부분의 학생이 외우기를 시도했다가 이내 포기했다.

며칠 후, 11세의 남자아이가 자신 있게 목사 앞에 서서 마태복음 제5장에서 제7장까지의 내용을 처음부터 끝까지 외기 시작했다. 소년은 틀린 부분 없이 한 자도 빠짐없이 내용을 외웠고, 끝부분에 이르러서는 그야말로 감동적인 암송이었다. 목사는 남자아이의 놀라운 기억력을 칭찬하며 어떻게 그 많은 내용을 외웠냐고 물었다. 그러자 남자아이는 곧장 대답했다.

"죽기 살기로 외웠어요."

16년 후, 이 남자아이는 전 세계적으로 유명한 소프트웨어 기업의 회장이 되었다. 그가 바로 빌 게이츠다.

최선을 다하는 것과 전력투구하는 것이 왜 이처럼 큰 차이가 나는 걸까? 앞서도 이야기했지만 사람은 저마다 무한한 잠재력을 지니고 있다. 하지만 대부분의 사람이 자기 잠재력의 10퍼센트도 발휘하지 못하고 나머지 90퍼센트 이상의 잠재력을 가둬둔 상태로 살아간다. 이는 최선을 다한 결과다. 그러나 전력투구를 하면 남은 잠재력을 효과적으로 일깨울 수 있고, 더 나아가 훌륭하게 일을 완수하고 심지어 원래는 불가능할 것 같던 일들도 해낼 수 있다.

지능의 높낮이나 배경의 좋고 나쁨에 상관없이, 품고 있는 꿈의 크기에 상관없이 전력투구의 자세로 일을 대하라. 어쩌면 피로에 지치거나 상처를 받을지도 모른다. 하지만 이렇게 함으로써 자신의 잠재력을 일깨우고 계발할 수 있다. 그리고 매사에 전력투구하는 삶의 자세는 더 나은 내가 되기 위해, 성공의 길로 나아가기 위해 자신을 다스리는 채찍질이 되어 자아에 대한 당신의 희망과 기대를 모두 실현시켜줄 것이다.

대학 졸업 후, 애런은 영국 대사관에서 전화교환원으로 일하게 되었다. 전화교환원의 일은 매우 간단하고 부담이 없었다. 전화를 잘 받고 잘 연결해주기만 하면 되었다. 하지만 그녀는 항상 자신에게 물었다.

'나는 전력을 다해 일하고 있나? 더 잘할 수는 없는 걸까?'

한편 전화교환원의 자리에는 직원들의 연락처가 적힌 노트가 있었다. 전화가 걸려오면 교환원은 노트에서 전화번호를 찾아 연결해주었다. 하지만 그녀는 노트를 뒤적이는 동안 상대의 시간을 낭비한다고 생각했다. 그녀는 다른 사람보다 더 정확하고 빠르게 업무를 처리하려 했고, 그리하여 대사관에 근무하는 모든 사람의 이름과 전화번호, 업무 범위 심지어 그들의 가족 이름까지 외우기 시작했다.

얼마의 시간이 흐르고 애런은 이러한 정보들을 줄줄 외울 수 있게 되었다. 전화가 오면 그녀는 30초 안에 상대가 찾는 사람을 연결해주었다. 그녀의 업무 효율은 다른 전화교환원보다 훨씬 높았다. 대사관 직원들은 일이 있어 외출할 때면 그들의 통역사가 아닌 그녀에게 전화를 걸어 자신에게 전화가 오면 알려달라며, 때로는 사적인 전화도 그녀에게 부탁을 했다. 그녀는 점점 대사관의 비서가 되어갔고 모든 대사관 직원의 호평을 받았다.

1년 후, 애런은 파격적인 인사이동으로 외교부로 옮겨가 영국 모 신문기자실에서 통역을 담당하게 되었다. 이 신문의 수석기자는 종군 훈장과 훈작을 받을 만큼 능력이 출중한 한편 성질머리 또한 대단해 몇 명의 통역사를 쫓아내기도 했다. 처음 그녀는 애런을 탐탁지 않아 했지만, 통역을 시켜보는 데 어쩔 수 없이 동의했다. 애런은 통역 일을 훌륭하게 해냈다. 그리고 상사의 일을 더 잘 보조하기 위해 끊임없이 전문 지식을 공부해 지식 폭을 넓혀갔다. 애런은, 통역 일에는 끝이 없다고 생각하며 전력투구를 했다. 그 후, 애런은 이 기자의 마음을 얻었을 뿐만 아니라, 몇 번의 승진을 거쳐 유명한 성공인사가 되었다.

전화교환원이었던 때나 통역사일 때나 애런의 업무는 그리 복잡하지 않았고, 새로울 것도 없었다. 하지만 그녀는 업무를 하나의 사업으로 여겨 열심히 했을 뿐만 아니라 전력을 다해 더 잘하려고 노력했다. 이러한 사람이 어찌 성장하지 않을 수 있고, 또 훌륭해지지 않을 수 있겠는가?

전력투구해야 비로소 배움의 성과가 있고, 전력투구해야 노동의 결과가 따른다. 특히 오늘날처럼 경쟁이 치열하고 곳곳에 위기가 가득한 시대에는 더욱 그러하다. 만약 당신이 사업을 일구고 싶다면 자신의 실패에 핑곗거리만 찾지 말고 항상 스스로 반성하라.

'나는 최선을 다하는 사냥개인가? 아니면 전력투구하는 토끼인가? 매일 모든 일에 전력을 다했는가?'

당신이 자아실현을 할 수 있는지 없는지는 바로 이 생각에 달렸다.

창업은
심사숙고 후에 결정하라

창업을 하려면 가장 먼저 자신이 가진 자원에 가장 적합한 일이 무엇인지, 이 업계가 아니면 안 될 일을 찾아야 한다. 창업 분야를 선택하는 데에는 사실 두 가지를 기반으로 해야 한다.

첫째, 자신이 가진 자원과 어떤 업종이 더 잘 맞는가?

둘째, 어떤 분야가 사회 발전 추세에 더 부합하는가?

이에 대해 하버드대 교수 톰 아이젠만은 합리적인 조언을 했다.

"일을 하면 대부분 당신에게 일을 분배해주고 어떻게 하라고 알려주는 사람이 있습니다. 하지만 창업자는 반드시 스스로 미래의 발전 방향을 결정해야 합니다. 그러지 않으면 조금도 앞으로 나아가지 못할 것입니다."

대학에 입학하고부터 사람들은 미래에 대해 원대한 포부와 아름다운 이상을 품지만 현실은 갑갑하기만 하다. 졸업과 동시에 실업자 신세라는 난감한 상황과 마주하기도 한다. 그리고 이때 누군가는 실망을 하고 풀이 죽기도 한다. 하지만 우리에게는 다른 길이 있지 않은가? 바로 '창업' 말이다. 마이크로소프트, 페이스북, 골드만 삭스 등 시대에 한 획을 그은 브랜드들은 바로 하버드대 출신들이 만들어냈다.

하버드대에서 마크 저커버그는 심리학과 컴퓨터를 전공했다. 그는 빌 게이츠처럼 컴퓨터에 미쳐 있었고, 그와 같은 사람이 되길 갈망했다. 그런데 저커버그는 매우 진취적이고 재능도 뛰어났지만 내성적인 성격에 내세울 만한 외모도 아니었기에 여학생들에게는 인기를 끌지 못했다. 이는 그를 조금 의기소침하게 만들었다.

'어떻게 하면 이런 상황을 바꿀 수 있을까?'

한참을 고민하던 어느 날 그에게 불현듯 기발한 아이디어가 떠올랐다. 하버드대 학생들의 교류의 장으로 삼을 웹사이트를 개설하는 것이었다. 이 사이트에 회원 가입을 하려면 이름, 주소, 취미, 사진 등 사적인 데이터를 제공해야 했다. 그런 다음 이 무료 플랫폼을 이용해 친구들의 최신 동태를 파악하고, 친구와 채팅을 하거나 새 친구를 찾을 수 있게 했다.

페이스북이라는 이름의 이 웹사이트는 개설한 지 얼마 되지 않아 센세이션을 불러일으켰고, 몇 주 만에 하버드대 재학생 절반 이상이 회원 가입을 했다. 그 후, 마이크로소프트를 포함한 많은 IT기업이 저커버그에게 협력을 제안했지만 그는 이를 거절하고 스스로 사업을 일구기로 결심했다. 그는 하버드대를 그만두고 웹사이트를 운영하며 미국의 다른 대학교와 고등학교, 기업의 개인관계망을 구축했다. 결국 .edu, .ac, .uk 등 이메일이 있는 사람이면 전 세계의 누구나 페이스북에 가입할 수 있게 되었다. 그리고 2010년 〈포브스〉는 그를 세상에서 가장 젊은 억만장자로 선정했다.

원한다면 당신도 성공한 창업자가 되어 자아를 실현할 수 있다. 저 커버그처럼 말이다.

다음은 최근 하버드대에서 발표한 최근 추세에 맞는 10대 창업 기준이다.

1. 자본금이 낮고, 투자 대비 수익성이 좋아야 한다
2. 시장수요가 많고 사람들이 모두 필요로 해야 한다
3. 중복 구매로 이어질 수 있는 소모품이 사업 아이템으로 유리하다
4. 상품 유통이나 대리점 운영을 고려해볼 만해야 한다
5. 원활하게 사업을 유지할 수 있는 자생력이 있어야 한다
6. 다른 사람의 힘을 빌릴 수 있는 일이어야 한다
7. 성공인사와 친분을 쌓을 수 있어야 한다
8. 삶의 질을 높이고 이상을 실현할 수 있어야 한다
9. 자신의 천부적 재능과 열정을 십분 발휘할 자신만의 무대가 있어야 한다
10. 끊임없이 다른 사람의 인정을 받고, 또 수요가 있어야 한다

물론 창업은 반드시 창의력과 아이디어에서 비롯되어야 한다. 그리고 적어도 진입하고자 하는 업계나 분야에서는 참신한 것이어야 한다. 그래야 남다름을 내세워 시장을 선점할 수 있고, 결국 부가가치를 창

출해 많은 이윤을 얻을 수 있다. 사실 이미 성숙한 시장에서 살길을 찾고 싶은데, 그렇다고 너무 많은 자본금을 투자하고 싶지 않다면 참신함에 기댈 수밖에 없다.

치열한 시장경쟁과 제품의 심각한 판매 부진으로 아쉬론은 불경기에 빠졌다. 회장 부시나이르는 이 때문에 고민이 이만저만이 아니었다. 그는 어수선한 마음을 정리하고자 차를 몰고 교외로 나갔다. 길거리로 나왔을 때, 그는 아이들이 모여 앉아 지저분하고 이상하게 생긴 곤충을 데리고 한창 신나게 놀고 있는 모습을 보았다. 가만히 아이들을 바라보던 그의 머릿속에 갑자기 영감이 떠올랐다. 지금 시장에는 모두 바비 인형이나 세일러문 인형처럼 예쁜 장난감들이 판매되고 있어 아이들이 이미 질려하고 있다는 데 생각이 미친 것이다. 만약 못생긴 장난감을 만든다면 장난감에 대한 아이들의 관심을 다시 돌리고 회사의 판로도 확보할 수 있지 않을까?

그는 곧장 회사로 돌아가 직원들에게 '못생긴 장난감'을 개발하도록 지시했고, 흉악한 모양의 '못생긴 루드', 지독한 냄새를 풍기는 '스팅크', '푸크' 등을 신속하게 출시했다. 이들 장난감의 판매 가격은 일반 장난감보다 높았지만 시장에 출시되자마자 불티나게 팔려나갔고, 아쉬론에 많은 이윤을 안겨줌과 함께 미국에 '어글리 토이' 열풍을 불러일으켰다.

누구나 아름다운 것을 좋아하는 마음이 있다. 그래서 사람들은 예쁜 장난감이 인기를 누릴 것이라고 보았지만 부시나이르는 이와는 정반대로 못생긴 장난감을 만들어 모든 이의 예상을 뒤엎고 회사를 위기에서 벗어나게 하였으며, 새로운 사업과 삶을 개척했다. 남보다 한 발 앞서고 싶다면 새로운 길을 개척해야 한다. '남다름', 이것이 바로 성공적인 창업모델이다.

창업의 성공 사례는 줄곧 자석처럼 우리의 구미를 당기지만 아무리 많은 창업 성공 사례를 읽어도 우리는 여전히 각양각색의 좌절을 맛보게 된다. 그 이유는 무엇일까? 창업은 그리 순조로운 일이 아니기 때문이다. 중간에 넘어야 할 많은 어려움과 장애물이 존재해 끊임없이 문제를 해결해나가야 한다. 이때 다른 사람이 해결하지 못한 문제를 당신이 해결한다면 이것이 바로 비즈니스 기회다.

이를 위해 창업 전에는 반드시 신중하게 생각하고, 반복해 평가해보고, 계획이 섰을 때 바로 행동으로 옮겨야 한다.

다음은 창업을 할 때 생각해볼 문제다.

첫째, 창업자가 마땅히 갖춰야 할 능력과 자질을 갖추고 있는가? 확실한 결심이 섰는가?

둘째, 리스크를 감당할 수 있는가? 기꺼이 지난날의 이익을 포기하고 좌절을 겪을 준비가 되어 있는가? 충분한 인내심과 끈기로 창업 초반을 버텨낼 수 있는가?

셋째, 내가 창업에 성공할 수 있는 핵심 장점은 무엇인가? 충분한 자본과 업계 경험, 고객 리소스, 기술 혁신, 경영 능력 등의 조건을 갖추고 있는가? 앞으로 마주하게 될 경쟁 상대와 비교했을 때 분명한 우세 요인이 있는가?

이 문제들을 잘 생각한 후에 다시 창업 결정을 내려도 늦지 않다.

창업은 스스로 사장이 되어 여러 일을 두루 신경 써야 한다는 의미다. 물론 그 와중에 자금이나 인사, 시장 문제 등 여러 어려움에 직면할 수도 있고, 경쟁 상대의 훼방도 이겨내야 한다. 한마디로 고단하고 책임이 막중해진다. 그러니 창업을 하기 전에 반드시 시련을 이겨낼 마음의 준비를 철저히 해야 한다. 한 번의 좌절로 어쩔 줄 몰라 허둥대거나 중도 포기를 선언하고 물러나지 않으려면 말이다.

하버드대 인생학 명강의

어떻게 인생을 살 것인가

초판 1쇄 발행 2021년 2월 15일
초판 8쇄 발행 2024년 8월 8일

지은이 | 쑤린
옮긴이 | 원녕경
펴낸이 | 전영화
펴낸곳 | 다연
주　소 | 경기도 고양시 덕양구 의장로 114, 더하이브 A타워 1011호
전　화 | 070-8700-8767
팩　스 | 031-814-8769
메　일 | dayeonbook@naver.com

본　문 | 미토스
표　지 | 강희연

ⓒ 다연

ISBN 979-11-90456-31-9 (03320)